山东师范大学中国语言文学山东省高水平学科
优势特色学科建设经费资助

海明威
与美国的现代性问题研究

于冬云 著

HEMINGWAY
AND ISSUES OF AMERICAN MODERNITY

图书在版编目 (CIP) 数据

海明威与美国的现代性问题研究 / 于冬云著 . -- 北京：北京大学出版社，2025.9. -- ISBN 978-7-301-36621-9

Ⅰ . I712.065

中国国家版本馆 CIP 数据核字第 20255VB791 号

书　　　名	海明威与美国的现代性问题研究 HAIMINGWEI YU MEIGUO DE XIANDAIXING WENTI YANJIU
著作责任者	于冬云　著
责 任 编 辑	朱丽娜
标 准 书 号	ISBN 978-7-301-36621-9
出 版 发 行	北京大学出版社
地　　　址	北京市海淀区成府路 205 号　100871
网　　　址	http://www.pup.cn　新浪微博：@ 北京大学出版社
电 子 邮 箱	编辑部 pupwaiwen@pup.cn　总编室 zpup@pup.cn
电　　　话	邮购部 010-62752015　发行部 010-62750672　编辑部 010-62759634
印 　刷 　者	大厂回族自治县彩虹印刷有限公司
经 　销 　者	新华书店
	720 毫米 ×1020 毫米　16 开本　19.5 印张　350 千字 2025 年 9 月第 1 版　2025 年 9 月第 1 次印刷
定　　　价	98.00 元

未经许可，不得以任何方式复制或抄袭本书之部分或全部内容。
版权所有，侵权必究
举报电话：010-62752024　电子邮箱：fd@pup.cn
图书如有印装质量问题，请与出版部联系，电话：010-62756370

目 录

绪 论 ·· 1
 第一节 何为现代性 ·· 3
 第二节 国内外海明威研究概况 ·· 9
 第三节 创新价值和重要观点 ·· 14
 第四节 实证研究、跨文化跨学科阐释与审美批评有机融合 ············ 17

上编 海明威与美国的现代性问题

第一章 经典作家与文化偶像 ·· 23
 第一节 职业劳动与休闲自由 ·· 24
 第二节 作家声誉与图书传媒 ·· 29
 第三节 文化消费与文化偶像 ·· 42

第二章 伟大作家与"超个人的精神结构" ·· 52
 第一节 "在我们的时代"书写 ·· 54
 第二节 男性气概与性别政治 ·· 72
 第三节 "准则英雄"与种族政治 ·· 85

第三章　海明威小说的美学创造及其阈限……106
第一节　词语、句子的缝合技艺与间隙……107
第二节　异国空间与本土书写……113
第三节　主体价值与伦理关怀……125

下编　海明威小说中的现代性冲突

第四章　《太阳照常升起》：清教伦理与消费文化……145
第一节　"流放"青年与消费文化……146
第二节　身份焦虑与现代性价值悖论……154
第三节　现代性与美学现代性……170

第五章　《非洲的青山》：狩猎文学与生态伦理……179
第一节　狩猎传统与狩猎文学……180
第二节　猎杀动物与生态伦理……185

第六章　《丧钟为谁而鸣》：西班牙风景、政治与人类共同体……193
第一节　海明威的西班牙情结……194
第二节　政治责任与人类共同体意识……200

第七章　《老人与海》：身份认同与审美乌托邦……214
第一节　圣地亚哥的西班牙移民身份……215
第二节　圣地亚哥的身份认同……219
第三节　身份焦虑与审美乌托邦……232

结　语……237

主要参考文献……243

附 录

附录一　海明威年表…………………………………………… 261
附录二　中英文对照表…………………………………………… 288

后　记 …………………………………………………………… 306

绪 论

欧内斯特·海明威(Ernest Hemingway, 1899—1961)[①]的一生亲历美国从 19 世纪末、20 世纪初由前工业化社会向工业化、城市化社会的转型,第二次世界大战后由工业化向后工业化的过渡。在美国社会现代化的历史进程中,海明威亲历的重要事件有:第一次世界大战、禁酒运动、20 年代美国的爵士文化与美国文艺青年的欧洲流放与艺术朝圣、1929 年开始的经济大萧条、1936 年爆发的西班牙内战、1939 年爆发的第二次世界大战、二战后美国经济的空前繁荣和世界霸主地位的确立、50 年代资本主义与共产主义两大阵营的冷战对峙、麦卡锡运动、朝鲜战争、古巴革命等。上述事件对 20 世纪上半叶美国的政治、经济、文化都产生了重大影响。海明威的文学创作生涯始于 20 年代,终于 50 年代。上述事件引发的美国社会意识形态变化与社会现代性冲突也投射在海明威的自我建构、文学书写与读者对海明威及其文学作品的接受过程中。

长期以来,对海明威的评价和接受呈现为两种不同的倾向,即精英文化价值取向与大众文化价值取向。在精英文化的接受视域中,海明威是 20 世纪美国文学史上伟大的小说家之一,普利策文学奖和诺贝尔文学奖的获得者。他对精英文化的突出贡献可以概括为:其一,创造了一种独树一帜的现代散文叙事艺术,包括简洁、干净的文体,凝练、含蓄的冰山原则;其二,塑造了一批打不

[①] 海明威的名字 Ernest 中译名有的译作厄内斯特,本书除了直接引文以外,其余统一采用新华通讯社译名资料组编写的译名手册中的译名"欧内斯特"。参见新华通讯社译名资料组编:《英语姓名译名手册》,北京:商务印书馆,2004 年,第 240 页。

败的硬汉形象,表达了一种身处重压下仍不失优雅的人性尊严,以及敢于和不可知的自然力拼搏的英雄主义精神。如同他的杰作《老人与海》中的老渔夫圣地亚哥所说的,"一个人可以被毁灭,但不能给打败"①。对海明威的精英文学成就的褒奖集中体现在瑞典文学院的授奖词中。但是,也有很多批评家站在文化精英的立场上,对海明威的文学创作和个人生活中表现出来的一些与文化精英的理想主义价值观、审美标准不符的因素给予了批评。比如,瑞典文学院在授奖词中就指出,"海明威早期的作品流露了某些粗俗野蛮的、玩世不恭的、冷硬麻木的缺憾。可以说,这与诺贝尔奖对一部理想作品的要求是不吻合的"②。海明威在文本之外表现出来的争强好胜、自我膨胀、酗酒等个人习性也遭到了批评家的质疑,认为这些不能登大雅之堂的个人品质减损了其艺术成就。但不管怎么说,海明威风格独特的文学文本一直是高等院校和图书馆研究、收藏的文学经典。尤其是他的《老人与海》,更是被包括我国在内的许多国家收入官方钦定的中学语文教材中。

在大众文化的接受视域中,海明威是美国大众崇拜的文化英雄。在美国大众的心目中,海明威人如其书,是个勇敢的战士、优秀的猎人、钓鱼高手、拳击英雄、豪饮男儿、斗牛爱好者、文学冠军。他和他的小说人物一样,游走在不同的地理文化空间中,并在不同的职业竞技场上以不同的职业技艺,打造出了一个个阳刚魅力十足的个人英雄神话。在开疆拓土的边疆生活已远去的现代工业文明时代,海明威及其男主人公在与现代化都市文明疏离的边缘异域空间中展示不同职业技艺的个人神话,满足了美国大众失落在现代都市中的怀旧情感。在海明威过度张扬的男性气概中,美国大众抵制现代都市文明所带来的标准化、组织化、均质化操控,实现个体自由和感性解放的需求得到了象征性满足。甚至包括海明威遭到社会精英非议的个人生活习性,也成为大众崇尚的个性化消费姿态。对于美国大众来说,海明威是一个将丰富多样的生活体验尽收其中的大众文化资料库,在不同的文化时尚中,他们依照自己日常生活实践中的情感需求和审美需求,将不同层面的海明威神话内容整合到诸

---

① [美]海明威:《春潮·老人与海》,吴劳译,上海:上海译文出版社,2000年,第204页。
② 瑞典文学院常务秘书安德斯·奥斯特林:《授奖词》,象愚译,引自[美]海明威:《老人与海》(附录),董衡巽等译,桂林:漓江出版社,1991年,第359页。

如钓鱼、打猎、饮酒、美食、旅游等日常文化消费实践活动中,并不断地模仿、复制、拼贴出更富有时代特色、更丰富多样的海明威式神话文本。毋庸置疑,大众传媒、商业经营者都在大众文化层面的海明威神话传播、复制中扮演了重要角色。比较流行的海明威大众文化文本包括:根据海明威的文学文本改编的电影,各种捕风捉影的海明威传奇故事,旅游公司、酒店、餐饮业制作的与海明威有关的广告,海明威迷们发起的海明威模仿秀等。这一切不断地强化着海明威在大众文化中的偶像魅力。

笔者认为,在对海明威的接受过程中,之所以会形成上述两种不同的倾向,其根本原因就在于美国社会多重面向的现代性冲突形塑了海明威本人的多面性,而正是这种多面性赋予其文学文本以思想的、审美的内部张力。仔细辨析海明威思想和文学文本中多重叠加又矛盾冲突的诸多现代性因素,就会发现,其文学文本的思想与审美张力,与20世纪上半叶美国社会的政治、经济、文化、艺术构成中的内部张力是同源的。其中,前现代与现代、清教伦理与消费伦理、高雅文化与商业文化(或精英文化与大众文化)、白人文化与多元文化、主流与边缘、美国性与他者性、个人自由与身份焦虑、男性与女性的性别角色重构等诸多既对立又融合的因素构成了美国社会现代化过程中的现代性(modernity)问题和价值悖论。在此意义上,笔者试图将海明威及其文学文本置于美国社会现代化历史进程中诸多充满张力的现代性情境中,避免将海明威两分为精英的或大众的割裂式批评局限,挖掘海明威本人的多面性、其文学文本的内部张力与美国社会现代性问题的互动关系,以多元开放的批评立场,从不同进路、不同视角、不同层次,趋近、理解那个既是精英的又是大众的公众人物海明威,既是伟大作家又是普通人的海明威,并通过海明威去理解美国现代化进程中复杂多变的现代性问题。

第一节 何为现代性

何为现代性?众所周知,在当代学界,现代性是一个被不同的学者在不同的学术语境中频繁提及、探讨的概念,同时又是一个包含复杂歧义的概念。如何定义现代性?法国著名学者伊夫·瓦岱(Yves Vadé,1933—2024)在对文学与现代性的关系做了多年研究后指出:"含义最丰富的概念往往也是最不容易定义的概念。这些概念的使用范围涉及不同的领域,它们在不同情境中所表达的意思是不同的,有时甚至是相互矛盾的。法文中的'现代性'这个词就属于这种情况。"①从 20 世纪 70 年代就开始致力于现代性问题研究的美国学者马泰·卡林内斯库(Matei Călinescu,1934—2009)也认为,现代性是个看起来简单却又无比令人困惑的问题。因此,尽管现代性是一个在当代学界出镜率极高的概念,但是,在不同的学科领域、不同的学术语境、不同的个体表述中,现代性拥有不同的意义面孔。像时间的现代性、反现代化的现代性、文化的现代性、审美的现代性、流动的现代性、未完成的现代性、资本主义的现代性、社会主义的现代性,再加上现代性与前现代性、后现代性的绞接纠缠,现代性与全球化、民族性问题的融合冲突,现代性的意义内涵更是变得纷纭复杂,难以界定。面对现代性内涵的错综复杂性,要想对现代性问题做出一个明晰、确切的认知描绘是十分困难的。下面,笔者将参照学界已有的现代性理论表述,对作为历史分期的现代性,社会学范畴的现代性、现代艺术范畴的审美现代性作一个简要的介绍。

作为一个历史分期的概念,现代性标示的是一种断裂,或者是一个历史时期的当前性或现在性。它既是一个可以划分时段的时间范畴,又是一个与过去相联系的新旧转换的结果。罗伯特·尧斯在论及"文学传统和当今意识中的现代性"时指出,我们的现代性,在 1075 年表示当代时期的意思,它被视为介于已经消亡的旧时代与人们期盼到来的革新时代之间的时代。② 在此意义上,时间总是绵延不断的,作为历史时段划分的现代性,就像尤尔根·哈贝马斯(Jürgen Habermas,1929—)所说的,它"总是用不断变化着的内涵,一次又一次地表达着一种新时代的意识,而这种新的时代意识为了将自身看作是新旧转换的结果,又总是将自己与过去了的旧时代意识联系在一起"③。

社会学范畴的现代性总是与资本主义的现代化过程联系在一起。具体来

---

① [法]伊夫·瓦岱:《文学与现代性》,田庆生译,北京:北京大学出版社,2001年,第11页。
② 同上书,第19页。
③ Jurgen Habermas, "Modernity versus Postmodernity," See *A Postmodern Reader*, Joseph Natoli and Linda Hutcheon, eds. Albany: State University of New York Press, 1993, p.91.

说,现代性涉及以下四个方面在现代化过程中的复杂互动关系,即政治的、经济的、社会的、文化的现代化。在政治的现代化过程中,现代公民权利的确立和合法化是其现代性评价指标;经济的现代化是以工业化的胜利、市场经济的形成为标志的;社会的现代化意味着,一方面传统的等级秩序、价值观念瓦解,宗教衰微,与此同时,新的市民社会、世俗道德建立起来;文化的现代化过程则始终伴随着一种反现代化的现代性冲突,并由此引发了现代性的矛盾和危机。美国的新保守主义代表人物贝尔就将诸如享乐主义、社会认同匮乏、缺乏服从、自恋、从争取社会地位和成就的竞争中退出、社会的均质化等问题,都归咎于文化的现代化。法兰克福学派的霍克海默和阿多诺在《启蒙辩证法》中也对资本主义的现代性持批判态度。阿多诺提出了文化工业理论,对资本主义社会中大众文化的诸多弊端进行了批判和揭露。他认为文化工业或大众文化现象是垄断资本主义时期的产物,是工具理性渗透进社会精神生活并进而支配人的精神世界的必然结果。文化工业对消费者的影响是通过娱乐产业确立起来的。文化工业作为凭借现代科技手段大规模地复制、传播文化产品的娱乐产业体系,批量制作和传播大众文化产品,以独特的大众传播媒介,比如电影、电视、收音机和报纸、杂志等,通过娱乐的方式对大众进行欺骗和操纵:

> 文化工业不断在向消费者许诺,又不断在欺骗消费者。它许诺说,要用情节和表演使人们快乐,而这个承诺却从没有兑现;实际上,所有的诺言都不过是一种幻觉:它能够确定的就是,它永远不会达到这一点,食客总归得对菜单满意吧……审美升华的秘密就在于,它所代表的是背弃的诺言。文化工业没有得到升华;相反,它所带来的是压抑。①

也就是说,文化工业通过娱乐活动对人们进行公开的欺骗,由此成为麻醉、束缚和操纵大众意识的工具。阿多诺进一步指出了大众文化的商品拜物教特性,认为文化工业使艺术商品化,交换价值和利润动机是其生产动力。文化艺术发展成为大众文化工业,侵蚀和麻痹人们的心灵,在全社会营造一种肯定性的文化氛围,使人们丧失了对社会现实不合理性的思考和批判能力。为

---

① [德]阿多诺:《启蒙辩证法》,渠敬东、曹卫东译,上海:上海人民出版社,2003年,第156页。

了改变这种现状,阿多诺寻求一种对现存社会持批判和否定态度的现代艺术,以反抗社会的异化,实现对人性的拯救和人类的解放。他指出:

> 艺术只有作为自在之物在自身中保持其纯洁性,而不应顺应现存的社会规范并成为"社会有用的",才可能通过它单纯的存在对社会进行批判。……艺术的反社会性恰恰在于对确定社会的确定批判。①

因此,艺术必须成为社会的反面,对抗现实并与现实做毫不妥协的斗争。在人被异化、失去个性的现代社会中,阿多诺提出了反艺术的概念,为现代主义艺术辩护。

现代艺术范畴的审美现代性是由法国诗人波德莱尔率先提出的。他在《现代生活的画家》中使用了现代性一词。他写道:

> 他在寻找某种我们可以称之为"现代性"的东西;因为,没有更好的词可以表达这种思想。对他来说,这就是从时尚中抽出它在历史发展的意义上所包含的富有诗意的东西,从短暂易逝事物中提取出永恒持久的东西……现代性,就是那种短暂的、易失的、偶然的东西,是艺术的一半,它的另一半内容是永恒的、不变的。……这种短暂的、易失的、变幻无常的东西,你们没有权利蔑视它或者抛弃它。②

波德莱尔的现代性界定将现代生活与现代艺术放在一起来思考。一方面,审美的现代性是在具有现时性、短暂易失的瞬间性、变幻无常的现在中来把握的。它不能从过去的大师那里学到或模仿到,只能依靠艺术家本人敏锐的感受力、对新奇事物的好奇心来捕捉。另一方面,由于审美现代性是建立在纯粹的现时性和瞬间即逝性上的,因此,艺术家必须放弃任何为未来的艺术家提供可供模仿的艺术范本的企图。在此意义上,任何艺术活动都意味着一场没有传统连续性的、孤独的冒险,面对着瞬时与永恒的时间悖论。波德莱尔之后,审美现代性的内涵在各种各样的先锋派运动中得以扩展开来。哈贝马斯

---

① 陆梅林选编:《西方马克思主义论美文选》,桂林:漓江出版社,1998年,第367页。
② [法]波德莱尔:《现代生活的画家》,见伊夫·瓦岱:《文学与现代性》,田庆生译,北京:北京大学出版社,2001年,第21—22页。

将先锋派艺术中表现出来的审美现代性概括为:

> 现代性的基本特征表现为这样一种态度,即在变换的时间意识中找到一个共同的焦点。这种时间意识通过前卫和先锋这一类的隐喻来表达自己。先锋派将自身理解为不断地侵入未知领域,总是让自己去面对突然降临的,或者是令人震撼的遭遇中的危险,去占领尚未被人占有的未来。先锋派必须在未来的前景中为自己确立一个探索方向,以便进入一个似乎还无人冒险涉猎过的世界。
>
> 但是,这些前卫的探索行为,这种对不明晰的未来的预测,对新奇事物的顶礼膜拜,实际上都意味着对现在的拔高。由于某些历史的激进行为,导致历史的记忆终被现时的英雄的吸引力所取代——这是一种时代感觉,在其中,颓废直接与野蛮、疯狂、原始相认同。由此,我们观察到一种摧毁历史连续性的无政府主义企图,我们也可以以这种新的审美意识所拥有的颠覆性力量为依据,对此作出说明。现代性厌恶传统的所有标准化职能;与此同时,现代性依赖的是不断地反叛所有标准化事物的经验。这一反叛是将道德和实用的标准相中和的一条途径。这种叛逆的审美意识在秘而不宣与众所周知的丑闻之间连续地上演着一出辩正的戏剧;它沉溺于那种由亵渎行为而产生的令人惊骇的魔力中,却又总是逃避微不足道的亵渎行为的后果。[①]

哈贝马斯还指出,在先锋派摧毁历史连续性、反叛传统的行为背后,贯穿着一种历史相对论的态度。先锋派表达的不只是一种柏格森哲学意义上的绵延流动的时间意识,以及日常生活感受的变幻不定,还包括一种对一个纯粹的、完美又可靠的现在的渴望。而在这种渴望中,包含了一种把自己看作是新的权威的企图。正是在此意义上,19世纪末、20世纪初,那些追求试验创新的现代艺术家身上,都不同程度地凝结着一种英雄主义气息。与海明威一道自我流放到巴黎去追求艺术拯救的美国艺术青年身上,也带着这样一种英雄主义气息。

[①] Jurgen Habermas, "Modernity versus Postmodernity," See *A Postmodern Reader*, Joseph Natoli and Linda Hutcheon, eds. Albany: State University of New York Press, 1993, pp. 92—93.

卡林内斯库在《现代性，现代主义，现代化——现代主题的变奏曲》一文中指出：

> 人们不应只谈论一种现代性，一种现代化方式或模式，一个统一的现代性概念——它内在的是普遍主义的，并预设独立于时间与地理坐标的普遍一致标准。如果现代性确实是创造性的——无论是作为经济上的发展，还是处于可能性范围的另一端，作为知识与见解通过不可预言的发现获得增长——那它就只能是多元的、局部的和非模仿性的。①

从上述不同的现代性理论话语来看，现代性拥有多副面孔。在不同的历史情境，不同的学科领域和逻辑范畴中，现代性呈现出不同的面孔。法国学者托克维尔认为，与欧洲社会相比，美国因其地理环境、法制、生活习惯和民情而呈现出完全例外的现代性特质。波德里亚则指出，美国是现代性的原创版本和实现了的乌托邦社会。美国马克思主义理论家弗雷德里克·詹姆逊（Fredric Jameson）则指出："现代性不是一个哲学或者其他概念，而是一个叙事范畴。"②正如詹姆逊所言，在现代性展开的历史进程中，美国作家以风格各异的文学叙事回应并书写现代性，海明威是其中之一。

当下，多样复杂的现代性依然是中外学者从不同专业领域、不同历史文化语境、不同文学现象介入讨论的话题。在亚马逊网站，以"modernity"为书名关键词，将语种限定为英语，在书籍分类中进行搜索，一共有超过 5000 条记录。其中，最近 90 天的新书，有 118 条记录。③ 在国家版本数据中心数据服务平台上，以"现代性"为书名关键词进行模糊搜索，一共有 915 条记录。将时间限定为 2023 年，一共有 35 条记录。④ 鉴于此，笔者无意介入有关现代性是什么的探讨。本课题的研究目标是将海明威及其文本置于美国现代化进程中不同的历史情境和复杂的社会政治、经济、文化、艺术的现代性冲突中，对海明威

---

① [美]马泰·卡林内斯库：《现代性的五副面孔》，顾爱彬、李瑞华译，北京：商务印书馆，2003 年，第 361 页。
② Fredric Jameson, *A Singular Modernity: Essays on Ontology of the Present*, London: Verso, 2002, p.40.
③ https://www.amazon.com/，2023 年 8 月 3 日检索。
④ https://cnpub.com.cn/，2023 年 8 月 3 日检索。

本人的多面性、其文学文本的多义性,对海明威接受的精英性和大众性倾向进行多视角、多层次地挖掘、阐释,并通过解读海明威,更深入地思考20世纪上半期美国社会复杂多变的现代性问题。

第二节 国内外海明威研究概况

1923年,海明威的第一部作品《三篇故事和十首诗》(*Three Stories and Ten Poems*,1923)出版,在美国评论界没有引发一点反响。其时,海明威正胸怀作家大志自我流放到世界文学大都市巴黎进行文学朝圣,①他渴望美国文学评论界认可他这个"无名之辈"(海明威在第一次写给著名文学评论家埃德蒙·威尔逊的信中自称 being an unknown name)的文学才能。他满心虔诚地给大评论家埃德蒙·威尔逊(Edmund Wilson,1895—1972)写信,请他评论自己的作品,并请他推荐四五个人给自己的作品写评论。② 1926年,海明威的长篇小说《太阳照常升起》(*The Sun Also Rises*,1926)出版,由此在文坛一举成名,美国文学评论界反响热烈,著名诗人、小说家康拉德·艾肯(Conrad Aiken,1889—1973)在美国《先驱论坛报》(*New York Herald Tribune Books*)发表书评,极力褒奖海明威的文学才能,尤其是他刻画人物的简洁手法和长于写人物对话的语言风格。③ 同年创建的"每月一书读书会"(Book-of-the-Month Club)将《太阳照常升起》列入推荐榜单向会员发布。④ 20世纪50年代初,普林斯顿大学的卡洛斯·贝克(Carlos Baker,1909—1987)教授出版海明威研究专著《海明威:作为艺术家的作家》(*Hemingway: The Writer As Artist*,1952),标志着海明威研究从此进入高等院校专业学术研究领域。1954年,海明

---

① 法国学者帕斯卡尔·卡萨诺瓦在《文学世界共和国》一书中称巴黎为世界文学之都。参见[法]帕斯卡尔·卡萨诺瓦:《文学世界共和国》,罗国祥、陈新丽、赵妮译,北京:北京大学出版社,2015年,第20—21页。

② See Carlos Baker, ed., *Ernest Hemingway: Selected Letters, 1917—1961*, New York: Charles Scribner's Sons, 1981, pp.102—103.

③ See Jeffrey Meyers, ed., *Hemingway: The Critical Heritage*, Boston: Routledge & Kegan Paul, 1982, pp.89—91.

④ Book-of-the-Month Club 创建于1926年,曾参与1952年《老人与海》的出版促销活动,迄今仍是美国影响最广泛的图书俱乐部,网址为 https://www.bookofthemonth.com/。

威获得诺贝尔文学奖之后,更是受到全世界读者和文学研究者的高度关注。1965年,海明威的遗孀玛丽·海明威(Mary Welsh Hemingway,1908—1986)创立欧内斯特·海明威基金会(The Ernest Hemingway Foundation),旨在"促进、协助和协调与已故欧内斯特·海明威的作品和生活有关的学术和研究"①。1980年,海明威研究会(The Hemingway Society)成立,②出版半年刊《海明威评论》(*The Hemingway Review*)和年度《海明威通讯》(*Hemingway Newsletter*),并主办两年一次的海明威学术研讨会。波士顿的约翰·肯尼迪图书馆设立了海明威手稿、纪念品、图书收藏馆。迄今,就美国的海明威文学遗产接受、传播与研究现状来看,毫不夸张地说,已经形成一个海明威学术产业和海明威大众文化产业共兴荣的局面。

新中国成立以来,海明威作品的翻译与研究在我国取得了丰硕成果。1980年,中国社科院外国文学研究所的美国文学与海明威研究专家董衡巽研究员编选的《海明威研究》由中国社会科学出版社出版,这是最早集中介绍国外海明威研究动态的译文集。1985年,该书出版了增订本。2004年,中国社科院设立了由陈众议研究员主持的重大工程"外国文学学术史研究工程",出版了16部《外国经典作家作品学术史研究》和16部《经典作家作品研究文集》。③其中,收入了老一辈美国文学与海明威研究专家杨仁敬教授撰写的《海明威学术史研究》和《海明威研究文集》,两本书于2014年由译林出版社出版,足以说明海明威研究在我国外国文学研究领域中的重要意义。《海明威学术史研究》《海明威研究文集》荟萃了中外海明威研究的重要成果,为国内学者进一步拓展深化海明威研究提供了宝贵的资料索引和观点启发。

鉴于上述丰硕成果中都可以追踪到海明威研究学术史中的观念嬗变,笔者不再综合赘述海明威研究历史与现状,而是重点耙梳与本课题"海明威与美国的现代性问题研究"相关的学术成果,简要梳理如下:

国外研究情况:1926年,海明威的第一部长篇小说《太阳照常升起》出版后,他的创作一直受到欧美评论界的高度关注。20世纪20年代,受女作家斯

---

① 详见 https://www.hemingwaysociety.org/,2023年8月3日检索。
② 网址同上。
③ 陈众议:《学术史研究及其方法论辨正》,《外国文学动态研究》2020年第3期,第6—11页。

泰因的影响,美国评论界普遍认为海明威的早期小说表现了第一次世界大战后西方青年人的迷惘情绪,视他为"迷惘的一代"的代表作家。同一时期,著名批评家埃德蒙·威尔逊对海明威的小说做出正面评价,指出其小说揭示了战后美国现代社会中青年人的内心创伤及其对精神尊严的追寻。20世纪30年代,马尔科姆·考利(Malcolm Cowley,1898—1989)在《流放者的归来——二十年代的文学流浪生涯》(*Exiles Return: A Literary Odyssey of the Nineteen-Twentieth*,1934)一书中论及海明威的文学思想、艺术探索与美国20年代的商业经济、清教伦理之间的关系。考利在书中追述了那些被评论界称作是"迷惘的一代"的作家在巴黎的侨居生活,以大量的历史资料说明,"迷惘的一代"的思想、艺术探索与美国20年代的工业化、商业繁荣、消费文化、清教伦理之间的紧密联系,认为正是美国经济的繁荣为"迷惘的一代"作家自我流放到欧洲去追求艺术拯救提供了条件,坚挺的美元兑换率使他们得以远离父辈的清教伦理束缚,在欧洲体验现代消费快乐。海明威的《太阳照常升起》中人物的时尚生活观念成为美国国内青年人纷纷效仿的对象。① 考利的见解为人们更深入地理解海明威的《太阳照常升起》与20世纪20年代美国社会现代性冲突之间的关系提供了丰富的背景资料。

20世纪40年代,埃德蒙·威尔逊提出海明威小说主人公是在现代世界的生存痛苦中坚守"准则"(code)的人。威尔逊的观点触及海明威创作思想与美国文化传统价值观念的深层联系。20世纪50年代,众多高校学者加入海明威研究行列中来,使得美国的海明威研究提升到严肃的学术研究层面。普林斯顿大学的文学教授卡洛斯·贝克于1952年出版了著作《海明威:作为艺术家的作家》,这是学界第一本专论海明威的著作。在该书第二章"美国人的形成"中,贝克论及海明威与美国主流文化之间的内在联系。同一时期,宾夕法尼亚州立大学的美国文学教授菲利普·扬(Philip Young)在他的专著《欧内斯特·海明威》(*Ernest Hemingway*,1952)中也提出了一系列具有影响力的观点。他认为,海明威小说中的主人公都是些在现代世界中身体或心理受

---

① [美]马尔科姆·考利:《流放者的归来——二十年代的文学流浪生涯》,张承谟译,上海:上海外语教育出版社,1996年,第73—75页。

伤的人物,后来的学者将其称为扬的"负伤理论"。他还发展了威尔逊提出的"准则"一说,将海明威的男主人公界定为海明威式的"准则英雄",这些英雄都是坚守准则,反抗到底的人。20世纪60、70年代,受比较研究的影响,有学者开始关注海明威小说与西方现代文明反思之间的关系。理查德 P. 亚当斯(Richard P. Admas)在《〈太阳照常升起〉与〈荒原〉》一文中指出,《太阳照常升起》在诸多方面都受到艾略特的《荒原》影响,小说人物的西班牙潘普洛纳之旅意在探寻在现代文明中失落了的信仰。司各特·唐纳逊(Scott Donaldson)在《海明威的补偿道德》一文中指出,海明威受父辈的新教劳动伦理影响,他的小说主人公懂得如何在现代生活中用劳动所得支付消费账单,这是一种补偿的道德伦理。从整体上看,20世纪80年代以前,美国批评界对海明威小说与现代性问题的研究渗透在对海明威的文献整理、传记研究、影响研究、作品的总体研究以及对单部作品的文本解读和分析中,有代表性的学术论文收入《海明威评论汇编》和密歇根州立大学出版的《海明威评论五十年》《海明威评论六十年》中。20世纪80年代以来,由于海明威研究会成立,《海明威评论》出版,波士顿的肯尼迪图书馆中收藏的海明威手稿、书信的开放,学者获得了更多的研究资料支持,再加上美国批评界文化批评理论兴盛,海明威与美国现代性问题研究取得了更丰富的成果。概括起来,主要可以归纳为以下几个方面:性别与种族身份研究、大众文化研究、生态批评、伦理批评等。有代表性的成果包括密歇根州立大学出版的《海明威评论七十年》《海明威评论八十年》等。值得一提的是,曾任海明威研究会主席的迈克尔·雷诺兹(Michael S. Reynolds,1937—)自1986年起陆续出版了五卷本海明威传记:《青年海明威》(*The Young Hemingway*,1986),《海明威:巴黎岁月》(*Hemingway: The Paris Years*,1987),《海明威:归乡》(*Hemingway: The Homecoming*,1992),《海明威:1930年代》(*Hemingway: The 1930s*,1997),《海明威:最后的岁月》(*Hemingway: The Final Years*,1999)。雷诺兹的五卷本海明威传记为学者深入研究海明威提供了宝贵的文献资料。

在英国,海明威一直受读者喜爱。20世纪80年代以后,海明威与福克纳、菲兹杰拉德三位作家在研究美国文学的博士论文中占据了中心地位。在法国,海明威的现代生活方式和写作风格都深受读者和作家欢迎。海明威在意大利、西班牙的接受情况前后有很大变化。由于海明威以意大利为背景的小说批评过意大利军队，他的小说一度被禁。20世纪40年代以后，他的小说才陆续进入意大利。随着意大利人对战争的反思，他们对海明威小说中的反战态度也越来越认同。西班牙批评界对海明威的争议焦点则围绕着他的西班牙内战题材小说《丧钟为谁而鸣》(*For Whom the Bell Tolls*，1940)展开，有学者认为他以看斗牛的眼光打量西班牙内战，是以美国人的思维理解西班牙。

国内研究情况：20世纪20年代末，海明威的作品被介绍到中国来。此后，赵家璧、叶灵凤、施蛰存、林语堂等作家、学者先后撰文介绍海明威的创作个性和艺术特色。20世纪80年代以后，外国文学界开始重视海明威研究。迄今为止，从不同着眼点涉及海明威与美国现代化进程中的现代性问题研究的代表性成果有中国社科院外文所董衡巽研究员编选的译文集《海明威研究》、专著《海明威画传》，厦门大学杨仁敬教授的《海明威研究文集》《海明威学术史研究》《海明威：美国文学批评八十年》，戴桂玉的《海明威小说中的妇女及其社会性别角色》《后现代语境下海明威的生态观和性属观》，李树欣的《异国形象——海明威小说中的现代文化寓言》，马礼霞的《海明威作品研究：地理、伦理与存在》等。上述著作或从学术史角度汇聚海明威研究成果，或从某一研究进路解读海明威创作思想与文学主题。除上述著作外，国内学术期刊也刊载了大量海明威研究论文。在中国知网以"海明威"和"现代性"两个关键词并置进行高级搜索，显示结果是44篇，其中，直接聚焦海明威与现代性论题的论文仅有几篇。于冬云在《20世纪20年代美国的商业消费文化与现代性的悖论——重读海明威的〈太阳照常升起〉》一文中提出，在20世纪20年代的美国，商业消费文化与传统的清教文化积淀共同构成了美国文化现代化过程中的现代性悖论。[①] 刘英、王怡然在《"流动的盛宴"：侨居与美国现代主义文学》一文中，以流动性理论重新审视那些被称作"迷惘的一代"的侨居作家，认为侨居对于美国现代主义文学生产的积极意义在于，侨居群体的空间流动引起了视角的流动、心理的流动、认知的流动、学科的流动和文化的流动，展示出这席

---

① 于冬云：《20世纪20年代美国的商业消费文化与现代性的悖论——重读海明威的〈太阳照常升起〉》，《外国文学评论》2005年第3期。

"流动的盛宴"对美国现代主义文学的重要作用。[①] 其他与海明威小说中的现代性问题有关的论文有：王健、王晖的《海明威小说的现代性》(《名作欣赏》2000 年第 5 期)，李亚白的《海明威：传统派还是现代派？》(《内蒙古师范大学学报》2001 年第 5 期)，杨磊的《论海明威早期创作中的现代性》(《重庆科技学院学报》2012 年第 6 期)，关晶的《"此在的世界是共同的世界"——〈最后一块清净地〉中现代性的危机与出路问题刍议》(名作欣赏 2012 年第 3 期)等。

通过上述成果统计分析可看出，国内外学术界尚未对海明威与美国现代化进程中的现代性问题进行整体地、系统地研究。现有成果或侧重于海明威创作思想的某一方面问题，或侧重于从某一理论观念出发研究其一部或一类作品，个别涉及其小说中的现代性问题的论述渗透在作家整体研究和单部作品的分析中。与之不同，本课题拟从海明威与美国现代化进程中的现代性问题的紧密联系入手，全面、系统、深入地研究海明威本人思想、艺术观念的多重性，以及这种多重性与美国现代化进程中的现代性冲突之间的复杂关系。

第三节　创新价值和重要观点

本课题主要涉及三大核心内容：第一，海明威与美国现代化进程中的现代性问题的复杂关系。第二，海明威小说中的现代性冲突。第三，海明威的接受、传播及其对美国文化的影响。

本课题成果旨在通过对海明威与美国现代化进程中的现代性问题之间复杂关系进行深入、系统、全面地梳理，整体考察与个案研究相结合，希望能有效地将对经典作家海明威的研究置于美国思想史、美国历史甚至全球史的开阔视野中，"既见树木，又见森林"，更深入更全面地理解海明威与美国文学、世界文学的关系。力求突破"唯文本论所奉行'拔起萝卜不带泥'的形式主义批评，让文学作品适当回归其从出的土壤"，[②]突破"硬汉作家""美国文化偶像"等传奇化头衔对海明威丰富性、复杂性的大众文化遮蔽，从世界文学与跨文化的比

[①] 刘英、王怡然：《"流动的盛宴"：侨居与美国现代主义文学》，《国外社会科学》2018 年第 4 期。
[②] 陈众议：《学术史研究及其方法论辨正》，《外国文学动态研究》2020 年第 3 期，第 7 页。

较视域中,从文学与史学、博物学、传播学的跨学科研究中,更开放更多元地理解海明威的"美国性"与"他者性",以及美国文化的"美国性"与世界性的多重复杂关系。这是本成果最突出的学术创新性与开拓性价值所在。

本成果分为上、下两编,第一章至第三章是对海明威与美国的现代性问题的整体性研究,第四章至第七章则从海明威的作品中选取与美国现代性冲突紧密对接的四部小说,进行具体深入的个案研究。重要学术观点概括如下:

第一章聚焦海明威在高雅文化与流行文化中的双重声誉,指出海明威实际上是一个由他本人的自我建构、作家与图书传媒的商业合谋经营、大众的文化消费和复制活动共同制造出来的经典作家和美国文化偶像,并据此审视和反思美国现代化进程中作家身份和大众文化消费行为的多元性和复杂性。

第二章聚焦海明威与他所处的社会意识形态之间的关系,指出他的作品"既是美学的又是意识形态的"。根据哥德曼关于文学作品不是个人天才的创造物,而是作家所属的社会集团的"超个人的精神结构"(trans-individual mental structures)的创造,即那个集团共有的观念、价值、理想的结构的体现,以及伊格尔顿在文学与意识形态关系问题上的深刻洞见及相关理论为研究进路,认为海明威小说中所蕴含的观念、价值、理想,既传达了20世纪上半期美国主流社会的精神结构,也表达了人类共通的情感和价值信念。

第三章聚焦海明威小说的美学创造及其阈限,认为海明威小说的美学创造及其阈限与海明威的异域旅居经历、美国社会的现代化进程紧密相关。海明威小说的美学创造除了以"简洁的语言"和"悉心剪裁"的文体为标志的现代散文艺术,还有一个重要特质,即"美国性"与"他者性"之间存在着一个属性模糊、意义不确定的"阈限"空间。海明威小说美学的阈限在叙述语言层面表征为词语、句子的缝合技艺与间隙,在叙事空间维度表征为异国空间与本土书写,在价值论维度表征为"准则英雄"的主体价值与对他者的伦理关怀之间的冲突与张力。

第四章聚焦海明威的成名作《太阳照常升起》,全面、深入地考察小说中蕴含的清教伦理与消费文化之间的现代性悖论。对20世纪20年代的美国社会现实与文化构成做更多层面的考察后就会发现,《太阳照常升起》与产生和接受它的20年代美国文化之间的关系,远非是战后幻灭情绪这一简单的逻辑关联所能涵盖的。事实上,在商业繁华如梦的 20 年代,消费享乐的价值取向与传统的清教文化积淀共同构成了美国文化现代化过程中的现代性悖论。生活在上述文化结构中的年轻一代,一方面在日常生活实践中尽享消费文化带来的感性解放快乐,另一方面又面对着在转型空间中确认自我身份时的焦虑、失意和伤感,在此意义上解读《太阳照常升起》,能够挖掘出其显在和隐含的多层次的文学、文化意蕴。

第五章聚焦海明威记录非洲狩猎经验的非虚构小说《非洲的青山》,研究狩猎文学与生态伦理之间的多重复杂关系。海明威曾经去游猎的狩猎区是前英属东非殖民地,他的狩猎书写与英语狩猎文学传统有深层联系。在全球化时代,在海明威曾经去狩猎的国家有肯尼亚、乌干达和坦桑尼亚,对动物种群的国家公园保护、向外国人开放的狩猎旅游、对当地人狩猎的限制,这一系列保护与管控措施背后的绿色殖民与环境保护、经济发展与生态伦理等现代性问题,在历史与当下、本土与全球化的重叠中更加复杂。以生态批评在人与自然、人类的主体欲望书写与整体的生态系统协调等问题上的深层生态伦理关怀为参照,重新审视海明威的非洲书写,依然有十分重要的现实意义。

第六章聚焦海明威的西班牙内战题材小说《丧钟为谁而鸣》,考察海明威的西班牙情结,小说中的西班牙风景、内战时期的政治责任与人类共同体意识之间的复杂关系。海明威在小说中将男主人公乔丹塑造成一个"准则英雄",他对政治责任与人类共同体幸福之间的关系理解存在着不确定性的一面。海明威以对主人公的爱情和理想主义激情的情感叙事力量打动读者,搁置其政治行动意义的不确定性,显示出他在处理个人和西班牙政治、人类共同体幸福之间复杂关系时,尚无力组织协调复杂多元的历史叙事。

第七章聚焦海明威的经典之作《老人与海》,考察小说主人公圣地亚哥的身份认同与海明威的审美乌托邦建构之间的关系。海明威在《老人与海》中讲述古巴渔夫圣地亚哥钓到大鱼又失去大鱼的悲壮故事,与此同时,在叙事进程中又插入他每晚都在重复的梦境——西北非海岸的和谐美景。古巴和西北非海岸两个叙事空间一实一虚,彰显出西班牙移民圣地亚哥的身份认同复杂多重性,也透视出海明威本人在前现代与现代、"美国性"与"他者性"之间的身份认同多元复杂性。圣地亚哥梦中的西北非海岸,是海明威通过文学书写建构的审美乌托邦,借以寓托他内心深处对前现代世界的眷恋,抵制美国现代化、都市化对个体的同一性操控和异化。

第四节 实证研究、跨文化跨学科阐释与审美批评有机融合

文学经典是经过时间过滤和选择的优秀文学文本,承载着各民族基本的价值观念和审美诉求,为不同国家、民族的人们进行跨文化交流、疏隔共情、互识互鉴架起一座有益的桥梁。对美国经典作家海明威的研究也应该是基于中国文化主体自信的基本立场,基于中美文化互识互鉴的对话性前提,有针对性地选择相应的研究方法。

首先,以马克思主义的唯物史观为指导,将海明威与美国的现代性问题置于全球史的宏大视野中来考察研究,强调对历史文献资料、作家书信、作品版本等第一手资料的耙梳,力求做到文史互识互证。只有将作家、作品和读者反应置于大的历史语境中考察,才能够做到文本内外"六经注我"与"我注六经"的有机融通,有效地突破既有研究的浅表化、局部性和片面性。以海明威的《老人与海》为例来看,将小说的生产语境还原到1898年美西战争以来美国、西班牙与古巴的全球关系史中来考察,就能更深入地理解老渔夫圣地亚哥形象内部的英雄主义与虚无幻灭感叠加并存又撕裂的身份政治复杂性,从而超越《老人与海》是歌颂圣地亚哥的硬汉精神,还是表现存在的虚无感与焦虑的简单化结论。

其次,进行跨文化与跨学科的比较研究,凸显中国文化主体性的拿来主义立场。跨文化研究是外国文学研究的一种基本属性。跨文化的文学研究可以实现异质文化之间的相互理解、相互交流,进一步建立中外文化互识互鉴的对话性关系。在外国文学研究中融入比较文学的跨文化比较意识,能够突破孤立的国别作家研究局限,建立一种跨际互动交流的世界文学开阔视野。海明威的文学叙事空间通常设定在一个跨文化的异域空间中,并经常在文本中嵌入英语以外的西班牙语、法语或斯瓦希里语。对海明威进行跨文化研究,要求研究者具备跨语言能力、融通异质文化的知识储备和理论修养。还是以《老人

与海》为例,海明威在文本中以斜体标注了20处西班牙语词句,[①]并在行文中加以解释,其间掺杂进西方文艺复兴以来的人文主义精神、对人类征服自然观念的批判反思、对西班牙前现代风景的眷恋。小说中还嵌入了美国的棒球体育运动知识,墨西哥湾流的鱼类知识和古巴的在地文化、移民文化、杂糅文化。以一种跨文化的比较研究方法来解读海明威的异国空间叙事,能够更好地理解海明威的文学作品与美国现代性问题之间的多重纠缠。

跨学科文学研究是世界文学与比较文学与时俱进发展的又一特色。伴随着自然科学和人文科学研究疆域的不断开拓,传统的各学科画地为牢的边界不断被突破,学术研究日益趋向研究方法、理论和学术实践的跨学科性。当下,我国的跨学科比较文学研究在与多个学科结合的研究中都取得了丰硕的研究成果,像文学人类学研究、符号学与文学研究、文学思想史研究、文学译介学、文学传播研究、数字人文与文学研究等,这些研究成果使得中国的世界文学与比较文学跨学科研究呈现出蓬勃生机。与此同时,在跨学科的文学研究中如何将文学与其他学科的研究进路、研究方法、研究资源的关系拿捏适度,避免因其他学科的浸染模糊文学研究自身的学科特质,也是一个我们应该始终保持高度警觉并审慎对待的问题。具体到本课题的研究,海明威自身的新闻记者、旅行者、钓鱼和打猎爱好者等多重角色,赋予其多学科的知识储备和多样化的文学叙述特点,跨学科研究是理解海明威这一特点的有效进路。比如,他的非洲打猎非虚构作品《非洲的青山》,讲述古巴渔夫钓大鱼故事的《老人与海》,背后都有相应的博物学背景,以及博物学背景深处英美帝国主义在非洲和南美洲的绿色殖民历史。大量以海明威作品为素材改编制作的影视剧,则让我们了解到海明威与美国大众文化、都市文化产业资本既疏离又合谋的复杂关系。

最后,历史文化批评与审美批评的有机融合。在比较文学发展史上,法国学派建立在实证研究基础上的影响研究曾经影响广泛。有别于法国学派,第二次世界大战之后,美国学派提出平行研究,强调审美批评。美国学派倡导审美批评,与当时美国政府要在全世界宣扬美文化软实力的文化扩张野心相合。

---

① Ernest Hemingway, *The Old Man and the Sea*, New York: Charles Scribner's Sons, 1952.

1952年,艾森豪威尔当选美国总统,在外交政策导向上一改杜鲁门时代露骨的反共风格,将文化冷战带入对外宣传美国文化精神、人类共同的价值观与建构正面进步的美国形象时代。可见,如果说法国影响研究有不平等的对外文学贸易输出之嫌的话,美国学派强调的平行研究与审美批评动机也并非单纯。新时期以来,中国学者强调文学的跨文化与跨学科研究,就是要打破单一性研究的制囿。

本课题研究力求将文献梳理、历史文化研究与审美批评有机融合起来,将实证研究、文本细读、理论研究、跨文化与跨学科研究贯通为一体,为经典作家研究注入新的活力。

上 编
海明威与美国的现代性问题

第 一 章

经典作家与文化偶像

  海明威是我国读者最为熟悉的美国经典作家之一。作为1954年度的诺贝尔文学奖获得者,在诺贝尔奖官方网站动态发布的前十位最受欢迎的文学奖获得者排行榜中,海明威的名字一直在第二、第三、第四的位次上变换。[①]而早在1954年度的诺贝尔文学奖揭晓之前,2月23日的美国双周刊《看客》以"看图猜名人"为题发表了15张特写照片,每一张都是某个政界或娱乐界明星的个性标识物特写,要求读者猜出它是哪一位名人的标识。这15位被《看客》选中的明星人物包括政界的麦克阿瑟、艾森豪威尔,娱乐圈的查理·卓别林、马龙·白兰度等,身份是作家的海明威也位列其中,他的标志性特写形象是白色卷曲的络腮胡子。这表明,海明威在美国大众心目中的声誉是双重的,既是文学成就杰出的作家,又是拥有众多追捧者的文化偶像。前者的声誉是由其作品的读者和文学界批评家认可的,而把海明威当作文化偶像的崇拜者并不一定读过他的文学作品,或者也不关心他写过什么,却追踪海明威的生活方式与个人动态,类同当下的追星族。从1921年前往巴黎追求文学梦想,到1954年获得诺贝尔文学奖,跻身美国大众崇拜的文化偶像之列,并成为全世界读者最欢迎的作家之一,海明威本人的自我建构、他与图书传媒的商业合谋经营、大众的文化消费与复制都同样功不可没。放眼当下的文学图书市场,文

---

  ① 见网址 http://www.nobelprize.org/nobel_prizes/literature/。2018年起,诺贝尔奖官网改版,文学奖首页显示6位著名的获奖者,海明威位列第四。2023年8月10日检索。

学生产、传播与大众的文化消费活动之间的联系越来越紧密,审视海明威从文学青年到经典作家和文化偶像的双重声誉形成过程,反思其作为文化精英和大众偶像的双重身份,有助于我们更全面、更深刻地理解现代化进程中作家身份和大众文化消费行为的多元性和复杂性。

第一节 职业劳动与休闲自由

总览海明威一生的生活和写作,其个人生活的突出特点是流动性和社会角色的多重性。自从1918年告别家乡芝加哥附近的橡树园镇赴意大利战场,海明威先后游历或旅居过的国家有意大利、加拿大、法国、西班牙、瑞士、奥地利、德国、肯尼亚、乌干达、坦桑尼亚、中国、古巴、英国等。在不断移动的地理位置和社会空间中,海明威一身兼具多重社会角色——作家、记者、战士、猎人、钓鱼高手、鱼类博物学家、斗牛爱好者与研究者等等。这些社会角色有的是社会共同体认同的职业角色,像战士、记者、作家,而打猎、钓鱼、斗牛等则属于个人休闲活动。作为战士,海明威亲历过第一次世界大战、西班牙内战、第二次世界大战。作为记者,海明威见证或介入了他有生之年美国的,甚至是世界的一系列重大历史事件。在成为著名作家后,他更是经常以作家型记者身份深度参与所报道的事件,最大限度地践行他所追求的公平正义等人道主义观念,支持过西班牙的反法西斯战斗、中国的抗日战争,也曾经为大萧条时期迈阿密贫苦的美国老兵发声。作为作家,他获得过普利策文学奖和诺贝尔文学奖。在钓鱼、打猎、看斗牛等休闲活动中,海明威的个人成绩也毫不逊色。作为钓鱼高手,海明威去世前,担任国际钓鱼协会副主席,钓到过785磅的鲨鱼,与当时的世界纪录差12磅。作为打猎爱好者,他先后两次去前英属东非捕猎狮子、犀牛等大型动物。作为斗牛爱好者,他在西班牙看过三百多场斗牛后,还写作了一本研究斗牛的非虚构作品《死在午后》(*Death in the Afternoon*, 1932)。海明威一生在不断流动的地理和人文空间中,在社会共同体中的职业角色责任和个性化休闲自由之间扮演多重角色,这多重角色的闪亮成就叠加在一起,把海明威包裹成一个令现代人感叹的传奇形象。

一

　　海明威不仅在流动的地理人文空间中活出了传奇色彩,还善于将自己富有传奇色彩的生活经历转化为文学作品。1918 年,海明威加入美国红十字会的战地医院服务团,在意大利战场救助伤员时被炮弹炸伤。海明威在 1918 年 8 月 18 日写给家人的信中自述,全身有 227 处受伤,①因此获得意大利政府颁发的银十字勋章。他在米兰养伤期间,与女护士阿格纽斯相爱。很显然,他的这一经历渗透在小说《永别了,武器》(A Farewell to Arms, 1929)中。该小说中,腿部受伤的美国军人亨利的生活原型就是海明威本人,女护士凯瑟琳的原型则是海明威的初恋阿格纽斯。20 世纪 20 年代,海明威与第一任妻子哈德莉旅居法国的岁月里,多次去西班牙看斗牛,并于 1926 年出版第一部长篇小说《太阳照常升起》。这部小说的叙事空间设定在法国和西班牙,小说人物出入于海明威本人熟悉的巴黎街道、工作间、咖啡馆,去西班牙过圣福明节、看斗牛、钓鱼,这种休闲生活与美国本土正在兴盛的消费文化遥相呼应。这部以英美青年在法国巴黎和西班牙工作、休闲生活为叙述内容的小说,源自海明威本人在巴黎做记者、写作并去西班牙钓鱼、看斗牛的劳动加休闲的生活经验,也折射出爵士时代美国主流社会传统的清教伦理与时兴的消费生活方式既抵牾又合流的实况。1932 年,海明威又出版了一部关于西班牙斗牛的非虚构类作品《死在午后》。他声称,在写作《死在午后》之前观看过三百多场斗牛,目睹过几千头公牛的刺杀。在这本书中,海明威对西班牙斗牛过程中的每一个细节、每一个术语、西班牙著名的斗牛士、各地不同的斗牛风格都做了极为详尽的介绍,书后还附有 585 条斗牛术语释义汇编。这部斗牛专著受到斗牛迷的欢迎,他们把它看作是一部了解斗牛文化的《圣经》。1936 年 7 月西班牙内战爆发,海明威与北美报业联盟签订合同,于 1937 年 2 月前往西班牙报道战事。1940 年,他出版了西班牙内战题材的小说《丧钟为谁而鸣》,小说中的男主人公是为共和国理想而战的美国志愿者乔丹。1933 年 12 月至 1934 年 2 月,海明威前往东非打猎,历时 72 天。1935 年,他出版了叙述非洲狩猎的非虚构作品《非

---

① Carlos Baker, ed., *Ernest Hemingway Selected Letters, 1917—1961*, New York: Charles Scribner's Sons, 1981, p. 14.

洲的青山》(*Green Hills of Africa*, 1935)。海明威在第一和第二次世界大战期间都曾经亲历欧洲战场，1950 年，他出版了长篇小说《过河入林》，叙述亲历过两次世界大战的美国人坎特威尔上校重访意大利怀旧、会友、打猎的故事。海明威自幼跟随父亲钓鱼，一生喜欢钓鱼，1934 年购买了自己的游艇，命名为"比拉尔号"。据海明威传记记载，他在佛罗里达州的基韦斯特岛和古巴哈瓦那瞭望农场定居期间，经常驾驶"比拉尔号"出海钓大鱼。1952 年，《老人与海》在《生活》杂志发表。小说叙述古巴老渔夫圣地亚哥在墨西哥湾流钓鱼的故事，其中，关于老人和大马林鱼相持、较量的诸多细节描写，皆来自海明威本人钓大鱼的经验。综合上述，海明威是一位将美国主流社会传统的新教徒职业劳动美德与现代的休闲生活方式完美结合在一起的作家，而这也是他在小说人物塑造方面的突出特点。

二

很多读者认为，海明威的小说以塑造硬汉形象见长。笔者更倾向于美国学者埃德蒙·威尔逊和菲利普·扬的观点。威尔逊于 20 世纪 40 年代指出，海明威的小说人物在第一次大战后的残暴世界中通过坚守"准则"(code)，留住人性的尊严。到了 50 年代，菲利普·扬发展了威尔逊提出的"准则"一说，将海明威笔下的男主人公界定为"准则英雄"(code hero)。扬指出，《太阳照常升起》中的杰克·巴恩斯和斗牛士罗梅罗"是有准则的人。他们懂得有些事情要遵循既有的准则，也有一些事情的准则还没有固定下来。是否懂得这个道理，是区分小说人物类属的依据"[①]。小说中的杰克和罗梅罗都是既有个性，又有准则的人物，而犹太人科恩则是一个不懂准则的人，遭到英美青年小团体的一致排斥。

扬教授所说的准则，与马克斯·韦伯阐述的现代职业概念是一致的。韦伯在《新教伦理与资本主义精神》中讨论路德的"职业"概念时指出，"在英语的 calling（职业、神召）一词中，至少含有一个宗教的概念：上帝安排的任务"，"上帝应许的惟一生存方式，不是要人们以苦修的禁欲主义超越世俗道德，而是要

---

① Philip Young, *Ernest Hemingway*, Minneapolis: University of Minnesota Press, 1973, p.13.

人完成个人在现世里所处地位所赋予他的任务和义务。这是他的天职"①。以韦伯讨论的"天职"观念和扬提出的"准则"一说为依据,仔细审视海明威在异国空间中塑造的男性形象,就会发现,他们对自己必须担当的职业角色责任的理解,与美国前现代社会中恪守的新教劳动伦理有内在的一致性。比如,在《太阳照常升起》中,美国记者杰克在每一次以休闲为目的的出行之前,总是要首先完成自己的记者撰稿任务,从未疏忽记者的职业劳动责任。西班牙斗牛士罗梅罗斗牛技艺高超,将斗牛看作是生命的意义所在,身受重伤仍从容不迫地走上斗牛场,凭借自己出色的斗牛技艺和决不退缩的信念,捍卫了斗牛士的职业尊严和荣誉;《丧钟为谁而鸣》中的美国志愿者乔丹,在接受了到敌后去炸桥的任务后,面对共和国内部分裂致使行动计划泄密的混乱局面,大雪封山的困难,与之合作的游击队军事素质的匮乏,他依然选择兑现自己的责任,最终炸毁了阻击敌人援兵的桥梁,并坦然地迎接死亡的到来;《老人与海》中的老渔夫圣地亚哥更是把钓鱼看作自己的责任和义务。过去,他曾经是渔夫中钓鱼技艺了得的"冠军",现在,他连续 84 天钓不到一条鱼,跟随他的马诺林也离他而去,继而钓到的大马林鱼又被鲨鱼吞吃,只剩了一条大鱼骨架,但是,圣地亚哥却能坦然面对孤独和失败,日复一日地尽打鱼人的天职。概而言之,杰克·巴恩斯之于记者的撰稿职责、罗梅罗之于斗牛士的荣誉、乔丹之于战士的炸桥任务、圣地亚哥之于渔夫的钓鱼活动,他们对职业角色责任的理解,他们对职业角色责任的坚守,与新教徒应神召尽"天职"的劳动美德是一致的。

从上述小说中塑造的男性主人公来看,海明威在文学文本中构建的硬汉形象,其行动准则实则是开疆拓土时代新教徒信奉的职业劳动伦理,是美国主流社会的"美国性"价值在异国空间中的伸延。"硬汉"和"硬汉精神"是读者和研究者对海明威作品中某些男性主人公的类型化特质概括,是黏贴在海明威创造的某些男主人公形象上的文学标签,并未触及这些男性主人公之所以成为"硬汉"的行动准则和"美国性"价值评判依据。从主体价值论的维度来看,

---

① [德]马克斯·韦伯:《新教伦理与资本主义精神》,于晓、陈维纲等译,北京:生活·读书·新知三联书店,1996 年,第 58—59 页。

海明威小说中的男性主人公的共同特质是职业技艺了得、坚守新教劳动伦理的"准则英雄"。

三

海明威之所以对异国空间中职业技艺了得的男性主人公情有独钟，与他对 20 世纪 20 年代现代化、都市化了的美国社会现实的认识有密切关系。海明威的童年和青少年时代是在美国中西部的橡树园镇度过的。橡树园位于密歇根（Michigan）[①]湖畔，紧邻现代化大都市芝加哥，是一个以中产阶级白人新教徒为主的小城镇。橡树园镇上的男人大都是信奉传统新教劳动美德的专业人员，推崇强健的身体，热爱亲近大自然的户外运动，海明威的父亲就是一位热爱钓鱼、打猎、种地等户外运动的医生。受父亲的影响，海明威自幼热爱大自然，热爱钓鱼、打猎等户外运动。因此，当他从欧洲战场归来，面对现代化了的美国社会现实，工厂生产流水线上劳动的机械化，都市生活方式与大自然的疏离，海明威感受到了传统失落的伤痛。在现代化大机器操控的工业生产流水线上，劳动异化为技术（technique）主导的机械性重复活动，个体在劳动过程中自主的愉悦感被机器带来的压抑感所取代。在全面现代化、都市化了的美国本土，前现代社会中以男人的身体强健程度和个人技艺（skill）多寡为评价依据的劳动传统一去不复返了，只有到战场上，或者是到不被现代文明侵染的边缘异国空间中，才能找回被现代化淹没的自主劳动愉悦和个体生命自由。因此，海明威在文学写作中自觉地选择与现代化的美国都市生活保持距离，在不断变换的边缘异域空间中，通过战争、斗牛、打猎、钓鱼等活动去打造一个个技艺出众的男性形象，而在文本之外，他本人也人如其书，是个在边缘异域空间中行走、书写的勇敢战士、优秀猎人、钓鱼高手、拳击英雄、斗牛爱好者、文学冠军。有意味的是，海明威和他的男子汉们在异国空间中借以对抗现代文明异化的斗牛、打猎、钓鱼等活动，在伸延传统的新教劳动伦理的同时，却又契合

[①] Michigan 的中文译名有多个，早期大多译作密执安，中国地名委员会编写的《外国地名译名手册》译作密歇根，参见中国地名委员会编：《外国地名译名手册》，北京：商务印书馆，1993 年，第 463 页。也有译作密西根的。在上海译文出版社出版的《海明威文集》中，有密执安和密歇根两个译名。笔者在行文中除引用文字，其余皆采用中国地名委员会编《外国地名译名手册》的译名"密歇根"。

了现代社会宣扬的休闲消费生活方式。正如詹姆逊指出的那样,"海明威对男性气概的崇拜,正是同美国在第一次世界大战后巨大工业变革相妥协的那种企图:它满足了新教的劳动伦理,同时又颂扬了闲暇"①。

如上所述,海明威和他的小说人物一起,一生游走在不同的空间中,并在不同的职业竞技场上,以钓鱼、打猎、斗牛、参战、写作等活动中超凡的个人技艺,打造出一个个阳刚魅力十足的个人英雄神话。在20世纪上半叶的美国,老一辈开疆拓土的前现代生活已远去,工业文明、都市生活时代已到来,海明威及其男主人公在边缘异域空间中展示不同技艺的个人神话,满足了大众失落在现代都市中的怀旧情感。在海明威有过度张扬之嫌的男性英雄气概中,美国大众抵制工业文明所带来的标准化、均质化操控,实现个体自由和感性解放的需求得到了象征性满足。甚至包括海明威的个人生活方式,也成为大众崇尚的个性化消费娱乐姿态,助推大众读者把他当作文化英雄和偶像来追捧崇拜。

第二节 作家声誉与图书传媒

西方马克思主义理论家本雅明(Walter Benjamin,1892—1940)受马克思关于生产力与生产关系的理论启示,提出了艺术生产理论。他认为,艺术生产同物质生产一样是一种特殊的生产活动,由生产与消费、生产者、产品与消费者等要素构成,受到生产力与生产关系的矛盾运动的制约。他认为,艺术家就是生产者,艺术作品就是产品或商品,读者或观众就是消费者。结构主义的西方马克思主义理论家马歇雷(Pierre Macherey)也认为,文学写作不是一种独立自足的创作,而是一个生产过程。他反对把作者看作是创造者,认为作家实质上是生产者,没有理由将文学生产看得比别的生产更神秘。英国的马克思主义批评家特里·伊格尔顿也撰文探讨资本主义的文学艺术生产与消费的关系。在此意义上,将作家放入资本主义的生产经营机制中来看,一个人成长为著名作家的过程,也就是他本人与图书传媒业相互选择、合谋制造文学产品的

---

① [美]弗雷德里克·詹姆逊:《马克思主义与形式》,李自修译,南昌:百花洲文艺出版社,1997年,第349—350页。

过程。就海明威而言,他之所以能够在1926年因《太阳照常升起》的出版而一举成名,与他在选择出版社时的务实精明是分不开的。

海明威是一位记者出身的作家。在他的文学创作生涯中,记者身份始终叠加在他的作家身份中。他以或者是签约记者,或者是自由撰稿人,或者是专栏作者身份,先后与《堪萨斯城明星报》《多伦多星报》《多伦多星报周刊》《午报》《柯立尔》《瞭望》《时尚先生》《生活》《假日》等多家报纸、杂志合作过。威廉·怀特(William White)将海明威发表的消息、特稿等汇编成一本《海明威新闻集》(By-Line: Ernest Hemingway,1995),英文版全书489页,中译本包括上、中、下三册一大摞。① 在与传媒业深度合作的过程中,海明威深谙报刊与图书传媒业界的运营奥秘。这一身份特殊性,奠定了海明威在其作品的生产、出版、营销过程中与传媒业合作成功的基础。正所谓出道即巅峰,谢幕是神话。他的第一部长篇小说《太阳照常升起》于1926年出版后就登上"每月一书读书会"的畅销书排行榜,生前出版的最后一部小说《老人与海》更是创造了1952年的图书出版畅销神话,并助推《生活》杂志登上其退市之前的销售量高峰。因此,详细考察海明威与大众传媒合谋打造其精英作家与大众文化偶像双重声誉的过程,有助于我们更深入地理解文化现代化过程中作家与大众传媒的合作关系。

一

海明威与图书出版业的关系,与他的文学引路人之一舍伍德·安德森(Sherwood Anderson,1876—1941)有关。安德森是美国现代小说的先驱,1925年10月,经舍伍德·安德森的推荐,海明威第一本在美国出版的短篇小说集《在我们的时代》(In our Time,1925)由博内-利夫莱特公司出版。该公司是1914年涉足出版业的新秀,安德森是他们十分器重的走红作家。《在我们的时代》出版后,文学界认为海明威的文笔清新而独成一格。因此,博内-利夫莱特出版公司与海明威约定,他此后写作的三本小说将交由该公司出版,并请他邀请其他作家加入。与此同时,斯克里布纳出版公司的当红作家菲兹杰

---

① See William White, ed., By-Line: Ernest Hemingway, New York: Simon & Schuster, 1995. 中译本参见[美]海明威:《海明威新闻集》(上、中、下),张迪译,成都:四川大学出版社,2020年。

拉德也在为主编帕金斯做利夫莱特要求海明威做的事情,邀请海明威与斯克里布纳合作。

安德森是利夫莱特公司最为重要的作家,他出版的小说《黑色的笑声》(*Dark Laughter*, 1925)引发文学界争议。当时已经是著名作家的菲茨杰拉德曾盛赞安德森为当下英语写作中最好的作家之一,但对《黑色的笑声》给出差评。同年年底,海明威在完成了《太阳照常升起》的初稿后,于11月20—26日,一口气写作了一部戏仿小说《春潮》,刻意嘲讽安德森的文风和原始主义倾向。海明威按照合同约定,把《春潮》寄给了博内-利夫莱特出版公司。老板之一霍勒斯·利夫莱特看后很吃惊,在给海明威的回信中写道:"如果我们愿意把它刊行,那会显得庸俗不堪,更不用说是狠心之至了。"① 海明威之所以这么做,其主要意图有二:第一,他可以借此与文名渐衰的安德森脱开干系。《在我们的时代》问世后,很多评论者都将海明威的文风归之于受安德森的影响,决心要自成一家的海明威却死不承认,因此,出版一部戏仿安德森的小说,就可以避免评论界再拿他的小说与安德森相提并论;第二,海明威借助蓄意戏仿安德森的《春潮》,与有约在先的博内-利夫莱特出版公司解除了合约,并与更成功的大牌出版公司斯克里布纳签约。斯克里布纳公司创建于1842年,是美国出版界的佼佼者,曾经与众多著名作家合作,如伊迪丝·沃顿、亨利·詹姆斯、理查德·哈丁·戴维斯、菲兹杰拉德、托马斯·沃尔夫等。美国图书传媒业界著名的文学天才猎手马克斯韦尔·帕金斯(Maxwell Perkins, 1884—1947)是该出版公司的主编。1926年2月,帕金斯答应为2本书预支给海明威1500美元,并且给《春潮》和即将完工的《太阳照常升起》付高达15%的版税。② 此外,海明威还可以在《斯克里布纳氏杂志》上源源不断地发表短篇小说。总之,刚刚出道的文学新秀海明威绝不单纯是一个只关注巴黎的文学朝圣事业的文学天才,在借力图书传媒经营文学功名和经济利益方面也颇有一些商业头脑和运营手腕。对此,致力于20世纪美国作家传记写作的斯科特·唐纳森在《意

---

① 吴劳:《六天写就的精品,六十年后才获真赏》,引自《春潮·老人与海》,吴劳译,上海:上海译文出版社,2000年,第5页。

② Robrt W. Trogdon, *The Lousy Racket*: *Hemingway, Scribners, and the Business of Literature*, Kent: The Kent State University Press, 2007, p. 259.

志力:海明威传》中做出如下评价:"确切地来说并不算是不道德,但是海明威在从利夫莱特换到斯克里布纳出版公司的行为,非常典型地体现出他与出版商、编辑和经纪人打交道时的算计杠杠。他在处理他的商业事务的时候,总是睁大一只眼睛紧盯着重要的机会,而另一只眼睛则警惕那些可能试图欺骗他的人。"① 此后,海明威与斯克里布纳公司合作 35 年。海明威与影响重大的出版社和著名编辑保持长期稳定的合作关系,为他在图书市场上的著名作家声誉持续不断地增光添彩。海明威与斯克里布纳出版公司合作的详细情况列表如下:②

表一 海明威从斯克里布纳出版公司取得的潜在收益
(Hemingway's Potential Earnings from Charles Scribner's Sons)

作品 (Book)	预付款 (Advance)	版税率 (Royalty Rate)	潜在收益 (Potential Earnings)
《春潮》 (The Torrents of Spring)	$500	15%	$626.63
《太阳照常升起》 (The Sun Also Rises)	$1,000	15%	$10,842
《没有女人的男人》 (Men Without Women)	$750	15%	$7,144.50
《永别了,武器》 (A Farewell to Arms)	$5,000③	15/20%④	$47,712.50
《在我们的时代》 (In Our Time)	0	15/20%	$1,603.13

---

① [美]斯科特·唐纳森:《意志力:海明威传》,董璐译,哈尔滨:黑龙江教育出版社,2017年,第57页。
② See Robrt W. Trogdon, *The Lousy Racket*: *Hemingway, Scribners, and the Business of Literature*, Kent: The Kent State University Press, 2007, pp.259—260.
③ 系列书预付款。
④ 售出的前 25000 册书标价的 15%,之后为 20%。

续表

作品 (Book)	预付款 (Advance)	版税率 (Royalty Rate)	潜在收益 (Potential Earnings)
《死在午后》 (Death in the Afternoon)	0	15/20%	$10,909.50
《胜者无所得》 (Winner Take Nothing)	$6,000	15/20%	$6,090.00①
《非洲的青山》 (Green Hills of Africa)	$4,800	15/20%	$5,169.45②
《有钱人和没钱人》 (To Have and Have Not)	$2,000	15/20%	$17,415③
《第五纵队和四十九篇短篇小说集》 (The Fifth Column and the Forty-Nine Stories)	0	15/20%	$6,228.75
《丧钟为谁而鸣》 (For Whom the Bell Tolls)	$6,040	15/20%	$218,539.80④
《过河入林》 (Across the River and into the Trees)	$25,000	15/20%	$57,000⑤
《老人与海》(The Old Man and the Sea)	0	15/20%	$76,440

---

① 公司只售出了 18300 册,海明威的收入为 5490 美元。
② 公司只售出了 11592 册,海明威的收入为 4781.70 美元。
③ 公司只售出了 39038 册,海明威的收入为 16391 美元。
④ 斯克里布纳公司的份额应为 158749.80 美元;每月一书读书会的份额应为 59799 美元。
⑤ 公司只卖出了 93738 册,海明威的收入为 50960.70 美元。

表二　海明威作品的广告

(Advertising for Hemingway's Books)

作品 (Book)	预算 (Budget)	购买广告数量 (Ads Purchased)	首次广告时间 (First AD)	末次广告时间 (Last AD)
《春潮》 (The Torrents of Spring)	$796.54	35	1926.03	1926.10
《太阳照常升起》 (The Sun Also Rises)	$6,557.93	179	1926.09	1927.12
《没有女人的男人》 (Men Without Women)	$4,599.70	153	1927.10	1928.12
《永别了,武器》 (A Farewell to Arms)	$20,578.17	325	1929.09	1930.12
《在我们的时代》 (In Our Time)	$1,564.71	48	1930.09	1931.01
《死在午后》 (Death in the Afternoon)	$8,581.14	178	1932.06	1933.02
《胜者无所得》 (Winner Take Nothing)	$2,442.16	90	1933.05	1934.03
《非洲的青山》 (Green Hills of Africa)	$4,796.03	76	1935.06	1936.01
《有钱人和没钱人》 (To Have and Have Not)	$9,325.74	83	1937.09	1938.06
《第五纵队和四十九篇短篇小说集》 (The Fifth Column and the Forty-Nine Stories)	$3,630.79	54	1938.06	1939.07

续表

作品 (Book)	预算 (Budget)	购买广告数量 (Ads Purchased)	首次广告时间 (First AD)	末次广告时间 (Last AD)
《丧钟为谁而鸣》 (For Whom the Bell Tolls)	$43,567.09	504	1940.06	1941.12
《过河入林》 (Across the River and into the Trees)	$20,000	未知	未知	未知
《老人与海》 (The Old Man and the Sea)	$21,551.88	未知	1952.07	1953.01

表三 海明威作品在斯克里布纳出版公司的印刷情况汇总
(Scribners' Printings of Hemingway's Books)

作品 (Book)	出版日期 (Date Published)	印刷次数 (No. of Printings)	首次印量 (First Printing)	印刷总量 (Total Printed)
《春潮》 (The Torrents of Spring)	1926.05.28	4	1250	2785
《太阳照常升起》 (The Sun Also Rises)	1926.10.22	14	5090	36140
《没有女人的男人》 (Men Without Women)	1927.10.14	7	7650	23815
《永别了,武器》 (A Farewell to Arms)	1929.09.27	7	31050	101675
《在我们的时代》 (In Our Time)	1930.10.24	2	3240	4275

续表

作品 (Book)	出版日期 (Date Published)	印刷次数 (No. of Printings)	首次印量 (First Printing)	印刷总量 (Total Printed)
《死在午后》 (Death in the Afternoon)	1932.09.23	5	10300	20780
《胜者无所得》 (Winner Take Nothing)	1933.10.27	1	20300	20300
《非洲的青山》 (Green Hills of Africa)	1935.10.25	2	10550	12532
《有钱人和没钱人》 (To Have and Have Not)	1937.10.15	4	10130	41085
《第五纵队和四十九篇短篇小说集》 (The Fifth Column and the Forty-Nine Stories)	1938.10.14	4	5350	15110
《丧钟为谁而鸣》 (For Whom the Bell Tolls)	1940.10.21	7	210192①	693486②
《过河入林》 (Across the River and into the Trees)	1950.09.07	2	76000	101500
《老人与海》 (The Old Man and the Sea)	1952.09.08	11	51700	133650

从上面的三个表格可看出，在海明威与斯克里布纳出版公司合作的过程

---

① 斯克里布纳为自己印刷了 75192 册，为每月读书会印刷了 135000 册。
② 斯克里布纳为自己印刷了 294886 册，为每月读书会印刷了 398600 册。

中,作家与出版公司之间是一种合作共赢的关系。

二

海明威不仅与斯克里布纳出版公司成功合作,也不拒绝与其他大众传媒合作共赢。1952 年,海明威与著名经纪人、《生活》杂志、斯克里布纳出版公司、"每月一书读书会"、著名评论家合作,凭借《老人与海》(*The Old Man and the Sea*,1952)成功地打造了一个空前的图书畅销神话。

《老人与海》在图书市场上获得的巨大成功,首先应归功于好莱坞和百老汇的著名经纪人利兰·海沃德(Leland Hayward,1902—1971)出色的商业策划。1950 年圣诞节假期结束后,海明威在古巴哈瓦那郊区的瞭望农场开始写作老渔夫圣地亚哥的故事,次年 2 月 17 日完成初稿。海明威原本打算将书稿交给长期合作的斯克里布纳出版公司,后因他的朋友海沃德的介入而改变计划。海沃德监制的百老汇舞台剧《南太平洋》《音乐之声》等剧作都获得了巨大成功。他在阅读了《老人与海》的打印稿之后,为海明威提供了一份能使该书的市场收益最大化的出版方案:《老人与海》先交由《生活》杂志刊载,然后由斯克里布纳公司出版,后再由纽约每月一书读书会(Book-of-the-Month Club,创建于 1926 年)向会员发布。起初,海明威还担心小说在《生活》刊载后会影响斯克里布纳的发行量,海沃德和斯克里布纳的编辑华莱士·梅耶(Wallace Meyer)却坚信在《生活》杂志上发表的《老人与海》将为斯克里布纳版的《老人与海》提供数百万份免费广告。最后,经由海沃德多方斡旋,1952 年 5 月 13 日《生活》杂志社、斯克里布纳出版公司、每月一书读书会达成如下出版发行协议:1952 年 9 月 1 日《生活》杂志全文刊载《老人与海》。9 月 8 日斯克里布纳公司发行《老人与海》的图书版,并且要求必须在图书护封和所有的广告词中注明该书是每月一书读书会的主推小说,同时,不得在任何广告或推销资料中提到该小说将在《生活》杂志上发表。9 月 9 日读书会开始为会员发送《老人与海》。[①] 此后,《生活》杂志社、斯克里布纳出版公司和每月一书读书会即按照约定的发布日期开始为《老人与海》造势。

[①] Robert W. Trogdon, *The Lousy Racket: Hemingway, Scribners, and the Business of Literature*, Kent: The Kent State University Press, 2007, p.247.

《生活》杂志是1936年创刊的一份图片周刊。在20世纪50年代的美国,除了《读者文摘》之外,《生活》是最畅销的杂志之一。在决定刊载海明威的《老人与海》之前,《生活》杂志还从未用一整期的版面全文刊载一部小说。因此,对于《生活》杂志来说,这是一次空前未有的商业冒险。但是,正因为这是一次商业冒险,《生活》杂志为《老人与海》的整期刊载做了极为周密的推销策划。詹姆斯·艾·米切纳当年曾经应邀为即将刊载的《老人与海》写一份新书报道。1984年,他在为斯克里布纳出版社整理出版的海明威遗作《危险的夏天》写作的引言中,透露了1952年《生活》杂志为刊载《老人与海》而进行的大规模商业运营活动细节。这年夏天,《生活》杂志社驻东京办事处派一名信使找到了正在朝鲜战场参战的詹姆斯。来人告诉詹姆斯,《生活》杂志准备实施一项空前的计划,用整期杂志刊载海明威的小说《老人与海》,还说,杂志社为实施这个计划投入了大量的金钱,也包括杂志社的声誉,因此他们想以可能的最好的形式发表这篇故事。所谓"可能的最好的形式",实则是调动一切可以运用的、最有效的商业促销手段,来保证《生活》杂志从这次商业冒险投资中获得最大的市场回报。于是,他们找到了刚刚开始从事文学创作、将海明威当作偶像的詹姆斯。为了充分挖掘利用詹姆斯为海明威写作新书报道时的虔敬之情,并确保不泄漏商业秘密,《生活》杂志的信使告诫他说,"这是纽约以外唯一的一份稿子。倘使您决定发表一篇文章,请尽快交给我们"①。接下来,詹姆斯在朝鲜战场偏远山区的小屋里,读完了《老人与海》的校样,为自己能有机会称颂一位大师的杰作而激动不已。在《生活》杂志刊载《老人与海》之前,由詹姆斯撰写的赞美性导读在美国各地以整版的广告刊出。詹姆斯后来得知,在《生活》杂志的信使将那份绝密的校样交给他的同时,该杂志还在美国和欧洲各地另外分发了600份给制造民意的人,每一份都是绝密的、独一无二的。结果是,当刊载《老人与海》的那一期《生活》杂志在1952年9月的第一周出版时,事先在世界各地发布的赞美性报道已经为海明威的这部新作打造出一个人人翘首以盼的接受氛围。

---

① [美]詹姆斯·艾·米切纳:《危险的夏天·引言》,参见[美]海明威:《危险的夏天》,主万译,上海:上海译文出版社,1999年,第4页。

《生活》杂志不仅倾全力为《老人与海》的问世炒作舆论氛围，还为沉寂 10 年后重出江湖的海明威做了一番精妙的促销形象设计。编辑部在序言中写道："故事中的圣地亚哥就是上了年纪的作者海明威，马林鱼就是他高贵又漂亮的作品，鲨鱼则是那些攻击成性地损毁他的作品和荣誉的批评家。"①编辑部的意图很明确，意在提醒读者，此时的海明威与此前评论界一片倒彩声的《过河入林》(Across the River and into the Trees，1950)作者已经大不一样。

海明威自从 1940 年出版《丧钟为谁而鸣》(For Whom the Bell Tolls，1940)后，连续 10 年没有发表作品。1950 年《过河入林》出版。小说叙述经历过两次世界大战的老上校坎特韦尔重访意大利，在威尼斯猎野鸭，对年轻美貌的干女儿伯爵小姐雷娜塔追忆自己在战争中的英勇经历。海明威借用美国内战时期著名的将军托马斯·杰克逊临死前说的一句话"让我们蹚水过河，到树荫下休息"，②给小说取名为《过河入林》，试图表达一种男子汉坦然接受死亡，视死亡如树荫下休息的无畏精神。但是，在小说的整个叙事进程中，读者看到的却是一位廉颇老矣的硬汉吃着该死的救心药丸，品味着如干女儿身体一样丰满可爱的葡萄酒，酒后躺在床上，如情人般将干女儿年轻美丽的身体拥在怀中，梦呓般地述说着如今不再的昔日勇猛。因此，当坎特韦尔上校心脏病突然发作，在死亡来临前仍奋力背诵杰克逊的名言"让我们蹚水过河，到树荫下休息"时，读者意识到，对于海明威来说，与男子汉的勇气同在的叙事艺术已经蜕变成一种老硬僵化的龟壳了。美国文学界对海明威十年磨一剑锤炼出的《过河入林》大失所望，评论家更是频频摇头。在这样一种无人喝彩，著名作家艺术才能江河日衰的寂静中，海明威又打出了最漂亮的一拳《老人与海》。海明威，这头十年昏睡后一声怒吼的老狮子，成为《生活》杂志编辑部为《老人与海》设计的最佳促销代言形象。至此，《生活》杂志为海明威沉寂十年以后的重新出场做出了最精妙的市场策划和形象设计。

---

① Gerry Brenner，The Old Man and the Sea：Story of a Common Man，New York：Twayne Publishers，1991，p.9.
② [美]海明威:《过河入林》，王蕾译，上海：上海译文出版社，1999 年，第 283 页。

三

除了《生活》杂志精明周密的商业策划和促销手段以外,斯克里布纳出版公司为《老人与海》先后投入了 21551.88 美元广告费。[①] 海明威本人也积极寻求权威评论家的支持。20 多年前,海明威为了登上美国文坛,曾经写信请求埃德蒙·威尔逊为他说一些溢美之词。这一次,海明威想到的是德高望重、年纪已是八十多岁的美国著名艺术史家伯纳德·贝瑞孙(Bernard Berenson)。海明威在致贝瑞孙的信中写道:"如果我请求您,问您想不想、愿意不愿意或者高不高兴为这本书写上二三句,或者就一句话,好让斯克里布纳出版公司介绍这本书时引用,这个要求妥当吗?您是我所尊重的唯一批评家,如果您真的喜欢这本书,这会让那些我不尊敬的人感到震惊。如果您觉得我这个要求不够体面,那就请您不必写,忘掉这件事算了。我自己感觉这样提要求不太光彩。不管怎样,您知道我寄书给您,并不是为了请您写评论。"[②]

海明威在信中还自我表白说,在《老人与海》中,"没有什么象征主义的东西。大海就是大海。老人就是老人。小伙子就是小伙子。鱼就是鱼。那条鲨鱼就像所有的鲨鱼,不好,也没有更坏。人们说什么象征主义,全是胡扯。更多的意思是您懂了以后所能看到的东西。一个作家理应懂得更多"[③]。海明威的自我表白一方面回应了《生活》杂志的编辑序言中关于鲨鱼是批评家的说法,淡化自己对批评界的不满,另一方面又暗示《老人与海》是一部意蕴丰富的伟大作品。贝瑞孙收到海明威的信后,写了下面几句话给他:"《老人与海》是一首田园乐曲,大海就是大海,不是拜伦式的,不是麦尔维尔式的,好比荷马的手笔;行文又沉着又激动人心,犹如荷马的诗。真正的艺术家既不象征化,也不寓言化——海明威是一位真正的艺术家——但是任何一部真正的艺术品都散发出象征和寓言的意味。这一部短小但并不渺小的杰作也是如此。"[④] 贝瑞

---

① Robert W. Trogdon, *The Lousy Racket*: *Hemingway, Scribners, and the Business of Literature*, Kent: The Kent State University Press, 2007, p. 260.
② Carlos Baker, ed., *Ernest Hemingway Selected Letters*, 1917—1961, New York: Charles Scribner's Sons, 1981, pp. 780—781.
③ Ibid., p. 780.
④ 董衡巽编选:《海明威谈创作》,北京:生活·读书·新知三联书店,1986 年,第 138—139 页。

孙将海明威的叙事艺术与现代作家区别开来,与今人无法企及的荷马相提并论,海明威看后十分满意,立即将这段话推荐给出版社,作为宣传《老人与海》的简介。

　　经过图书传媒与海明威本人的合谋经营打造,《老人与海》在图书市场和文学评论界都取得了巨大成功。刊载《老人与海》的那期《生活》杂志售出了5449833 份。将这个发行数字与《生活》杂志停刊前的发行量做一个对比,就可以了解这次精明的市场策划带给《生活》杂志的是一种何等巨大的商业成功。1970 年,它的全年发行量是 850 万份。1972 年全年的发行量是 550 万份,收入不足以维持发行,导致《生活》停刊。在《生活》杂志收获了丰厚的市场回报的同时,海明威本人更是名利双收。海明威从《生活》杂志获得的稿酬是 4 万美元。若以千字计算,大约相当于每千字 1500 美元。斯克里布纳公司出版的《老人与海》一年内印刷 11 次,总计 133650 册,均售出。同一年,斯克里布纳出版公司还请当时两位著名的画家画了 34 幅插图,出了插图本。出版社付给海明威 76440 美元。每月一书读书会付给海明威 2.1 万美元。该书在该读书会畅销书排行榜上保留达半年之久。海明威从《老人与海》的三方接续发售中收到的稿酬总计 136588.12 美元,这笔稿酬相当于 2005 年时的 950654.04 美元。①

　　从上述可见,《老人与海》的畅销神话背后,是作家和图书传媒面向图书市场的合作共赢关系,他们引导着读者在市场上的购书选择取向。1926 年,海明威与斯克里布纳出版公司合作出版第一部畅销小说《太阳照常升起》时,正是这年成立的每月一书读书会将该书选为畅销书,助推海明威一夜成为美国著名作家。伊格尔顿在《马克思主义与文学批评》中曾经指出:"文学可以是一件人工产品,一种社会意识的产物,一种世界观;但同时也是一种制造业。书籍不止是有意义的结构,也是出版商为了利润销售市场的商品。"②塞缪尔·约翰逊也曾经指出:"每一次出版发行,都是添加或削减作家声名的一次评估。对于勇士来说,一场又一场战役决定着他一生的功名等级,而一位作家的声名

---

①　Robert W. Trogdon, *The Lousy Racket*: *Hemingway, Scribners, and the Business of Literature*, Kent: The Kent State University Press, 2007, p.253.

②　[英]伊格尔顿:《马克思主义与文学批评》,文宝译,北京:人民文学出版社,1990 年,第 65 页。

则是由一本又一本书来决定的。"① 由此可见，一方面，在作家与图书传媒业合谋经营的图书产品生产过程中，出版商以预期的市场利润回报来评估作家的价值，并有倾向性地引导读者的图书选择口味，在作家的大众化、经典化过程中扮演着不可或缺的角色；另一方面，作家对出版商的选择行为，也是其作家声誉建构的一个重要组成部分。当海明威以记者身份介入与图书传媒的合作，以不乏精明的商业市场前瞻眼光选择出版社、杂志社，并与之签订出版或刊载合同时，他就已经不再仅仅是高高在上创造纯审美文本的精英艺术家，而是掉落到大众之间，并与书商合谋的文化商品——文学文本的生产者。他生产的文本不仅是由大学、图书馆等主流文化机构收藏或供学者与高校学生批评、阅读、欣赏的经典文学文本，也是摆在图书交易市场上供大众选择购买的文化商品。在此高雅文化与商业文化界限模糊的文学产品生产、销售场域，他既是一位怀揣文学拯救理想的精英作家，同时也是一位与书商合谋经营文化商品——文学文本，以获取市场回报的生产者，尤其是他与斯克里布纳出版公司长达 35 年的合作关系，对于他的名作家声誉来说，是十分重要的一个因素。

第三节　文化消费与文化偶像

和海明威一样兼具记者和小说家身份的美国作家莱斯利·M.M. 布鲁姆写了一本海明威传记，标题为《整个巴黎属于我》。开篇是这样的：

> 1934 年 3 月，《名利场》杂志刊出了一版幽默漫画：一整页欧内斯特·海明威的各式纸偶，展现了他最著名的几个形象。画中有：斗牛士海明威，拎着一只砍下来的公牛头；整日泡在酒吧里沉思的作家海明威（他面前的桌上放着四个酒瓶，而一位招待又拿来了三个）；参加了血腥战争的老兵海明威。"欧内斯特·海明威，"漫画的标题写道，"美国自己的文学野人，用力喝酒，用力战斗，用力爱，一切都以艺术之名。"②

---

① See Robert W. Trogdon, *The Lousy Racket: Hemingway, Scribners, and the Business of Literature*, Kent: The Kent State University Press, 2007, p. 257.

② [美]莱斯利·M.M. 布鲁姆：《整个巴黎属于我》，袁子奇译，北京：中信出版社，2019 年，第 2 页。

另一位海明威传记作者斯科特·唐纳森在开篇也直接切入传主豪横的偶像声誉:"欧内斯特·海明威在去世时是世界上最著名的人之一,他的名望跨越了政治和地理的边界。""在他60年多一点的生命的后半程,一直是一位声名远扬的名人。"①截至2017年,仅在我国出版的不同作者的海明威传记就有97部之多。1958年,根据《永别了,武器》改编的同名电影由20世纪福克斯公司发行,制片人大卫·O.塞尔兹尼克(David O. Selznick,1902—1965)在影片发布会上声称,"海明威自己就是明星,他拥有票房",他是"美国男子气概的某种半人半神的形象"②。上述资料表明,与同时代的美国作家刘易斯、多斯·帕索斯、菲兹杰拉德、福克纳等著名作家相比较,海明威在大众文化领域被偶像化的程度无人能出其右。在海明威的作家形象被偶像化的过程中,美国的报刊媒体、影视公司、大众都参与其中,导致其作家形象在流行文化传播过程中不断地被神化,而海明威真正的文学性价值和魅力却逐渐被他的公众声望盖过,甚至被大众制造的偶像光晕所遮蔽。更值得当代作家警醒的是,海明威本人有时也难免自觉或不自觉地陶醉于自己的明星光晕中,甘当粉丝们崇拜的那个"爸爸"(Papa)海明威,③并因此局限在过分自信与自大的傲慢与空虚中而心理失衡。

一

1999年,海明威100周年诞辰之际,美国《纽约时报》(*New York Times*)发表了时任海明威研究会主席的迈克尔·雷诺兹教授的纪念文章,文章标题是《海明威在我们的时代里》。雷诺兹教授的文章标题一题多关:第一,1925年10月18日《纽约时报》首次发表匿名文章,评论海明威的短篇小说集《在我们的时代》;④第二,缕述1925至1999年《纽约时报》对海明威作品的重要评

---

① [美]斯科特·唐纳森:《意志力:海明威传》,董璐译,哈尔滨:黑龙江教育出版社,2017年,第1页。
② Frank M. Laurence, "Hollywood Publicity and Hemingway's Popular Reputation," in *Journal of Popular Culture*, Summer 1972, 6, p. 21.
③ 参见[美]A. E. 霍契勒:《爸爸海明威》,蒋虹丁译,南京:译林出版社,1999年。
④ 1924年,海明威将18篇无题速写结集为《在我们的时代》(*in our time*),由William Bird在巴黎三山出版社出版。1925年,海明威将15篇故事结集为《在我们的时代》(*In Our Time*),由美国的利夫莱特公司出版。同年,纽约时报发表匿名书评文章。

论;第三,概括海明威在我们的时代里从风格清新的年轻作家到美国偶像的形象嬗变过程。雷诺兹特别提到《纽约时报》上发表的第一篇文章评论海明威短篇小说时使用的一系列词语,像精炼、愉悦、坚韧、肌理紧致、强健有力、清新、坚硬、干净,称这更像是在评论一位运动健将,而不是评论一本书。① 接下来,他历数 1925 年至 1961 年间《纽约时报》上发表的关于海明威的文字,指出报纸为了追求新闻价值,迎合大众读者,更关注作家的个人生活经历,诸如战争、旅行、钓鱼、打猎、看斗牛等。即使是评论他的文学作品时,重点也是小说人物那些海明威式的男性特质,而不是作品的文学性价值。如此一来,《纽约时报》在连续 36 年对海明威的追踪评论中,把他打造成一个强壮的、挥动着双拳的男子汉形象,他的人生就是一个充满冒险色彩的传奇。事实上,在 20 世纪上半叶大众传媒日渐兴盛繁荣的美国,不断地为海明威的硬汉传奇故事增光添彩的又何止是《纽约时报》一家媒体。如果说,20 世纪之前的作家们是赶赴一场又一场正式的公共演讲获得其大众声誉,像英国作家狄更斯、王尔德都曾经亲赴美国演讲,海明威则无需亲临公众聚会的现场,他的个人生活就被追求新闻时效性的媒体及时发布到报刊上。在此过程中,一方面报刊传媒将海明威的个人生活当作可以利用的新闻资源,以此满足大众读者对名人生活的好奇心或窥视欲,并为海明威赢得更广泛的大众声誉,另一方面,也有越来越多的大众追捧者不了解也不读海明威的文学作品,甚至不知道他写了什么,但熟知他的男子汉个性特质,他的个人传奇经历,知道他做了什么。

20 世纪 30 年代美国经济大萧条期间,海明威生活富足,到处打猎、钓鱼、冒险,文学创作却跌入低谷。1934—1936 年间,海明威先后在一本男性杂志《时尚先生》上发表过 23 篇描写打猎、捕鱼的特稿(article),②并出版了关于西班牙斗牛的《死在午后》和记述非洲打猎的《非洲的青山》两部非虚构类作品,

---

① Michael S. Reynolds, "Hemingway in Our Times," in *New York Times*, July 11, 1999.
② 《时尚先生》(*Esquire*),董衡巽译作《老爷》,也有人译作《绅士》或《君子》。1933 年 10 月《时尚先生》第一期在芝加哥发行,后总部迁至纽约。1987 年,该杂志在德国、日本发行。1999 年发行中文版《时尚先生》。至今,该杂志已经在包括英国、西班牙、意大利、希腊、墨西哥、新加坡、新西兰等 30 多个国家和地区发行。1999 年中国《时尚先生》与 *Esquire* 版权合作,发行中文版《时尚先生 Esquire》。中文版《时尚先生 Esquire》官方网站的介绍如下:"时尚先生网引导中国精英男士生活方式,描述男性理想、兴趣、好奇心以及热情,为有品位和渴望品位的男人们提供全球最前沿的时尚资讯和最具实用价值的生活消费指导。"

因此遭到权威的文学评论家和左派的一致批评。最早对他做出肯定性评价的威尔逊也批评他运用自己的散文技巧来表达自己的过度自信,由此写出了他生命中最糟糕的内容。威尔逊的批评切中了海明威越来越膨胀的自我英雄意识。事实上,从巴黎归来后,不管是在文学写作中,还是在现实生活中,海明威的确表现出一种越来越关注自己的男性气概的倾向。短篇小说集《没有女人的男人》(*Men Without Women*, 1927)和《胜者无所得》(*Winner Take Nothing*, 1933)都流露出这种倾向。弗吉尼亚·沃尔夫正是在读了海明威的《没有女人的男人》后,发现他正在为一种"做作的男子气概"所苦。[①]在生活中,发生在海明威与美国诗人、批评家马克斯·伊斯特曼之间的胸毛之争更是将他的自我英雄意识暴露在公众面前。

1932 年,海明威研究西班牙斗牛的著作《死在午后》出版后,伊斯特曼在 1933 年 6 月 7 日的《新共和》杂志上发表了题为《正午之牛》的文章。他在文章中指出:

> 当然,海明威对自己是一个不折不扣的男子汉缺乏沉着的自信,这已经是老生常谈了。儿时具备某种微妙的潜质,长大后能否成为艺术家,我们中的大多数人有时会对此心存疑虑。但是,某种特殊的境遇似乎赋予了海明威一种连续的责任感,他极力要证明一种热血男子之气。这不仅在他那不断转动的宽大肩膀和穿着打扮中凸现出来,也表现在他那大刀阔斧的散文风格和他那任其流露出来的激情中。这种突出的特性足以在英语文学中形成一种新的趣味,而且引发了一种名实相符的小说家做派,你或许可以将它称之为一种文学风格,那就是往胸膛上戴假毛。[②]

海明威对伊斯特曼的批评怒不可遏。1937 年,海明威与伊斯特曼在斯克里布纳出版公司总编帕金斯的办公室相遇。他先是扯开自己的衬衣,露出毛茸茸的胸脯。尔后,又揭开伊斯特曼的衬衣,亮出他光秃秃的胸脯。最后,两人扭打在一起。新闻媒体对海明威的胸毛之战表示出极大的兴趣,不同的报

---

① Jeffrey Meyers, ed., *Hemingway: The Critical Heritage*, Boston: Routledge & Kegan Paul Ltd., 1982, pp. 101–107.

② Ibid., p. 176.

刊采用了不同的版本来报道这一事件。有人甚至声称,在威切斯特一个小城有 6 个女孩在了解到她们的未婚夫没有胸毛后解除了婚约。《纽约人》杂志刊登了一幅漫画:一个光着膀子,胸口毛茸茸的年轻人,正在接受医生的检查,旁边注有一个词的说明文字:"作家?"①海明威本人也的确拍摄过光着膀子展示胸毛的照片。安东尼·伯吉斯在其传记《海明威》中收入了这幅照片,旁边的说明文字是"海明威,正摆姿势照相,以证明他的胸毛是真的"②。可见,此一时期的海明威心理上已经深受大众崇拜的男子汉偶像形象所累。

但是,批评界的责难并没有影响大众对海明威的迷恋。上述非文学性著述,进一步强化了海明威在大众心目中的男子汉传奇色彩。在报刊媒体的传播和大众的想象中,文学才能跌入低谷的作家海明威被替换成了与钓鱼、打猎、斗牛、旅游冒险联系在一起的硬汉海明威、大众偶像海明威。20 世纪 30 年代,在海明威居住的基韦斯特岛上,不断地有崇拜者到岛上来参观旅游。

二

在海明威的作家形象被偶像化的过程中,好莱坞也功不可没。根据弗兰克·M.劳伦斯 1981 年的统计,海明威作品的电影改编情况如下:《永别了,武器》,根据同名小说改编,1932 年由派拉蒙出品;《丧钟为谁而鸣》,根据同名小说改编,1943 由派拉蒙出品;《有钱人和没钱人》,根据同名小说改编,1944 年由华纳兄弟出品;《杀人者》,根据同名小说改编,1946 年由环球电影出品,导演为罗伯特·西多马克;《麦康伯的家事》,根据短篇小说《弗朗西斯·麦康伯短促的幸福生活》改编,1947 年由联美电影出品;《在我的兽皮下》,根据短篇小说《我的老人》改编,1950 年由 20 世纪福克斯出品;《破裂点》,根据长篇小说《有钱人和没钱人》改编,1950 年由华纳兄弟出品;《乞力马扎罗山的雪》,根据同名小说改编,1952 由 20 世纪福克斯出品;《太阳照常升起》,1957 年由 20 世纪福克斯出品;《永别了,武器》,根据同名小说改编,1958 年由塞尔兹尼克工作室与 20 世纪福克斯联合出品;《操纵武器者》,根据《有钱人和没钱人》改

---

① 杨恒达:《海明威——创造"硬汉"的"上帝"》,长春:长春出版社,1999 年,第 123 页。
② [英]安东尼·伯吉斯:《海明威》,余光照译,上海:百家出版社,2001 年,第 107 页。

编,1958年由七艺和联美电影联合出品;《老人与海》,根据同名小说改编,1958年由华纳兄弟出品;《青年海明威的冒险经历》,根据《尼克·亚当斯的故事》改编,1962年由20世纪福克斯出品;《杀人者》,1964年由环球电影再次根据同名小说改编翻拍,导演为唐纳德·西格尔;《岛在湾流中》,根据同名小说改编,1977年由派拉蒙出品。[1] 从上述统计资料来看,由海明威作品改编的电影皆由好莱坞著名的电影公司拍摄,并由大众崇拜的明星派克(在《乞力马扎罗山的雪》中饰作家哈利)、库珀(在《丧钟为谁而鸣》中饰乔丹)、苏珊·海华(在《乞力马扎罗山的雪》中饰妻子)、英格丽·褒曼(在《丧钟为谁而鸣》中饰玛丽亚)等饰演男女主人公。结果,不仅是电影获得了巨大的成功,也为海明威赢得了更为广泛的大众声誉。问题是,电影观众的观影口味和文学作品读者的阅读趣味是有显著差异的,电影公司当然洞晓这两者之间的区别。制片方为了吸引更多的观众,刻意迎合观众的观影口味期待,将文学作品的叙事内容和复杂寓意稀薄化,将电影中的故事与作者本人的冒险经历联系在一起,着力表现个人冒险、两性爱情、暴力等主题。特别是在影片发布环节,宣传方有意将海明威的公众形象打造成伟大的恋人、异域旅行者、冒险者,并且根据小说叙事空间的不同,相应地将"海明威的意大利""海明威的西班牙""海明威的巴黎""海明威的非洲"等宣传词印在海报上。追随海明威去经历一场异域冒险和爱情,这是不同的电影公司拍摄的海明威作品改编电影共同的票房卖点。比如,1932年派拉蒙公司为电影《永别了,武器》设计的宣传海报是这样写的:"欧内斯特·海明威的世界名著故事,两人的爱情始于不顾一切的激情,在爱中沉溺,直至超越羞耻、危险和死亡。""迄今为止,这是在文学作品中或银幕上呈现的最轰动、最激情的浪漫故事!两个灵魂为爱而疯狂,最终在一个陷入疯狂的世界中为爱而迷惘。""今夜,让我们相爱。明天,或许不再来!"[2]最后一句广告词出现在所有的电影发行海报上,也被不同的报纸文章所引用。派拉蒙公司的发行广告为学者所诟病,劳伦斯称发行方将电影《永别了,武器》包装成了最粗俗的性骚扰之作。可见,电影公司在把作家海明

---

[1] Frank M. Laurence, *Hemingway and the Movies*, New York: Da Capo Press, 1981, pp. 297–315.

[2] Ibid., pp. 41–42.

威普及成为大众明星的同时,那些将海明威追捧为偶像的观众却不能真正理解作家海明威和他的作品,甚至很少有观众关注他写了什么。

三

大众文化研究学者费斯克曾经指出,在现代社会中,大众的文本辨识力与学院派的审美判断是截然不同的。学院派以中产阶级的审美判断标准为依据对文学文本的特质作出评价,"大众的辨识力所关注的是文本的功能性,而不是文本的特质,因为它所关注的是文本在日常生活中的使用潜力";"大众的辨识力并不作用在文本之间或文本内部的特质层面上,而是旨在筛选文本与日常生活相关的切入点。"[1]在消费文化时代的美国社会中,对于享有文化消费自主选择权的大众来说,他们不关心海明威文本的审美特质、文本张力和终极意义召唤,而更关注海明威的个人传奇及其文本在日常生活中的使用潜力。也就是说,在大众文化视阈中的海明威,并不是一个生产文学文本的文学精英,而是他们可以在自己的日常消费生活中选择利用的文化资源库存。如前文所述,海明威本人虽然选择在美国都市社会的边缘或异域空间中生活、写作,事实上,他的个人生活却与现代消费活动息息相关。作为一个伟大的旅行者、优秀猎人、钓鱼高手、拳击英雄、豪饮男儿、斗牛爱好者,海明威为大众提供了一种自由的、个性化的现代消费生活方式,而在这种现代消费生活中,感性生命的丰富多样性尽收其中。因此,对于美国大众来说,海明威本人就是他们崇拜的个性化消费偶像。在此意义上,大众把海明威当作生活体验丰富多样的效仿对象,依照自己日常生活实践中的情感需求和审美需求,将不同层面的海明威神话内容整合到日常文化消费实践活动中,像海明威一样去饮酒、旅游、钓鱼、打猎、看斗牛,就可以获得一种自由、感性的生命意义。大众对海明威的偶像崇拜式接受,带动了大众传媒、酒吧餐馆、旅游公司的海明威神话复制产业,而海明威神话的商业复制产品又推动和操控着大众对海明威文化资源的消费行为,由此形成了美国大众文化结构中的海明威文化狂欢和海明威文化工业。

---

[1] [美]约翰·费斯克:《理解大众文化》,王晓珏、宋伟杰译,北京:中央编译出版社,2001年,第154,156页。

大众对海明威的文化资源消费行为,催生出众多傍海明威大名的文化娱乐、旅游甚至是餐饮产业。芝加哥有一家名叫克拉奇的旅馆,坐落在狄尔朋公园路上。海明威当年曾在该旅馆对面留下过足迹。于是,与海明威昔日足迹之间的这点联系被克拉奇旅馆写进了广告里:海明威,他喜欢我们的四邻。他就住在我们旅馆对面的四层楼上。现在这地方还保持老样子。希望你能追思他的文学创作而光临我们这家芝加哥的小旅馆。

比克拉奇旅馆的广告更有创意的是海明威迷熟知的蹭海明威小说《过河入林》流量的"国际海明威模仿大赛"(International Imitation Hemingway Competition)"哈里奖",它是由美国的酒吧连锁店"哈利酒吧"(Harry's Bar & Grill)发起的。① 一群海明威迷经常在洛杉矶的哈里酒吧后室集会。后来,哈里酒吧的老板在意大利佛罗伦萨开了一家分店。但是,分店生意冷淡。于是,这群海明威迷便商量设立一个国际海明威模仿奖,以此来提高酒吧的知名度。海明威的长篇小说《过河入林》(*Across the River into the Tress*,1950)出版后,尽管在文学评论界差评如潮,却一点也不影响粉丝们的模仿迷情。小说中的男主人公坎特韦尔上校与他的干女儿雷娜塔伯爵经常光顾威尼斯的哈里酒吧(Harry's Bar)。在哈里酒吧里,坎特韦尔上校陶醉在自己与干女儿雷娜塔之间浪漫里夹杂着暧昧的情感中,品味着像干女儿年轻丰满的身体一样醇厚芳香的美酒。在小说第八章中,上校和侍者有这样一段对话:

"劳驾你给服务台打个电话,请他们接通这个号码。"上校在卫生间里,侍者按吩咐打通了电话。

"上校,女伯爵不在家,"他说,"他们认为你可以在哈里酒吧找到她。"

"你在哈里酒吧可以找到任何东西。"

"是的,上校。也许,除了快乐。"

"见鬼,我也能找到快乐,"上校回答他,"要知道,快乐是流动的节日。"②

"哈里酒吧"的命名是否源自该小说,已经无从考据。由于这一段对白提

---

① 哈利酒吧波士顿店网址见 https://www.harrysbarboston.com/。
② Ernest Hemingway,*Across the River and into the Trees*,New York:Simon & Schuster,1996,p.69.

到"哈里酒吧",经常在哈里酒吧聚会的海明威迷便献计把佛罗伦萨的"哈里酒吧"与海明威联系在一起,设立一个"国际海明威模仿大赛""哈里奖",每年定期授奖。根据参赛规则,应征的短文必须模仿海明威的笔调,而且要写出与"哈里酒吧"有关的文字。获奖者的奖品是由"哈里酒吧"提供的一张往返佛罗伦萨的飞机票和哈里酒吧的一顿大餐。征文模仿赛进行了 11 年,共收到模仿海明威的文章 25000 篇,每年约有应征文 2000 余篇。主办方哈利酒吧还出版了征文文集《海明威模仿征文获奖文集》(*Best of Bad Hemingway*, 1989)。[①]后来,因为审读成千上万的来稿实在花费时间,经办方哈里酒吧就终止了模仿赛。哈里酒吧征文模仿赛虽然终止了,但是,由商家和海明威迷共同制造的"哈里酒吧"却已经成为行销世界的餐饮产业品牌。在百度搜索输入"哈里酒吧",搜索结果显示,在我国的苏州、法国的巴黎、意大利的威尼斯都能找到哈里酒吧。在全球化时代,谁是"哈里酒吧"这一大众消费产业品牌的生产、传播、复制、仿制的操控者,已经无从考据,但是,海明威迷们一定会说,"哈里酒吧"的浪漫气息令他们感受到偶像海明威的魅力。

  1999 年,在海明威 100 周年诞辰之际,美国举办了各种各样的纪念活动,其内容包括:海明威基金会组织的学术研讨会议和以海明威的名义举办的写作班;大名鼎鼎的史密斯学会博物馆举办的题为《海明威:其人、作家与神话》的巡回展览;海明威狂欢节,其间有公牛赛、西班牙式食品、酒水和文艺演出活动;在基韦斯特海明威生前最喜欢的酒吧里举办的"海明威模仿秀";在海明威故乡的各大饭店举办的以"流动的宴席"为名的食品品尝活动,等等。在这样一场热热闹闹的著名作家纪念活动中,对海明威的接受已经成了一个由学院精英、不同身份的公民个体汇成的大众、商业经营者共同参与制造的琳琅满目的文化大拼盘。紧接着 1999 年热热闹闹的海明威纪念活动,由海明威研究会主办的 2000 年海明威国际研讨会也选择在佛罗里达州南部的比米尼岛上召开,中心会场就设在海明威于 1935—1937 年间出海钓鱼时住过的安格勒酒店 2 楼 1 号。笔者于近期查看美国海明威研究会的网站,2024 年 7 月 14 日至 20 日,第 20 届海明威双年国际研讨会将在西班牙的圣塞巴斯蒂安(San

---

[①] Harry's Bar & American Grill, *Best of Bad Hemingway*, New York: Dey Street Books, 1989.

Sebastián)和毕尔巴鄂(Bilbao)两地举办。会议议题包括"海明威与世界主义""海明威的记者生涯""海明威与体育""海明威在巴斯克地区的同时代人""海明威与人道主义、难民和流亡""海明威与电影"等。[①] 从海明威研究会发布的会议议题来看,大众流行文化、商业旅游等现代消费产业,已经在海明威研究会安家落户。

上述对海明威的接受情况表明,在大众文化的视阈中,文学接受活动已经成为一场由所有享有主体权力的公民共同参与的文本形式多元化、意义和快感多元化的流动的文化盛宴。而在流动的大众文化宴席上,不断被强化的海明威偶像魅惑力又在不断地消解甚至遮蔽着海明威真正的文学性价值。

20世纪50年代末期,有一位拥有西班牙语哲学博士学位的石油大亨是海明威的崇拜者。他留着海明威式的大胡子,来到了西班牙,时不时地接受那些把他误当成作家海明威的崇拜者的殷勤款待,为粉丝们签名。甚至在海明威去世后,这位假冒者依旧给人们签名,写下诸如此类的话:"认为我已经走进天堂,不再能够签名的人……欧内斯特·海明威。"[②]海明威本人在天堂对此作何感想,我们无法知晓。但比他成名更早的女作家斯泰因说过这样的话,"当公众卷进来之后,你就不再是原来那个你了"[③]。无论是在现代性展开的历史进程中,还是在高雅文化与大众文化的疆界越来越模糊的当下语境中,作家与自我、与大众传媒、与包括读者在内的文化消费者之间的关系,是每一位文学写作者和文学批评从业者都绕不开的一个重要问题。

---

① 参见 https://www.hemingwaysociety.org/2024-hemingway-society-conference,2023年8月8日检索。
② [美]斯科特·唐纳森:《意志力:海明威传》,董璐译,哈尔滨:黑龙江教育出版社,2017年,第12页。
③ 同上书,第13—14页。

第 二 章

伟大作家与"超个人的精神结构"

　　1926年,海明威的成名作《太阳照常升起》既赢得文学评论家的好评,也登上"每月一书读书会"的推荐榜单,还在美国本土青年中掀起了一股海明威小说人物模仿热——像小说中的男主人公杰克一样饮酒,像小说中的女主人公勃莱特一样留着男孩子式的短发、穿裙子不穿丝袜。直到20世纪90年代,海明威批评专家詹姆斯·纳戈尔(James Nagel)在编辑论文集《海明威的〈太阳照常升起〉》(*Critical Essays on Ernest Hemingway's The Sun Also Rises*,1995)时,面对着美国文学批评界越来越丰富、越来越深入的关于《太阳照常升起》的研究论著,由衷地感叹:"《太阳照常升起》的确是美国小说史上的一座丰碑。"① 二十六年后,《老人与海》出版时又创造了一个销售神话,而且,该小说在世界文坛的影响力至今依然不减,海明威本人也依然是诺贝尔奖官方网站文学奖首页最具影响力的六位获奖作家之一。② 毫无疑问,海明威长盛不衰的双重声誉已经表明他在世界文学史上的伟大作家地位。需要思考的是,究竟是什么造就了像海明威这样的伟大作家在高雅文化与流行文化中长盛不衰的双重声誉?

　　法国的结构主义马克思主义文学批评家吕西安·哥德曼(Lucien

---

① James Nagel, ed., *Critical Essays on Ernest Hemingway's The Sun Also Rises*, New York: G. K. Hall & Co, 1995, p.3.
② 参见诺贝尔文学奖网址:https://www.nobelprize.org/prizes/literature/,2023年8月10日检索。

Goldman,1913—1970)认为,文学作品不是个人天才的创造物,而是作家所属的社会集团的"超个人的精神结构"(trans-individual mental structures)的创造,即那个集团共有的观念、价值、理想的结构的体现。越是杰出的作品也越能清楚地表达他所属的社会集团的世界观或集体意识。也就是说,一部作品越是能表达社会集团完整一致的世界观,它就越具有艺术生命力。哥特曼力求建立起一种将作品与社会相联系,将作品的结构与作家所属的社会集团的精神结构相联系的批评方法,认定"作品所表现的世界的结构与某些社会集团的精神结构是同源的(homology),或者有着可以理解的关系"①。当代英国最有代表性的新马克思主义文艺理论家和批评家伊格尔顿(Terry Eagleton,1943—)深受阿尔都塞的影响,他在文学与意识形态关系问题上的深刻洞见,同样助益我们更深入地理解海明威在美国本土,以及跨文化海外传播、接受语境中长盛不衰的文学声誉,理解海明威与美国社会意识形态乃至人类共同的文明价值、审美规律和多元文化互通性、差异性之间的互动关系。伊格尔顿认为:"文学是我们能够从经验上接近意识形态的最有启发性的方式。唯有在文学中,我们可以看到意识形态在阶级社会的生活体验中的复杂、连贯、强烈而又直接的运作情形。这种接近方式比科学方式更直接,但比日常生活方式更连贯。因此文学是一条中间的路,既不像科学知识那样谨严但隔膜,也不像'生活'本身那样生动但散漫。"②伊格尔顿把文学艺术看作是意识形态的组成部分,即复杂的社会知觉结构中的一部分,但他也反对仅仅简单地从文学作品中去搜集政治经济与阶级斗争的状况。以哥德曼和伊格尔顿的相关理论为进路,去观照海明威长盛不衰的经典作家与文化偶像双重声誉,笔者认为,海明威之所以能穿越时空魅力不减,是因为他的小说中所蕴含的观念、价值、理想既传达了20世纪上半期美国主流社会的精神结构,也表达了人类共通的情感和价值信念。

---

① 陆梅林选编:《西方马克思主义论美文选》,桂林:漓江出版社,1988年,第570—571页。
② Terry Eagleton, *Criticism and Ideology*, London: Verso,1978, p.101.

第一节 "在我们的时代"书写

《在我们的时代》是海明威第一部短篇小说集的题目。该小说集于1924年在巴黎由三山出版社出版,英文书名用的是小写"in our time"。这一不循英美书名首字母大写或全部大写常规拼写格式的做法是模仿《跨大西洋评论》(the transatlantic review)封面小写的实验风格。[①]《跨大西洋评论》杂志与20世纪20年代自我流放到巴黎文学朝圣的美国青年追求的美国现代文学有关。该杂志的资助人起初是律师、艺术品收藏家、艺术品赞助人约翰·奎恩(John Quinn,1870—1924)。6个月后,奎恩去世。海明威找来另一位赞助人雷布斯·弗兰德,又运转了6个月后,该杂志于1924年12月停刊。主编福特·马多克斯·福特(Ford Madox Ford,1873—1939)是英国小说家、评论家,曾经在1908年创办过杂志《英语评论》(English Review),率先刊登D. H. 劳伦斯、康拉德、T. S. 艾略特、罗伯特·弗罗斯、约翰·梅斯菲尔德、赫伯特·乔治·威尔斯等现代英国作家的先锋实验作品。据称,福特在巴黎创办《跨大西洋评论》(中文又译作《大西洋彼岸评论》)时,走在巴黎的林荫大道上有十几次被陌生人拦住,被告知他们需要的是另一种"英语评论",一种风格更现代、更年轻的文学评论。20世纪20年代侨居巴黎的海明威、庞德、斯泰因等美国作家都曾经在《跨大西洋评论》刊登作品。书名小写的《跨大西洋评论》成为20年代巴黎生产英语先锋文学的实验室。海明威与《跨大西洋评论》的关系表明,他从开始文学书写就自觉融入世界文学大都市巴黎的先锋文学潮流,在"我们的",也是世界的文学视域下开始写作,在巴黎讲述他的家乡美国发生的故事。考虑到美国和英国的历史关系,就可以理解封面题名小写的《跨大西洋评论》更多面向美国的文学朝圣青年,是一种更美国、更现代、更年轻的文学风格导向。巴黎时期的海明威,正是这种更现代、更年轻的美国文学青年代表。海明威自觉小写的英语书名"in our time",似在回应爱默生的倡导,在文学形式上"掐断英国老祖母的文化引路绳",寻找另一种更美国的,也更世界的文学表

[①] Frank MacShane,"The Transatlantic Review," See *Dalhousie Review*,Volume 41,Number 3,1961,p. 306.

达。海明威以"在我们的时代"的文学书写,在世界文学大都市巴黎崭露头角。从海明威在巴黎开始的文学书写中,我们看到一种不同于英国文学、欧洲文学的美国故事、美国英语风格、美国精神。

1924年巴黎三山出版社版《在我们的时代》封面

一

巴黎三山出版社版本的《在我们的时代》收入了一个只有大约2000个英文单词的故事《在密执安北部》①。小说叙述海明威家乡密歇根湖畔少女莉芝（Liz）和青年吉姆（Jim）的爱情故事。海明威把叙事地点安排在密歇根湖畔的

---

① 《在密执安北部》("Up in Michigan")是海明威最早在巴黎发表的三个故事之一。See Ernest Hemingway, *The First Forty-Nine Stories*, London: Arrow Books, 1993, pp.76—80.

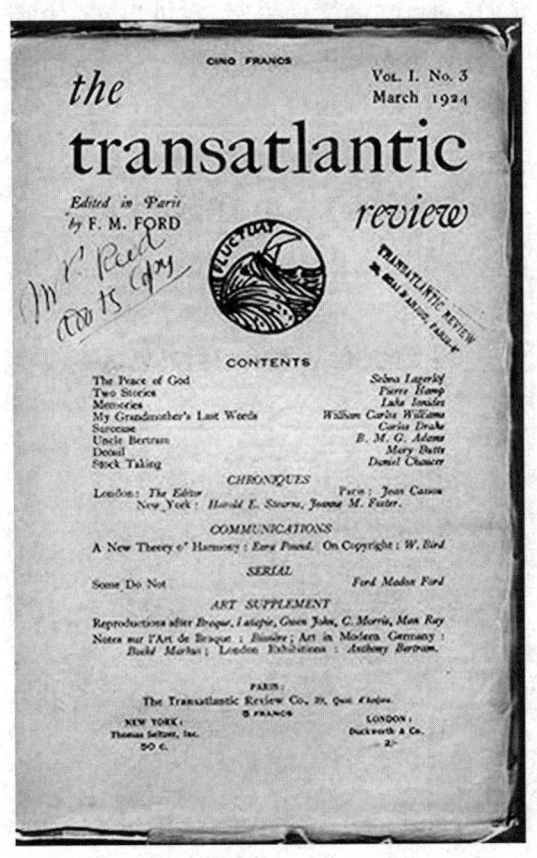

1924年《跨大西洋评论》第3期封面

霍顿斯湾小镇,将读者带入美国中西部的风景空间。他用简洁干净的语言叙述莉芝和吉姆的恋爱过程,用简短的对话切入青年男女之间最强烈的情感交流,用肢体语言呈现莉芝初次性经验后的复杂感受。故事中的美国中西部小镇风景,青年男女之间有性接触的爱情故事,男青年吉姆健壮有力的身体和简单到近乎粗暴的口语,女孩莉芝温柔、渴望爱情又被动、感伤的复杂心理,这一切体现出海明威调度简洁的语言和对话书写复杂情感的文学才能。与同样是告别美国去欧洲的亨利·詹姆斯比较,海明威讲述美国故事的叙述风格截然不同。如果说詹姆斯的风格是将所有能附着在叙事上的词语和句子都调度到迂回曲折的极致形态,海明威则是把一切能省略的词语和句子都筛除掉,锤炼出一种"令高雅博学之士赞赏,粗通文墨的读者也能读懂"①的叙述文风。十几年之后,英国小说家赫·欧·贝茨对海明威的文学书写与 20 年代美国文化精神之间的成功对接大加赞赏。贝茨指出:"随着亨利·詹姆斯复杂曲折的作品而登峰造极的一派文风,被他剥下了句子长、形容词多得要命的华丽外衣;他以谁也不曾有过的勇气把英语中附着于文学的乱毛剪了个干净。"②

贝茨还详细分析了海明威的短篇小说与一战后的美国文化之间的关系。贝茨论及海明威的小说艺术时,专门提到了舍伍德·安德森。正是安德森发现了美国文学与美国地理人文之间的关系,他的文学叙事空间总是选择美国中西部的某一个小城镇,书写美国小镇上的普通人在工业化、都市化历史进程中的生活变化与失意伤感。安德森给一战后归来的两位未来的诺贝尔文学奖得主海明威和福克纳都提出了文学创作与地理空间方面的建议。在安德森的建议下,福克纳回到了自己的家乡,创作出了一系列不朽的"约克纳帕塔法系"小说,海明威去了巴黎,开始了异国空间与美国本土之间的文学书写。从他一生的文学创作实践来看,他总是在美国大都市以外的边缘或异国空间行走、旅居并写作。就中长篇小说而言,除了《春潮》(*The Torrents of Spring*, 1926)和《有钱人与没钱人》(*To Have and Have Not*, 1937)的故事是发生在美国本土或本土与古巴之间,海明威倾向于将叙事空间设置在异域,却看得见密歇根湖畔风景的某一个地方,或者是看得见与密歇根湖畔相似风景的地方。贝茨捕捉到了海明威巴黎时期的文学创作与 20 年代美国之间的精神联系。他指出:

> 整整一代美国短篇小说家转过身来,面向美国大地、美国城市、美国小村镇、美国家庭、美国政治、美国的希望和烦恼,结果发现了足以造就一个美国新传统的无限丰富、从未动用的原料,等着他们去加工提炼。过去作家们曾经跑到——或者被急于求稿的编辑派到——古巴、塔希提、檀香

---

① Carlos Baker, ed., *Ernest Hemingway Selected Letters, 1917—1961*, New York: Charles Scribner's Sons, 1981, p.155.
② 董衡巽编选:《海明威研究》(增订本),北京:中国社会科学出版社,1985 年,第 131 页。

山和其他风味浪漫的地方,为的是寻找一点所谓地方色彩的东西。现在,忽然之间,在俄亥俄河流域、在科德角的渔村、在旧金山的酒吧间、在南方各州黑人与白人的仇斗中、在中西部、在路边的香肠面包摊上、在得克萨斯州——的确,在他们本国那片南腔北调、五方杂处的大陆,他们到处都找到了自己的地方色彩。

在写着种种一切的同时,他们还做了一件有意义的事。他们照他们所见的那样,拿来了那语言,它仍然是英语……写法更灵活、更有生气、更流畅的文字,更大胆也更新的文字。①

贝茨的评论捕捉到了海明威巴黎时期文学书写的"美国性"特质,但忽视了海明威与安德森、福克纳的不同,即他的文学书写空间是在美国本土与异国之间构建起来的。跨大西洋的两个地理空间赋予海明威的文学书写以一种思想"出轨"的自由与清教传统的束缚共存的现代性张力。1925年,《在我们的时代》(*In Our Time*)由博内-利夫莱特出版公司出版了纽约版本,书名是常见的首字母大写,以区别于巴黎版。其中,《在密执安北部》因青年男女的爱情故事叙述涉性偏黄没有通过审查,终被删除。海明威在1925年3月31日致贺拉斯·利夫莱特的信中提到与出版社签订的合同中注明删除《在密执安北部》。② 美国对涉性文学的道德审核之严厉,从乔伊斯的《尤利西斯》入境美国的经历可见一斑。美国的《小评论》杂志主编玛格丽特·安德森原计划于1918年春至1920年年底在《小评论》上连载《尤利西斯》。1920年,《小评论》刊登《尤利西斯》第4章时,美国邮局以"有伤风化"罪明令没收该期杂志并焚毁。直到1931年,《尤利西斯》的伤风化罪才得以赦免。由此可见,《在我们的时代》巴黎版和纽约版从书名的拼写形式,到具体篇目的审核筛选,背后是美国社会的清教伦理压抑和巴黎左岸的感性自由。巴黎的感性自由和美国本土的保守传统,两者在海明威的思想内部重叠又撕裂,构成了一种现代性张力。正如伊格尔顿所指出的,作家在做出形式上的选择时,他的选择已经受到意识

---

① 董衡巽编选:《海明威研究》(增订本),北京:中国社会科学出版社,1985年,第140页。
② Carlos Baker, ed., *Ernest Hemingway Selected Letters, 1917—1961*, New York: Charles Scribner's Sons, 1981, pp.154—155.

形态的限制。他可以融合和改造已有的形式,但是这些形式本身和他对他们的改造都具有意识形态方面的意义。通过海明威的《在我们的时代》的巴黎版和纽约版,我们可以看到:一方面,"我们的时代"起点在美国本土,在清教传统奠定的美国 WASP① 主流价值空间中伸延;另一方面,"我们的时代"又在大西洋彼岸的巴黎,自我流放到巴黎的海明威在世界文学之都通过文学书写建构起一个更现代、更年轻的美国形象。跨大西洋两岸建构的文学书写空间有一种内在的矛盾和价值悖论,这种价值悖论贯穿海明威的文学生涯,也构成了他的文学文本的审美张力。

海明威的文学书写与一战后美国主流价值既同源又离心的关系集中体现在他的第一部长篇小说《太阳照常升起》中,表现为清教伦理与消费文化、父辈传统与青年个性解放之间的价值重叠与撕裂。笔者在下编作品研究中将作详细剖析,此处暂不展开。

二

与一战后海明威在巴黎写作《在我们的时代》《太阳照常升起》时的语境相类似,《老人与海》的写作背景适逢二战后美国国内国际局势发生巨大变化的年代。众所周知,《老人与海》讲述了一个古巴老渔夫圣地亚哥在墨西哥湾流钓大鱼又失去大鱼的故事。该小说自 1952 年 9 月 1 日在《生活》杂志发表以来,学界对该小说的研究论题大多聚焦在小说的叙事艺术、圣地亚哥的硬汉形象、圣地亚哥的悲剧、圣地亚哥的原型考察以及生态批评视角的《老人与海》与大自然关系研究等几个方面的问题,②却忽视了《老人与海》与 20 世纪 50 年代的美国历史、意识形态的互动关系,以及全球史视域下美国与世界的关系在海明威个人生活与《老人与海》写作中的折射。因此,将《老人与海》置于 20 世纪 50 年代全球史视域下来解读,才能更全面、更深入地理解小说的主旨,圣地亚哥的价值认同与精神世界,以及小说在美国、在冷战时期对峙的两个阵营、在我国都广受欢迎的深层历史原因。

考察《老人与海》的写作与接受语境,要将海明威的个人处境、美国的社会

---

① WASP 是 White Anglo-Saxon Protestant 的缩写,指祖先是英国新教徒的美国人。
② 参见杨仁敬:《海明威学术史研究》,南京:译林出版社,2014 年,第 70—78 页。

历史状况、国际环境都考虑在内。二战后美国社会的变化体现为两个最基本的特点,一个是美国在西方国家中的全球战略、经济发展等领域内的领袖地位,另一个是一个后工业社会的缓慢然而不可避免地形成和发展。其中第一个变化决定了美国的国际政治结构,而第二个则决定了它的社会生活结构。无论是在美国的国际政治结构中,还是在社会生活结构中,都蕴藏着新的现代性矛盾冲突和危机意识。在国际舞台上,一方面美国正在称雄世界,扮演维持世界秩序、正义、人权的霸主角色,另一方面,美国又与以苏联为代表的共产主义世界陷入冷战的局面。在此背景下,美国大众的民族观念中由强盛国力滋生的爱国主义、英雄主义豪情与赤色威胁带来的怀疑主义恐慌、焦虑共存。在国内生活中,50年代的美国是物质繁荣的消费天堂,以至于占世界6%的人口消费了世界33%的商品。但是,与此同时,社会的组织化、生活的均质化又导致了个体生存的孤独、焦虑和绝望,年轻一代中出现了反社会、反文化、反政治的嬉皮士、垮掉的一代。在这样一种复杂的民族文化心理和审美情感期待视野中,那种混合着英雄主义和个人主义的自豪、悲壮、孤独、感伤的故事结构最能令他们感动流泪。在海明威的《老人与海》问世之前,已经有两个与《老人与海》相类的老英雄故事令美国大众动情。一个是国际政治舞台上的麦克阿瑟,另一个是电影屏幕上加里·库珀扮演的威尔·凯恩。国际政治舞台上的老兵麦克阿瑟,好莱坞电影中的老警长凯恩,文坛上的老作家海明威和他在《老人与海》中塑造的老渔夫圣地亚哥,这几个形象在50年代美国大众的接受心理中是同一个类型形象的重合,即大写的英雄与孤独的个体,令他们崇拜,又令他们感伤。

1950年6月,朝鲜半岛发生军事冲突。1950年9月,麦克阿瑟将军率美军入朝干预。麦克阿瑟在仁川登陆后,先是收复汉城(今首尔),之后又继续向鸭绿江挺进,并派兵轰炸鸭绿江北岸。《纽约时报》报道了麦克阿瑟企图利用蒋介石的军队开辟第二战场、扩大战争规模的计划。著名的反共分子参议员麦卡锡则煽动说,如果不允许麦克阿瑟利用蒋介石的军队就等于是叛国。也有人批评麦克阿瑟蔑视杜鲁门和联合国的指挥权,导致中国共产党参战。美国总统杜鲁门因为麦克阿瑟无视总统和联合国的指挥权,将战火烧到鸭绿江以北,于1951年4月11日解除了麦克阿瑟的一切职务。但是,麦克阿瑟的解职事件却在美国公众中引发了一场总统信任危机。《芝加哥论坛报》在头版社论中叫喊:"弹劾杜鲁门。杜鲁门总统应该被弹劾和定罪。他草率和报复性地撤销了麦克阿瑟将军的职务,这是他一系列行动的顶点,表明他无论是在道德方面还是在心智方面,都不适合担任总统。"[1]杜鲁门在全国广播电视节目中为自己的决定作了辩护。他说,麦克阿瑟的行动可能引发一场大战——实际上是第三次世界大战。尽管此时的《纽约时报》《圣路易斯邮讯报》和其他一些大报坚决支持杜鲁门,但盖洛普民意测验却表明,近70%的人热烈支持麦克阿瑟。数千万人从电视上观看了麦克阿瑟在国会联席会议上的讲话。当麦克阿瑟最后说出"老兵们决不会死,他们只会逐渐凋零"时,美国观众已经是热泪盈眶。人们在从旧金山开始的各大城市抛投纸袋迎宾游行中表达了对麦克阿瑟的爱戴,含着眼泪高唱:"老兵不会走……老兵不会走……"美国大众的眼泪表达了他们对麦克阿瑟这位正在退场的民族英雄的复杂情感。二战中,麦克阿瑟曾经率军转战太平洋战区,而今,进入冷战时代后,美国人崇拜的英雄主义神话却已经蒙上一层无奈的感伤色彩,与推出《老人与海》之后就再也没有作品出版的海明威似乎有某种相似之处。

  现实政治中的麦克阿瑟完全隐入私人生活后,好莱坞推出了一部电影《正午》。这部电影迎合了此时美国大众文化心理中感伤的英雄主义情感。电影中的硬汉英雄威尔·凯恩由加里·库珀扮演。说起来库珀也是美国大众心目中的一个硬汉偶像,自20年代以来就具有强大的票房号召力。1940年,他与海明威结识,并成为好朋友。海明威很欣赏库珀的男性气概。在由《丧钟为谁而鸣》改编的电影中,库珀扮演海明威笔下的硬汉英雄乔丹。然而,到了40年代末、50年代初,库珀的额头和嘴角上的皱纹越来越深,他在观众心目中的硬汉形象魅力也在一点点褪色。1951年,库珀年满50岁,《电影先驱》杂志从它的十佳卖座影星排行榜中去掉了他的名字。就在这样一种岁月造就的英雄老迈、即将退场的劣势中,库珀出演《正午》中的老英雄凯恩。这位年事已高的银幕硬汉的精彩表演为库珀赢得了美国的学院奖。实际上,库珀与他此时扮演

---

[1] [美]迈克尔·埃默里、埃德温·埃默里:《美国新闻史》,展江、殷文主译,北京:新华出版社,2001年,第417页。

的角色之间有一种境遇认同。《正午》中的硬汉凯恩是哈德利维尔小镇上一个即将退休的警长,他娶了一位年轻美貌的女子为妻,准备带着她一起离开,到另外一个镇上去开一个杂货店,过一种幸福安宁的生活。但就在他要离开之际,得知5年前他协助抓进监狱中的一个罪犯现在放了出来,还带了三个歹徒做帮手,正赶往哈德利维尔镇,要找警长报仇。在去往新家的路上,凯恩觉得他不能在这些恶棍面前怯懦逃跑,于是,他不顾主张和平主义的妻子的阻拦,掉头又回到了哈德利维尔镇。令凯恩惊恐的是,他发现镇上的乡亲们在过了5年平安的日子以后,都不愿意再站在他一边,跟他一起战斗。没有了乡亲们的帮助,凯恩只好孤军奋战。按照西部片的套式,凯恩在这场孤独的斗争中赢得了最后的胜利。然而,当镇上的人们向他欢呼喝彩时,凯恩却冷淡地拒绝了,并摘下徽章,迈开大步,独自离去。这种胜者无所得的英雄悲凉令美国大众感慨万千。1952年7月30日,《正午》首映式在纽约举行。5周以后,海明威的《老人与海》在《生活》杂志上刊出。美国人捧读圣地亚哥与大鱼孤独搏斗的故事,激动又伤感。此时此刻,在美国大众的英雄主义感伤心理中,他们为麦克阿瑟、库珀、凯恩、海明威、圣地亚哥这几个孤独的老英雄抛洒的泪水交汇在一起了。

阿尔都塞认为,既然创作主体始终处在意识形态的氛围中,因此,文学生产实际上就是艺术家将既有的意识形态材料加工成作品的过程。"每一件艺术作品,都是由一种既是美学的又是意识形态的意图产生出来的。"[①] 在此意义上,《老人与海》从一个普通渔夫的打鱼故事到一个感动了美国大众的硬汉神话的生产过程,也是二战后美国占主导地位的意识形态与海明威本人的主体意识、审美召唤相互作用,并产生新的意义的过程。

从现有的海明威研究资料所提供的信息来看,《老人与海》的故事取自现实生活中一个古巴渔夫的真实经历。圣地亚哥的生活原型是一个叫格雷格里奥·富恩特斯的古巴渔民。富恩特斯出生在西班牙的加纳里群岛,6岁时随父亲前往古巴。途中其父病故,富恩特斯成为只身在古巴求生存的穷苦孤儿。富恩特斯是航海打鱼的高手。1928年,他驾船前往美国新奥尔良,途中遭遇

---

① 陆梅林选编:《西方马克思主义论美文选》,桂林:漓江出版社,1988年,第537页。

热带风暴。就在他弃大船登小船逃生时,发现了驾小船在风雨中搏斗的海明威,于是,富恩特斯邀请他上了自己的船,两人共渡难关,并由此成为好朋友。1935年,海明威购买比拉尔号后,请富恩特斯做了比拉尔号的船长,月薪250美元。此后,两人经常一起出海钓鱼。1960年,海明威由于政局变动离开古巴时,将比拉尔号留给了富恩特斯。海明威去世后,富恩特斯将比拉尔号捐给了古巴政府,并协助政府在海明威故居建立了海明威博物馆。富恩特斯本人成为博物馆馆长,不再驾船航海打鱼,负责接待到海明威故居参观旅游的外国游客。2002年,104岁的富恩特斯去世。世界各大网站和报刊都以海明威的《老人与海》原型在古巴去世为题对这一消息进行了报道。富恩特斯去世后,古巴当局曾要求美国政府一起出资修缮海明威博物馆,美国拒绝投资,理由是他们不能出资资助古巴的旅游业。从富恩特斯一生的经历中,我们可以提炼出《老人与海》文本之外的另一个故事,这个故事或许可以取名为"当古巴渔民遭遇美国作家海明威"。故事的内容已经偏离了古巴渔民艰难的航海打鱼生涯,而成为美国名人出资在古巴打造的一个美国梦。在这个美国梦的打造过程中,古巴渔民富恩特斯的身份在发生变化:由渔民而为美国名人的友人,由友人而为船长,由船长而为馆长。在某种意义上,富恩特斯的身份变化过程构成了一个美国的个人成功神话在海外扩张的隐喻。值得我们深思的是,在冷战时代结束后,在全球化和多元化话语并存的今天,当美国政府意识到经由海明威的金钱资本和文化资本打造出来的海明威博物馆正在给古巴人民带来经济利益时,他们就断然拒绝了古巴政府提出的继续投资修缮海明威文化遗产的合作请求。美国政府对古巴境内的海明威文化遗产的态度,提醒我们关注海明威文化遗产的意识形态归属问题。

　　海明威在对古巴渔民富恩特斯进行经济的、社会身份的打造的同时,也对富恩特斯的钓鱼经历进行了文学打造,最终提炼出了一个令冷战时代的美国人激动不已的英雄主义神话文本——《老人与海》。根据富恩特斯的叙述,1918年他21岁那年,只身一人去外海打鱼。他钓到了一条约1000磅左右的大马林鱼。大鱼将他的小船拖到了几十公里以外,鲨鱼将大鱼的身体吃掉了一大半。上岸时只剩了一个大鱼骨架。1928年,海明威结识富恩特斯。1936年,海明威在《时尚先生》杂志上发表了一则关于古巴渔夫捕鱼的通讯。通讯

中有关渔夫捕鱼的一段文字如下:

> 一个老人独自在加巴尼斯港口外的海面上打鱼,他钓到一条马林鱼,那条鱼拽着沉重的钓丝把小船拖到很远的海上。两天以后,渔民们在朝东方向六十哩的地方找到了这个老人,马林鱼的头和上半身绑在船边上。剩下的鱼肉还不到一半,有八百磅重。鱼在深水里游,拖着船,老人跟着它一天、一夜、又一天、又一夜。鱼泛到海面上,老人驾船过去钩住它。鲨鱼游到船边袭击那条鱼,老人一个人在湾流的小船上对付鲨鱼,用桨打、戳、刺,累得他精疲力尽,鲨鱼却把能吃到的鱼肉统统吃掉。渔民们找到他的时候,老人正在船上哭,损失了鱼,他快气疯了,鲨鱼还在船的周围打转。①

这则通讯经常被研究者作为海明威创作《老人与海》的素材提及或引用。陆建德先生在《大写的渔夫与"做作的男子气概"》一文中指出:"现实生活中的渔夫与小说中的主人公圣地亚哥是截然不同的人物。""通讯中的渔夫以捕鱼为业,他并不看重捕鱼、杀鱼的形而上意义,他关心的是开门七件事,是这条险些要了他命的大马林鱼最终能为他带来多少收益。……他毫无英雄意识,不计较什么'男子气概',不过倒也可爱得很,当着别人的面哭也无所谓。当这故事被海明威提炼成小说后,捕鱼的谋生目的已经淡出。"②陆先生对《老人与海》的剖析笔锋犀利,道出了海明威是如何将现实生活中的渔夫打造成"大写的渔夫"、带有"做作的男子气概"的海明威式英雄的个中奥秘。

深究海明威在《老人与海》中将普通渔夫形塑成打不败的硬汉形象的过程,本人认为大写的渔夫与大写的海明威、大写的美国三者的精神结构是同源的,都是20世纪50年代美国社会的主导意识形态作用下的产物。实际上,海明威在写作通讯文稿时已经对现实生活中的古巴渔夫形象做了一些修正。富恩特斯是在年轻力壮的21岁时只身钓到大马林鱼的,他的马林鱼约重1000磅,通讯中的渔夫变成了老人,大鱼的体重变成了约1500磅。这种修正与海明威本人越来越膨胀的自我英雄意识是一致的。在30年代美国经济大萧条

---

① 董衡巽编选:《海明威研究》(增订本),北京:中国社会科学出版社,1985年,第14页。
② 陆建德:《破旧思想体系的残编》,北京:北京大学出版社,2001年,第300页。

时期,海明威去非洲追猎归来后发表了追猎记录《非洲的青山》,遭到文学评论界的批评。事实上,从巴黎归来后,不管是在文学写作中,还是在现实生活中,海明威的确表现出一种越来越关注自己的男性气概的倾向。海明威在男性杂志《时尚先生》上发表的 23 篇描写狩猎和捕鱼的文章也是他的男子汉气质证明。[①] 当海明威频频借助钓大鱼、猎猛兽、书写男性气概来证明自己的胸毛和文学才能都是货真价实时,他的文学创作跌入了低谷。在此种情况下,对于海明威来说,西班牙内战和第二次世界大战可谓来得恰是时候。在战争中,他的男性气概和文学才能都适得其所。但是,在体验过《丧钟为谁而鸣》带来的成功之后,直到 1952 年《老人与海》问世之前,缪斯女神似乎再也不愿眷顾这位曾经辉煌过的著名作家了。海明威就像他笔下那些必须面对命运劣势打造自我的男性主人公一样,在连续十几年写不出好作品的困境中奋力抗争。从 1936 年发表古巴老渔夫独自捕捉大马林鱼的通讯,到 1951 年创作圣地亚哥的故事,这期间经历了 15 年的岁月打磨。虽然海明威写作《老人与海》只用了八个星期,但是那个借助男性气概打造的硬汉神话却一直在他的主体心理中酝酿发酵,最后终于在合适的时间——冷战时代,合适的空间——美国社会的精神结构,形成了一个大写的渔夫、大写的海明威、大写的美国人,甚至也包括大写的人类合一的英雄主义神话。

经过 15 年的打磨后,《老人与海》中的圣地亚哥与现实生活中的原型富恩特斯、通讯中的古巴老渔夫都截然不同。富恩特斯由一个穷苦的年轻渔夫变为每月有 250 美元固定工资的比拉尔号船长,再由船长变为有身份的海明威纪念馆馆长,靠雪茄烟、朗姆酒、漂亮姑娘而活到 104 岁高龄去世的著名老人,这一由美国名人海明威所代表的金钱资本、文化资本对富恩特斯的身份打造过程被抹去了。同样的,通讯报道中老渔夫失败后的愤怒和哭泣等世俗的非英雄因素也被过滤掉了。海明威在《老人与海》中将老渔夫圣地亚哥打造成一个与世俗因素无涉、非同寻常的老头儿。从小说开篇的描写中,我们看到,作为一个靠打鱼为生的渔夫,圣地亚哥已经连续 84 天没有钓到一条鱼。他的船帆缀满了补丁,他的渔网卖掉了,他居住的小窝棚里只有一张床、一张桌子、一

---

① 董衡巽编选:《海明威研究》(增订本),北京:中国社会科学出版社,1985 年,第 10 页。

张椅子,经济状况一贫如洗。但是,海明威却没有让他流露出一点穷人的愁苦和世俗烟火利益焦灼,相反,这种一贫如洗的境遇更凸显出他与物质主义庸俗无染的质朴、单纯;岁月在他的脖颈上烙下深深的皱纹,在他的脸上涂抹了许多褐斑,在他手掌上刻下了许多伤疤。但是,这一切由岁月留下的苍老痕迹都是为了衬托他那双眼睛,"它们像海水一般蓝,显得喜洋洋而不服输";①他连续40天没有钓到一条鱼时,男孩的父母说他"倒了血霉",让跟随他打鱼的男孩离开了他。84天没有钓到一条鱼时,有的渔夫笑话他,有的同情他。但是,他既不生气,也不难过,因为他拥有真正的自尊心。总之,他是个不同寻常的老头儿(他自己也这么认为),他的希望和信心从没有消失过。以前,他曾经创造过一连87天钓不到一条鱼,跟着有三个礼拜,每天都钓到大鱼的记录。现在,虽然他不如以前强壮了,但他还有足够的力量,有很多窍门,有决心,因此他注定要在连续84天钓不到一条鱼的困境中做一个创造奇迹的老英雄。凭借男子汉的力量,某种卓越的技巧(斗牛、打猎、拳击、炸桥、写作)和坚强的意志力,在劣势状态下打造自我生命的意义,这正是海明威式英雄的共同特征。与海明威以前作品中的硬汉英雄不同的是,圣地亚哥生活在一个与烟火饭食、世俗男女这些属于形而下的非英雄牵绊因素完全隔绝的境遇中。小说中交代,圣地亚哥的早餐只有咖啡,但喝咖啡并非如软绵绵的小资般品味咖啡的醇香,只是为了保存一天的体力而必须喝它,"好久以来,吃饭使他感到厌烦,因此从来不带午饭。他在小船的船头上放着一瓶水,一整天只需要这个就够了。"②他的身边也没有女人,甚至连做梦都不再梦见女人。海明威让圣地亚哥独自一人,置身于茫茫苍苍的大海上,只是为了证实他是个不同寻常的老头儿,在他身上凝结着超凡绝俗的力量、勇气和尊严。

首先,为了凸显圣地亚哥的超凡勇气,海明威在文本中为他准备了一个最大、最美、最崇高的较量对手。只有与最优秀的对手较量,才能突出圣地亚哥非同寻常的英雄风范。在与大马林鱼的较量趋于白热化的时候,老人一再赞美他的对手:"我从没见过比你更庞大、更美丽、更沉着或更崇高的东西,老弟。

---

① [美]海明威:《春潮·老人与海》,吴劳译,上海:上海译文出版社,2000年,第143页。
② 同上书,第156页。

来,把我害死吧。我不在乎谁害死谁。"①在赞美大鱼的时候,老人自身的伟大也得以衬托出来。他已经上千回证实过自己就是那个了不起的"冠军"圣地亚哥。他想起自己曾经在卡萨布兰卡与一个大个子黑人比手劲。圣地亚哥最终经过一天一夜的较量后,证明了自己的冠军实力。眼下,这条真正的大鱼只不过又为他提供了一次证实自己是冠军的机会。"不管它多么了不起,多么神气","可是我要把它宰了","我要让它知道人有多少能耐,人能忍受多少磨难"②。因此,老冠军圣地亚哥与伟大、崇高的大马林鱼之战的目的不在于形而下的鱼肉,而是要彰显个体生命无与伦比的力量、勇气、意志和智慧。

其次,为了实证圣地亚哥打不倒的生命尊严,海明威让他与最邪恶、最凶残的敌人搏斗。圣地亚哥在捕获大鱼后,也曾经估算过马林鱼带给他的经济利益。大鱼的重量不止1500磅,去掉头尾和下脚,鱼肉约有1000磅,照三角钱一磅计算,收入十分可观。但是,海明威不想让他的冠军就此陷入世俗的物质利益盘算,而是安排他继续与鲨鱼搏斗。正如陆建德先生指出的,"为了确保大写的渔夫的高大形象,海明威必须将通讯中几百磅鱼肉方方便便地送到鲨鱼嘴里,不然集市上的喧闹和激动将产生一种修辞上的突降效果,即由庄严崇高突降到平庸琐碎"③。笔者认为,如果说与大马林鱼之战关乎圣地亚哥的个体勇气和冠军声誉,与鲨鱼的搏斗则关乎个体与人类的尊严。作为一个经验丰富的渔夫,圣地亚哥十分清醒地意识到,他的大鱼是注定要被鲨鱼吃掉的。但是,即使明知命运如此,他还是要拼尽全力与鲨鱼搏斗到底。因为他要证明"人不是为失败而生的","一个人可以被毁灭,但不能给打败"。④ 曾几何时,这句话成为众多致力于为尊严而拼搏的人们案头、床头、心头必备的铮铮名言。笔者认为,这句话之所以能引发人们的共鸣,就是因为它传达了一种任何情境下都不会衰退的人性尊严。老人最后虽然承认鲨鱼抢走了自己的胜利果实,把自己打败了,但是,在失败面前也不放弃拼搏,也能以内在的骄傲和尊严看待失败,这才是海明威赋予圣地亚哥的主体生命价值和意义。正是在此

---

① [美]海明威:《春潮·老人与海》,吴劳译,上海:上海译文出版社,2000年,第197页。
② 同上书,第180页。
③ 陆建德:《破旧思想体系的残编》,北京:北京大学出版社,2001年,第301—302页。
④ [美]海明威:《春潮·老人与海》,吴劳译,上海:上海译文出版社,2000年,第204页。

意义上,海明威最初曾经想给小说取名为"人的尊严"①,后来觉得这个书名太正式,才定名为《老人与海》。

笔者以为,将《老人与海》还原到海明威的个人处境、20 世纪 50 年代美国社会的意识形态、冷战时期的国际关系语境中,圣地亚哥与大鱼较量彰显出来的勇气、与鲨鱼搏斗体现出来的打不败的尊严都寓意深远。

其一,它是海明威本人的主体英雄意识的文本概括。在《老人与海》中,海明威崇尚的男性气概和现代散文叙事技艺近乎完美地融合在一个硬汉英雄的寓言故事中。老迈的圣地亚哥仍然是一个拥有内在骄傲和尊严的冠军,海明威则在连续十几年写不出成功作品的困境中,也以高度的叙事技艺精心打造出自己的冠军之作。安东尼·伯吉斯在《现代小说佳作 99 种提要》中对它给予高度评价:"作为一篇干净利落的'陈述性'散文,它在海明威的全部作品中都是无与伦比的。每一个词都有它的作用,没有一个词是多余的。"②

其二,圣地亚哥与大鱼较量、与鲨鱼搏斗时表现出来的英雄主义精神与 20 世纪 50 年代美国主流社会的价值观是契合的。二战结束后,在美国的教育领域,国家的需要、实力取代了 20 年代杜威所强调的个人需要、个体素质,成为基本的教育评价标准。国家主义、爱国主义教育十分兴盛。"教育活动对于政治和军事所做的直接的和潜在的贡献,成为衡量这种教育活动是否值得进行、是否有效的标准。"③在此背景下,按照国家的强盛需要,学校里培养的是有理性知识、有技能的国家精英,或者说在各个行当里打造成功的英雄人物。正是在此意义上,在国际舞台上为美国而战的麦克阿瑟将军,在国内的日常生活中为维护社会秩序和正义而战的凯恩,在茫茫大海上为捕获大鱼而战的圣地亚哥,都是美国大众心目中的英雄。

其三,在圣地亚哥的英雄主义气概中凝结着西方文明观念中人类征服自然的人本主义精神。小说开篇的描写就将圣地亚哥的捕鱼之战带入一个人与自然斗争的寓言场景:"他是个独自在湾流中一条小船上钓鱼的老人,至今已去了八十四天,一条鱼也没逮住。"在这样一个场景下展开的对圣地亚哥与马

---

① [美]贝克:《迷惘者的一生——海明威传》(下),林基海译,长沙:湖南文艺出版社,1992 年,第 888 页。
② [英]安·伯吉斯:《现代小说佳作 99 种提要》,李文俊等译,桂林:漓江出版社,1988 年,第 145 页。
③ 鲁洁、王逢贤主编:《德育新论》,南京:江苏教育出版社,2000 年,第 598 页。

林鱼较量、与大鲨鱼搏斗的文学叙事,仿佛将读者带回了奥德修斯与大自然斗争的荷马时代。从荷马时代到20世纪中期,西方文明从原始的部落群居生活,到物质文明高度发达的后工业社会都市生活,贯穿这一历史发展进程的主旋律就是西方人征服自然、控制自然、改造自然,在天地之间建构人类的大写形象的辉煌乐章。因此,笔者认为,大写的圣地亚哥与大写的海明威、大写的美国人、大写的人类在精神上是同构的,是在西方人的集体无意识和50年代美国的意识形态共同作用下打造出来的英雄主义神话。

三

值得一提的是,在东西方冷战对峙的50年代,《老人与海》就分别由张爱玲和海观译介到我国香港和内地,两个译本中的美国文化保留与中国文化语境下的"新开始"折射出冷战时期中美文化既对立冲突又互渗互鉴的复杂关系。

1950年代是一个美国与苏联、资本主义阵营与共产主义阵营冷战对峙的时代。新中国与苏联的关系进入亲密的结盟时期,美国则加大在中国港台地区的文化交往和文化宣传力度。1949年以后,美国的驻华部门撤到香港,在原驻华新闻处基础上,于1950年成立了香港美国新闻处(USIS-Hong Kong),向香港居民和东南亚华人宣传美国文化。因此,香港美新处在港台地区推行美国文艺支援体制,扮演文学作品意识形态政治正确性的监控角色,以隐蔽的方式行使美国文化在文学翻译中的控制权。1951年,香港美新处主导的"书籍翻译项目(Book Translation Program)"正式启动,该项目工作之一就是挑选美国经典作家名著和引起文坛轰动的当代文学作品译成中文出版发行,以达到"扬美"的文化宣传目的。1952年,香港美新处成立今日世界出版社,[①]创建《今日世界》半月刊,负责进一步翻译和推介美国文学名著。香港美新处还以赞助、扶植当地私营文化产业的方式建立文艺支援体制,中一出版社和天风出版社就是美新处的赞助和扶植机构。[②] 正是在这样的美国文化输出背景

[①] 单德兴:《翻译与脉络》,北京:清华大学出版社,2016年,第95页。
[②] 张杨:《"前线"外交:冷战初期美国在香港的文化活动初探》,《美国问题研究》2015年第2期。

下,署名范思平的《老人与海》中一出版社版本于1952年12月问世,①赞助人香港美新处是包括《老人与海》在内的美国文学作品在香港翻译出版计划的意识形态控制方。

1952年,艾森豪威尔当选美国总统,在外交政策导向上一改杜鲁门时代露骨的反共风格,将文化冷战带入对外宣传美国文化精神、人类共同的价值观与正面进步的美国形象时代。在此语境中,艾森豪威尔对美国精神力量的强调也落实在香港的美援文艺体制内。海明威于1952年出版的《老人与海》高度契合美国的国家精英意识,张爱玲《老人与海》译本的价值观导向与其时美国的主流社会核心价值观保持一致。张爱玲不仅在"译者代序"中奠定了《老人与海》的核心价值导向是充分彰显美国的精神力量,以及这种精神力量与人类本性的融通性,小说译文措辞也保持一致连贯。如:

> Everything about him was old except his eyes and they were the same color as the sea and were cheerful and undefeated.②
>
> 他的一切全是老的,除了他的眼睛,眼睛和海一个颜色,很愉快,没有战败过。③

与"undefeated"一词对应的中文有"没有打败过""没输过"。张爱玲将"undefeated"译作"没有战败过",这是身处特定社会文化环境中的译者对原作进行的加工和调整,似乎是应和刚刚过去的第二次世界大战和正在进行的朝鲜战争,也是对美国在军事与政治上塑造的以艾森豪威尔为代表的,文化上以海明威为代表的永不言败的"美国精神"的应和。在这里,香港美新处通过文艺支援体制输出的美国精神力量落到了张爱玲译文字里行间的字词句与修辞实处。从译本整体来看,张爱玲译本将冷战时期香港美新处的文化外交政策落实为通过《老人与海》中译本传播的美国文化价值。

与1950年代香港的美国文艺支援体制内的美国文学翻译截然不同,冷战

---

① 陈子善:《范思平,还是张爱玲——张爱玲译〈老人与海〉新探》,《中国现代文学研究丛刊》2011年第11期。
② Ernest Hemingway, *The Old Man and the Sea*, Illustrated Edition, New York: Charles Scribner's Sons, 1952, p.12.
③ 海明威:《老人与海》,范思平译,香港:中一出版社,1952年,第2页。

时代新中国与苏联的结盟关系决定了外国文学翻译中俄苏文学译介如洪流滔滔，美国文学翻译却寥若晨星。因此，内地的第一个《老人与海》中译本——海观译本的诞生也与苏联的直接影响相关。

1955年4月，海明威的俄语译者基斯洛娃在苏联《新闻周刊》的一篇评论性文章中高度评价了《老人与海》。同年10月，时任《译文》杂志主编的茅盾在会见苏联作协第一书记苏尔科夫时，肯定了《老人与海》的艺术成就，并表示"我国《译文》杂志准备发表"。1956年7月，苏联的英美文学专家伊凡·卡许基恩在《苏联文学》杂志上再度赞扬《老人与海》，同年9月，苏联《新闻周刊》中提到"《老人与海》也将被译成俄文刊载在杂志上"。① 此后，《译文》杂志终于在1956年12月号刊载由《译文》杂志社资深编辑海观翻译的《老人与海》全文。

如同张爱玲在中一出版社1952年译本中借助正文前的"译者代序"为海明威与《老人与海》所代表的美国文化精神定基调，海观则通过一篇1500字左右的《译后记》补充说明，明确了翻译海明威《老人与海》的理由：海明威有别于一般的欧美作家，他是资本主义世界里的国际友人，他的创作方法与社会主义现实主义文艺并不对立，且获得了苏联同事们的认可。海观的《老人与海》译本在冷战时期，在新中国团结一切可以团结的国际力量的特别历史时期，强化海明威支持正义战争、支持中国、亲历西班牙反法西斯战争等经历，以及该作品的古巴场所。放诸冷战国际局势和强化意识形态斗争的国内语境，海观的译本带有鲜明"进步性"文学的阶级属性。海明威作为一个有正直良心的作家，用接近社会主义现实主义的创作方法写出了被社会主义民主国家一致认可的优秀作品，并在小说中表现古巴渔民疾苦，弘扬斗争精神。这样的美国作家作品领先于同时代资本主义世界的其他文学创作，契合《译文》主编茅盾在《发刊词》中提出的《译文》办刊主旨：

> 今天我们不但迫切地需要加强学习苏联及人民民主国家的社会主义现实主义的优秀文学作品，也需要多方面的"借鉴"，以提高我们的业务水平，因而也就需要熟悉外国的古典文学和今天各资本主义国家的以及殖

---

① 赵家璧：《从"老人与海"想到海敏威》，《读书月报》1957年第4期。

民地半殖民地的革命的进步的文学。①

安德烈·勒弗菲尔在《翻译、改写以及对文学名声的制控》一书中将文学翻译作为社会意识形态的一种表现来考察。他指出,"翻译是对源文本的改写(rewriting)。所有的改写,无论其意图如何,都反映了某种意识形态和诗学的导向,并通过文学制控以某种方式在特定社会中发挥作用。"②1950 年代,在资本主义与共产主义两大阵营冷战对峙的背景下,中美关系在香港和内地呈现出不同的意识形态导向,意识形态的差异性决定了《老人与海》张爱玲译本与海观译本文化制控方向的不同。张爱玲译本诞生于香港美新处的在地文艺支援体制内,赞助人美新处是美国文学作品翻译出版计划背后的美国意识形态控制方,张译本弘扬山蒂埃戈"没有战败过"的美国精神力量,与冷战时期美国对外输出主流文化价值的意识形态导向高度契合。海观译本在新中国团结一切可以团结的国际力量的特别历史时期,强化海明威在《老人与海》中表现古巴渔民桑提亚哥生存疾苦,弘扬乐观主义的斗争精神,带有鲜明的社会主义现实主义"进步性"文学属性。

综上所述,海明威作为一位伟大作家的伟大之处就在于,他的文学文本不仅承载着美国的传统价值与时代精神,还使得不同意识形态前提下的异质文化融通共情成为可能。就像《老人与海》,即使在冷战对峙时期,也为新中国的精神文化建设提供了可以"拿来"攻玉的他山之石。

第二节　男性气概与性别政治

毋庸置疑,海明威从 20 世纪 20 年代登上文坛之初,评论界就注意到了他作品中男女人物的气质差异,并由此衍生出对海明威的文学书写与 20 世纪上半期美国社会现代性展开进程中的性别政治关系的讨论。迄今,美国社会的性别政治依然是一个充满不确定性的问题,文学书写中的性别政治也依然是

---

① 茅盾:《发刊词》,《译文》1953 年第 1 期。
② [英]André Lefevere:《翻译、改写以及对文学名声的制控》,上海:上海外语教育出版社,2010 年,第 1 页。

一个值得讨论的重要问题,尤其是像海明威这样一个被贴上了"硬汉"标签的伟大作家。

把梳既往的海明威研究,有太多文章批评海明威的男性主人公有"做作的男子气概"(self-conscious virility),① 批评他对女性人物的淑女或魔女两极式刻画。近年来,一些致力于海明威研究的女性学者挑战了对海明威和他的性别观念的传统批评观点。2002 年,美国女学者劳伦斯·R. 布鲁尔(Lawrence R. Broer)和格劳丽娅·霍兰德(Gloria Holland)编选出版了《海明威与女性:女性批评者与女性声音》(*Hemingway and Women: Female Critics and the Female Voice*, 2011)。② 这部批评文集收入了 17 位女性学者的 17 篇论文,她们从各不相同的性别批评视角重新审视了海明威的性别观念复杂性,认为虽然海明威肯定受到了传统女性观念的影响,但他也意识到了他那个时代新女性的斗争。将这部女性学者的海明威批评文集与 21 世纪以来美国性别批评理论的发展趋势联系起来看,这部文集中的批评观点实则是性别批评理论在海明威研究中的运用,启发笔者在美国性别政治发展史的视域下重新审视海明威的性别观念和小说中的两性关系。

1920 年,美国宪法第 19 条修正案通过,确立了妇女选举权。③ 妇女选举权的确立,标志着美国妇女的合法权利从此浮出了历史地表。百年后,2022 年 6 月 24 日,美国最高法院以 5 票赞成、4 票反对推翻确立女性堕胎权的判例"罗诉韦德案"。一夜之间,美国女性的堕胎权不再受美国宪法保护。美国女性,甚至是全世界的女性都对这一事件表示深深地失望,认为这是美国女性人权的历史性倒退。2023 年 7 月,被影评界称为当年全球最重要的现象级作品电影《芭比》(*Barbie*)在美国上线,并于 7 月 21 日进入国内院线。《芭比》甚至已经成为一种文化现象,在美国掀起一股"芭比风"(Barbiecore),在我国院线上映后票房也大获成功。影片以科幻故事和互文、戏仿的方式讲述了一部

---

① Virginia Woolf, *New York Herald Tribune Books*. 9 October 1927, See Jeffrey Meyers, ed., *Hemingway: The Critical Heritage*, London: Routledge & Kegan Paul Ltd, 1982, p. 105.

② Lawrence R. Broer and Gloria Holland, eds., *Hemingway and Women: Female Critics and the Female Voice*, Tuscaloosa: University of Alabama Press, 2002.

③ [美]艾伦·布林克利:《美国史》(Ⅱ),陈志杰、杨天旻、王辉译,北京:北京大学出版社,2019 年,第 855 页。

现代美国性别政治简史:在乌托邦式的芭比乐园(Barbieland)里,各种各样的芭比(Barbie)和肯(Ken,芭比的型男男友)每天都过着童话般完美的生活。但是,某一天,芭比发现自己竟然想到了死亡问题,自己的双脚不再是完美的高跟鞋脚型,而是脚掌落地的平脚板。意识到自我存在危机感的芭比被迫前往真实世界探寻自我真相。耐人寻味的是,型男男友肯,还有一对关系危机的母女,都加入了芭比的自我发现探险旅程。或许,这意味着电影《芭比》的主旨不仅仅是芭比破除父权制神话蒙蔽的女性自我发现之旅,也是包括女孩、母亲、男性等多种社会性别角色的主体建构之旅。笔者以为,在当下性别政治话语复杂多重的美国,电影《芭比》之所以大受欢迎,是因为《芭比》揭示出女性和男性不被任何政治的权力、资本的权力所定义的主体自我意识。从美国现代化进程中的性别政治嬗变的历史来看,性别和社会性别,从来就是一个由多重社会因素构成的现代性问题。正如法国女性主义理论家伊利格瑞·露茜(Irigaray Luce)在《非一的性别》(*This Sex Which Is Not One*,1985)一书中所指出的,非一的性别背后是多元复杂的身份政治问题。① 将海明威及其小说置于美国现代化进程中性别政治的变化历史过程中来审视,即使是被标签化的"硬汉",背后也隐藏着具体历史语境中的性别政治现代性冲突,并非简单的"硬汉"男权和女性"第二性"②那么二元对立,而是海明威式的男性气概与多重性别政治话语的重叠混杂。

一

早在海明威的第一部短篇小说集《在我们的时代》巴黎版与纽约版的篇目选择与审核过程中,围绕着爱情故事《在密执安北部》的取舍分歧,就折射出20世纪20年代美国性别政治保守性与开放性共存的现实,以及海明威本人的性别心理复杂性。

海明威在《在密执安北部》里叙述吉姆和莉芝的恋爱体验时是有差异的。吉姆喜欢莉芝美丽的腿,还有头发和面孔,但"他从没把她放在心上"。他猎鹿

---

① Irigaray Luce, *This Sex Which Is Not One*. Catherine Porter and Carolyn Burke, Trans., Ithaca: Cornell University Press, 1985, pp.23—33.
② 参见[法]西蒙娜·德·波伏瓦:《第二性》,郑克鲁译,上海:上海译文出版社,2021年。

归来,酒足饭饱后,莉芝是他的欲望对象。当莉芝半推半就地阻止他,他表达简单直接,只说"我一定要,我就是要。你知道我们一定要"①。他的欲望得到满足后,就睡着了,睡得莉芝摇他都摇不醒。莉芝喜欢吉姆,喜欢他走路的样子,他的胡子,他洁白的牙齿,他不像个黑黑的铁匠,她的雇主史密斯夫妇也喜欢他,她还喜欢他胳膊上的体毛。她一直在想着他,她感觉到他的存在。面对吉姆对她的占有欲望,她既需要,又害怕;既接受,又害怕。在初次性经验后,她哭了。她用自己的衣服给吉姆盖好,然后,独自走了。上述两性关系叙述中的男女性别角色价值认同差异体现为:吉姆主动,莉芝被动;吉姆的性别角色价值在于身体的力量、铁匠技能、猎鹿高手、体面的社会地位(莉芝的雇主喜欢他),对莉芝的肯定则包括外表美丽,身体性感,感情世界兼具女孩的单纯深情和母性的温柔贤淑。海明威对男女人物的自然性别和社会性别的差异性叙述背后,是一战后美国主流社会中新教保守主义占主导地位的性别政治现实。但是,也应该看到,小说中的爱情叙事已经直接切入了青年男女的性欲望场景,甚至触及了未婚女性半推半就的性心理。这种大胆的两性关系叙事背后,折射出 20 年代女性性别观念的变化。

1908 年,西格蒙德·弗洛伊德(Sigmund Freud,1856—1939)应邀赴美国作了一系列演讲,他的无意识理论在美国知识分子中产生了深远影响。这种影响的结果是,"第一次世界大战前,一些大胆的女权主义者和医生就曾提出,女性可以享受性快乐"②。性快乐概念还渗透在 20 年代像电影、收音机、流行杂志、广告等大众传媒、流行文化中。一战前,海明威在《堪萨斯城星报》做过半年见习记者,一战后又先后任《多伦多星报》和《多伦多星报周刊》记者,有机会深入了解美国社会的性别政治变化。在此意义上,再来辨析《在密执安北部》中的性别叙述话语,一方面,吉姆的男性气概在两性关系中占据绝对主导地位,与此同时,还有另一种女性声音已经以压抑的欲望形式进入文本。据此来重读《在密执安北部》描述莉芝心理的一句话,"她很害怕,可是她需要它。

---

① [美]海明威:《在密执安北部》,王圣珊译,参见《海明威文集·短篇小说全集》(上册),陈良廷等译,上海:上海译文出版社,第 103 页。

② Lois W. Banner, *Women in Modern America: A Brief History*, Orlando: Harcourt Brace Jovanovich, 1984, p.150.

她得接受它,但是它又让她害怕"[1]。读罢,不得不叹服海明威以简洁语言直接切入时代变革中的女性欲望复杂性的超凡能力。

1926年,海明威在美国斯克里布纳出版公司先后出版了小说《春潮》和《太阳照常升起》。在这两部小说中,20年代美国性别政治的暗流涌动在小说男女人物的性别身份错位、认同、建构过程中。被评论界认定为是海明威戏仿老师安德森的《春潮》,更是充分暴露出 WASP 男性对当时美国性别政治和性别身份问题的隐忧。

《春潮》(*The Torrents of Spring*,1926)是海明威在斯克里布纳出版公司出版的第一部小说。将《春潮》与安德森于1925年出版的《黑色的笑声》(*Dark Laughter*,1925)、画家威廉·斯普拉特林(William Spratling)与福克纳(William Faulkner)于1926年合作出版的《舍伍德·安德森及其他著名的克里奥尔人》(*Sherwood Anderson and Other Famous Creoles*,1926)[2]放在一起讨论,就可以深入理解作家和画家以各自擅长的叙事形式与20年代美国都市化进程中的性别政治较劲的良苦用心。当然,此一时期的性别政治又与种族政治纠缠不清,就像80年代、90年代的女性主义、性别批评与后殖民主义批评总是有共同的历史与现实问题关切一样。

安德森的《黑色的笑声》聚焦于20世纪20年代的性自由观念带给白人男性和女性的社会性别角色变化。此前,乔伊斯于1922年在巴黎的莎士比亚书店出版了《尤利西斯》,该小说以意识流手法表现现代人包括性心理在内的心理世界复杂多重性。安德森、海明威、福克纳等美国作家都深受乔伊斯等人的现代主义风格影响。《黑色的笑声》包括十二部四十章,叙事内容由一个有知识的白人的三角爱情故事和一个白人劳工的日常夫妻生活拼贴组成。白人男性布鲁斯·达德利真实姓名是约翰·斯托克顿,受过良好教育,与妻子住在大城市芝加哥。他的妻子波妮丝是个职业女性,以艺术之名,她正在构思一部关于一个白人男子和橱窗模特的爱情故事。他们夫妻之间没有正常夫妻关系。

---

[1] [美]海明威:《在密执安北部》,王圣珊译,参见《海明威文集·短篇小说全集》(上册),陈良廷等译,上海:上海译文出版社,第103页。

[2] William Spratling and William Faulkner, *Sherwood Anderson and Other Famous Creoles*, New Orleans: Pelican Publishing Company, 1926.

于是，斯托克顿离开了芝加哥和妻子，回到家乡旧港，化名布鲁斯·达德利，进了弗雷德的轮胎制造厂，给轮胎上油漆。弗雷德·格雷与妻子艾兰·阿尔德里奇的婚姻生活也毫无激情。在弗雷德的油漆厂做工的工人斯庞奇·马丁与妻子过着平凡的日子，一起去野外钓鱼，在河边野合，相处融洽。最后，在黑人的黑色笑声中，艾兰和布鲁斯找回了曾经在巴黎一瞥而过的爱情而私奔，弗雷德不得不面对残酷的现实。在小说中，巴黎、芝加哥等大城市文明中中产阶级白人都是一副筋疲力尽、绵软无力的样子，布鲁斯称之为"精神阳痿"。对比之下，小镇上的白人劳工和黑人都健康强壮，充满活力，脸上洋溢着自然的色彩。不受传统束缚的新女性、无力的白人男性、健康的白人劳动者和黑人，安德森将他们的生活用乔伊斯的叙事方式拼贴在一起，折射出20年代美国社会与种族、阶级问题叠加在一起的性别政治现实。

如前文所述，福克纳和海明威都在1921年遇到了安德森，并接受了他的建议，一个去了巴黎，一个去了新奥尔良，并由此出发进入文坛，先后获得了诺贝尔文学奖。1926年，在安德森的《黑色的笑声》之后，福克纳和海明威先后出版了《舍伍德·安德森及其他著名的克里奥尔人》和《春潮》。前者是福克纳和画家朋友威廉合作的图文书，两人在新奥尔良的法国区合租了一所房子，并合作创作了该书。这本书最初由斯普拉特林构思，是模仿纽约墨西哥艺术家米格尔·科瓦鲁比亚斯（Miguel Covarrubias）的《威尔士亲王和其他著名美国人》(*Prince of Wales & Other Famous Americans*, 1925)的新奥尔良版。该书汇集了他的41幅名人漫画，由福克纳配文，在版权页上用拉丁文题词"向米格尔·科瓦鲁比亚斯致敬"，下方则是"献给法语区所有从事艺术或文学工作的人"。① 这本图文书诙谐地描绘了新奥尔良富有创造力的居民，最后一幅漫画描绘了两位合作者福克纳和斯普拉特林。福克纳配文风格是戏仿安德森的。书名中的"克里奥尔人"原本是指16至18世纪出生于美洲的西班牙人或者葡萄牙人的白种人，福克纳在此书中借用以指代20世纪20年代居住在新奥尔良的身份混杂的白人，暗示一方面混杂给新奥尔良带来活力，另一方面又

---

① Miguel Covarrubias, *Prince of Wales & Other Famous Americans*, New York: Alfred A Knopf, 1925.

危及传统的"白人性"身份。其中,既有对安德森的戏仿,也有与安德森同样的时代性别政治隐忧。这种对白人女性传统纯洁气质不再的忧虑,也渗透在他后来写作的《喧哗与骚动》中的凯蒂形象中。当白痴班吉因姐姐凯蒂失去贞操而哭嚎时,笔者从班吉的哀嚎里辨认出福克纳、安德森、《黑色的笑声》中的弗雷德、海明威这些白人男性共同的对性别传统价值观变革的忧虑。

在福克纳戏仿安德森的图文书出版后,同年 5 月份,海明威的《春潮》由斯克里布纳出版公司出版。小说围绕斯克里普斯(Scripps)和瑜伽(Yogi)两条主线展开,叙述了他们受了情伤后的失落与寻找。瑜伽参加过第一次世界大战。他在巴黎度假期间,曾经与一个美女有过一次美好的艳遇。事后美女告诉他永不再见。瑜伽却把这次偶然的艳遇当成了异国他乡遭遇的浪漫爱情。他到处寻寻觅觅,期望能再次与他的美人相见。在离开巴黎的最后一夜,绝望的瑜伽付了钱,导游带他去了一座旧的大厦。在那里,他看到了他心仪的美女正在和一个英国军官表演收费很贵的做爱秀。结果,瑜伽再也不想要女人了。他将性挫伤原因归咎于一战,归咎于普遍的道德败坏,归咎于年轻的一代。斯克里普斯原是个小作家,妻子和女儿相继出走后,他在一家小饭馆结识了爱好文学的戴安娜,两人随即闪婚。之后,他又被满嘴都是文坛旧闻逸事的女招待曼迪吸引,他听着,"但他的头脑却迷失了。迷失了。迷失了。它在哪里迷失了呢?消失在黑夜中了。消失在黑夜中了"。[①]

斯克里普斯的头脑迷失在黑夜中,暗示他不知道自己想寻找什么,想成为怎样的人,这一切都没有答案。与之相反,瑜伽被巴黎的新女性所伤,最后却被一个赤裸的印第安女人治愈。海明威对瑜伽的性创伤痊愈过程的描写透露出浓厚的嘲讽意味。在小说的第十四章,当裸体印第安女人走进小饭馆时,瑜伽觉得:

> 有什么东西啪得断裂了。他产生了一种新的感受。一种他原以为一去不复返的感受。一去不会再来了。失去了。永远消逝了。他这才明白这是错觉,他如今没问题了。……他现在明白了。他差一点把生活弄得一团糟。杀害自己。现在让春天来吧。让它来吧。来得再快也不为过。

---

① Ernest Hemingway, *The Torrents of Spring*, New York: Charles Scribner's Sons, 2004, p. 87.

让春天来吧。他作好准备了。①

此时此刻,一战的创伤,时代的道德败坏,"迷惘的一代"的自我错位,在印第安女人引爆的原始生命力面前都消失得无影无踪。性趣盎然的瑜伽脱掉衣服,脱掉现代文明的压抑,赤身裸体地跟随着印第安女人投入到还是冰封时节的大自然中,追求自由和解放。

海明威在描述斯克里普斯的迷失和瑜伽的治愈时不无戏谑,影射安德森《黑暗的笑声》中的布鲁斯和弗雷德。暗示任何追求原始浪漫的文学都难免矫情,任何黑色或红色的生命色彩都不能治愈美国现代化进程中受伤的白人男子,恢复传统两性关系中的男性主导地位。当"密执安北部"的莉芝们接受现代职业、人文、艺术教育,走向"新女性"的社会性别角色认同,斯克里普斯和弗雷德们的"头脑迷失了"。唐纳德·琼金斯于北达科他州立大学出版的《北达科他季刊》1996 年夏季号上发表了长篇论文《"哦,放这鸟儿一马吧":海明威的〈春潮〉中的自然与诋毁》。琼金斯提出了两个论点:一,《春潮》是部现代主义的诙谐作品;二,海明威认为有责任把它发表。他认为,海明威不仅嘲笑了安德森的矫揉造作,"同时嘲讽了'现代派'的新浪漫主义的虚无主义(个人失落感、在一个毫无意义的宇宙中的异化感、原始主义的异国情调、对打破偶像行为的崇拜、对异国他乡的迷恋成瘾)以及试验性的现代派文学中矫揉造作的卖弄:外文引语、借用的故作典雅的词句、程式化的暗示"②。

琼金斯的评价将海明威与崇尚文化原始主义的某些现代派文学区别开来,但是,他忽视了海明威与安德森、福克纳等白人男性对时代性别观念变化的文本洞察与焦虑。在此意义上,海明威与福克纳戏仿安德森的目的并非限于嘲讽原始主义,他们还找到了一种喜剧式的、轻松戏谑地呈现现代性别政治的文本形式,戏谑的背后,是男性主体心理结构中的焦虑。这种男性气概张扬与抑制的复杂性是现代性在性别政治场域的伸延。

---

① [美]海明威:《春潮·老人与海》,吴劳译,上海:上海译文出版社,2000 年,第 112 页。
② 吴劳:《六天写就的精品,六十年后才获真赏》,见[美]海明威:《春潮·老人与海》中译本序言,吴劳译,上海:上海译文出版社,2000 年,第 9 页。

二

海明威对美国现代化历史进程中的性别政治的文学回应也在不断变化。1936年,西班牙内战爆发。海明威与北美报业联盟签约,前往马德里报道西班牙内战情况。后来成为海明威第三任妻子的玛莎·盖尔荷恩也在西班牙采访。1940年,海明威出版了西班牙内战题材的长篇小说《丧钟为谁而鸣》(*For Whom the Bell Tolls*, 1940)。海明威在这部小说中塑造了两个性别角色认同完全不同的女性形象玛丽亚与比拉尔。玛丽亚是一个集美丽、单纯、善良、温柔等传统女性特质于一身的女性,比拉尔则是一个外表男性化、意志坚定的女英雄。小说中的男主人公乔丹是海明威塑造的又一个"准则英雄",他爱称玛丽亚为"小兔子",将她与三四十年代的好莱坞影星葛丽泰·嘉宝相提并论。玛丽亚对乔丹百依百顺,对他说:"如果我做你的女人,就该事事都叫你高兴。"乔丹与玛丽亚的两性关系中,乔丹是玛丽亚的主宰者与保护者,玛丽亚则负责带给乔丹以审美愉悦和情感慰藉。比拉尔的身份是女游击队长,是海明威笔下唯一的与男人并肩战斗的女英雄形象。这一女英雄形象的塑造凸显出海明威对传统性别角色定位的矛盾态度:其一,海明威用男性修辞将比拉尔这一女性英雄统一在男性的价值体系中。小说中描写比拉尔"肩膀宽得和身高差不多",长着一双"粗壮的腿""褐色的脸蛋像座花岗石雕像",说话像男人一样直率粗硬,意志坚定,行为果敢。作为游击队长,比拉尔带领一群男人在敌占区勇敢地战斗着,赢得了游击队员的尊敬。当她的丈夫巴勃罗企图破坏乔丹的炸桥计划时,为了保证炸桥计划顺利实施,她甚至请求乔丹把巴勃罗杀死。从这些描绘中可以看出,比拉尔是作为一个雄性化的女人在海明威以男性价值模式为判断标准的世界中获得了英雄的称号。其二,比拉尔成为女英雄后却"意味着双重的负担和双重的失落:她必须同时是男人和女人却又同时不能被男人和女人接受"[①]。乔丹认为比拉尔是一个丧失了女性气质的女人,她手下的男人则对她又敬又畏,但独独没有一个人把她当作一个女人来爱她。海明威在小说中写了这样一个细节:乔丹和玛丽亚做爱后,比拉尔当着乔丹的面问

---

① 裘其拉:《"脑"想男女事》,《读书》1995年第12期,第4页。

玛丽亚有什么感觉。玛丽亚十分害羞不愿说,乔丹亦阻止她问这种纯属隐私性质的问题。但比拉尔却不理睬他,继续逼问玛丽亚,直到玛丽亚告诉她"当时地面动了"才罢休,并且故作自豪地说自己年轻时每夜都有这样的情形。但毕竟那是过去,爱的幸福已经离她而去且一去不复返了,她只有暗自嫉妒玛丽亚,并且近乎变态地刺探别人的隐私来满足自己。这一细节流露出海明威对新女性既欣赏又抗拒的复杂心理。

从上述可看出,海明威在《丧钟为谁而鸣》中对性别政治的文学回应更丰富和复杂。正如女学者盖尔·D. 辛克莱(Gail D. Sinclair)所指出的:"《丧钟为谁而鸣》提供了一个丰富的性别话题场域以修正已有的海明威研究,小说中的两位女性是更复杂的人物,比许多简单化的早期批评反响所提供的研究话题要多得多。"①

三

1952 年,《老人与海》将海明威的文学声誉推向一个新的巅峰,同时,也将他面对性别政治问题时的文本无力凸显出来。小说中的"硬汉"或"准则英雄"圣地亚哥的两性社会关系被悬置处理,他需要面对的女性——他的妻子被设计成了一张照片:

> 墙上曾经挂着她的一张着色照,但他把它取下了,因为看了觉得自己太孤单了,如今它在屋角搁板上,在他的一件干净衬衫下面。②

这种回避圣地亚哥在两性关系中的处境的文本设计表明:

第一,在海明威的心理结构中,他崇尚的男性气概与现代都市生活、他本人的身体创伤、年迈体衰之间的裂隙越来越大,他追求的集勇气和现代叙事技艺为一体的文学风格与二战后美国社会中与日俱增的物质主义、工具理性之间的距离越来越大,越来越不适应消费、娱乐的大众文化要求。正是在此意义

---

① Gail D. Sinclair, "Revisiting the Code Female Foundations and The Undiscovered Country in *For Whom the Bell Tolls*", *See* Lawrence R. Broer and Gloria Holland, eds., *Hemingway and Women: Female Critics and the Female Voice*, Tuscaloosa: University of Alabama Press, 2002, p. 93.

② Ernest Hemingway, *The Old Man and the Sea*, New York: Charles Scribner's Sons, 1952, pp. 16—17.

上,在《老人与海》的文本构成中,20世纪50年代美国现实社会中具体的政治斗争实践和日常生活实践内容都是缺席的。这种文本构成与具体的现实社会实践的分离表明,海明威以男子气概为特质的文学话语无力把握战后复杂的美国社会现实生活内容,他只能借助一个远离一切具体的现实语境的寓言故事来表达他的个人理想和审美召唤。

第二,从表面看来,50年代美国的社会现实在《老人与海》的文本中是缺席的,但是,美国社会价值系统内部的矛盾冲突却构成了一个隐藏在海平面下的潜文本。如同马歇雷所指出的,"作品不是自足的,而是必须由某种缺失相伴,否则就不可能存在。要了解一部作品,就必须把这种缺失考虑在内","探问每一件产品的缄默的含义和没有说出来的意思,似乎不仅有用,而且十分必要。在说出的意思周围或后面,总是有隐含的意义。为了说出一些意义,必须不说出另外一些意义"。[①] 在此意义上,笔者认为,在《老人与海》的潜文本中隐含着面对现代女性时的男性主体意识焦虑。男性主体意识的焦虑潜伏在海明威的大多数白人男性主人公的心理结构中。在《老人与海》中,海明威将圣地亚哥塑造成一个没有女人相伴的英雄。他在现实生活中不再与女人共处,在睡梦中也不再梦见女人,但是,女性的缺席,恰恰显示出女性力量的强大,及其对男性主体意识的威胁。海明威在描写海洋时,将男人对海洋的认识与女性联系起来。他说,有的渔夫将海洋当作男性,当作一个竞争对手或一个去处,甚至当作一个敌人;圣地亚哥则总是将海洋当作女性,"她给人或者不愿给人莫大的恩惠,如果她干出了任性或缺德的事儿来,那是因为她由不得自己。月亮对她起着影响,如同对一个女人那样,他想"[②]。在这段描写海洋个性的文字中,隐藏着一个复杂的女性形象。当她是一个具有主体意识和主体性力量的独立个体时,她就是一个对男性的主体意识构成威胁的竞争对手,甚至是敌人。

20世纪50年代的美国,正处在发生于60年代的第二次妇女解放运动高潮到来之前。其间,妇女的就业人数大幅度上升。不仅是劳动家庭里的妇女

---

① [英]拉曼·塞尔登编:《文学批评理论——从柏拉图到现在》,刘象愚、陈永国等译,北京:北京大学出版社,2000年,第501页。

② [美]海明威:《春潮·老人与海》,吴劳译,上海:上海译文出版社,2000年,第158页。

普遍就业,就连中产阶级家庭的女性也纷纷就业。据有关数字统计,美国妇女在全美就业率中的比率由1950年的17%增加到1960年的30%。① 在知识女性从事的职业中,教师职业,尤其是中小学教师职业成为大多数人的选择,而这也是社会较早向女性开放的职业。女性职业分布的这一特点,使得中产阶级白人男性将对共产主义的恐惧与职业女性联系起来。王恩铭在《20世纪美国妇女研究》一书中指出:"二战后出现在美国的麦卡锡主义在对进步思想或所谓的'颠覆分子'进攻、诋毁时,常常带有明显的性别标记(sexual overtones)对美国女性施放冷箭。在麦卡锡之流对全球两大阵营对峙所表述的忧心忡忡的言论中,时常夹杂着对改变女性社会地位和两性交往准则(sexual norms)的担心。"②麦卡锡主义之所以将对共产主义的恐惧和对职业女性的恐惧联系在一起,就因为大多数知识女性所从事的教师职业。专门调查美国激进和进步组织及个人活动的"众议院非美活动委员会"曾向美国各界散发过一份传单,告诫美国人要警惕共产主义力量在中小学里寻求支持者的致命性危险。很显然,中小学里的大部分女教师是它所指涉的对自由资本主义构成致命性威胁的因素。该传单还引用了哥伦比亚大学教授约翰·汉娜的话说:"女子学校和女子学院里存在着一些对俄罗斯最忠诚的信徒。那里的女教师大多是些受过挫折的人,她们经过艰苦的搏斗才争取到了现在的位置。她们的政治信条是建立在仇恨基础上的,她们的个人态度和观点往往就是这种政治信条的反映。"③在《老人与海》的文本中,圣地亚哥所谓的那些在月亮的影响下,干出一些任性的、缺德的事儿来的女性,渔夫们所说的与他们竞争的女性敌人,很难说与50年代初期麦卡锡分子煽动的职业女性恐惧无关。

当然,透过圣地亚哥对海洋品格的认识,我们看到海明威对女性的认识呈现出复杂多样性。事实上,在50年代初丰裕的美国中产阶级社会中,除了令白人男性感到恐惧和焦虑的职业女性形象以外,主流文化极力塑造的女性形象还是依附于男性的市郊家庭主妇形象。2000年,好莱坞拍摄了一部题名为《蒙娜丽莎的微笑》的电影。影片通过一位具有创新意识的艺术史女教师在保

---

① 王恩铭:《20世纪美国妇女研究》,上海:上海外语教育出版社,2002年,第227页。
② 同上书,第217页。
③ 同上书,第218页。

守的卫斯理女子学院里的生活经历,揭示出50年代初期美国中产阶级女性在包括两性关系在内的社会角色意识方面发生的微妙变化,以及中产阶级白人男性在面对女性角色变化时的复杂心理。但是,女性社会角色的这种复杂多样性变化趋势是崇尚男性气概的海明威所无法把握的。因此,在他的《老人与海》文本中,就将女性设计成了一个硬汉子拼搏斗争过程中的不在场者。值得注意的是,在小说的结尾处,整个文本构成中唯一的一个女性人物出场、说话的场景是这样叙述的:

> 那天下午,露台饭店来了一群旅客,有个女人朝下面的海水望去,看见在一些空啤酒听和死梭子鱼之间,有一条又粗又长的白色脊骨,一端有条巨大的尾巴,当东风在港外不断地掀起大浪的时候,这尾巴随着潮水起落、摇摆。
> "那是什么?"她问一名侍者,指着那条大鱼的长长的脊骨,它如今不过是垃圾了,只等潮水来把它带走。
> "Tiburon(西班牙语,鲨鱼),"侍者说,"Eshark(鲨鱼)。"他打算解释这事情的经过。
> "我不知道鲨鱼有这样漂亮的尾巴,形状这样美观。"
> "我也不知道。"她的男伴说。
> 在大路的另一头老人的窝棚里,他又睡着了。他依旧脸朝下躺着,孩子坐在他身边守着他。老人正梦见狮子。①

显而易见,在文本中出场的唯一一个女性见证的不是圣地亚哥捕鱼业绩的辉煌,而是他在现实中的失败。接下来,海明威就将叙事场景切换到女性不在场的大路另一端。在女性不在场的场景中,圣地亚哥的男性气概再次出场,他在梦中又找回了自己。尽管海明威将女性设计成圣地亚哥拼搏故事中的不在场者,但是在结尾处,女性在场与不在场之间的叙事场景切换,仍然透视出了50年代初期白人中产阶级男性的主体意识焦虑。

总览海明威与20世纪上半期美国现代化进程中性别政治之间的文学互动过程,作为一个具有跨时空魅力的伟大作家,他的性别意识虽然不乏美

---

① [美]海明威:《春潮·老人与海》,吴劳译,上海:上海译文出版社,2000年,第218—219页。

国主流社会白人男性的男权观念局限,但已经超出简单化的男女二元对立、性别界限分明的传统认知,折射出美国现代化进程中的性别政治问题的复杂性。

第三节 "准则英雄"与种族政治

种族政治问题是文化多元的美国社会的一个历史痼疾。海明威的创作与 20 世纪上半期美国社会现代化进程中的种族政治冲突紧密相连,主要表现为:第一,主流社会对 WASP 以外的"他者"持歧视态度的种族形象套话在他的小说中留下了或隐或显的印记;第二,海明威对印第安人、黑人、犹太人等危及中产阶级社会秩序稳定性的"他者"充满抵制情绪,同时又质疑白人社会种族政治话语的公正性;第三,海明威自身的白人清教徒文化精英意识始终制约着他的价值认同与文学话语,他在审美层面上召唤与"他者"共在的前现代社会自然和谐生活,却反对以回归原始来对抗现代化的文化原始主义,并以直面现代性冲突、与商业文化保持疏离的"准则英雄"反拨之。"准则英雄"身上有鲜明的美国主流社会"白人性"烙印。

国内学界有学者认为,海明威早期小说《太阳照常升起》中的主要人物杰克、勃莱特是第一次世界大战之后失去理想的"迷惘者""反英雄",在后来创作的《丧钟为谁而鸣》和《老人与海》中,主人公乔丹、圣地亚哥摆脱了早期主人公身上的迷惘、失望情绪,成为打不败的硬汉子。[①] 笔者注意到,与国内学界观点不同的是,在《太阳照常升起》问世之初,最早对海明威作出正面评价的美国批评家埃德蒙·威尔逊就指出,小说男女主人公身上散发出迷惘、伤感情绪的同时,也体现出一种积极的品格,他们试图寻求一种能够保持人性尊严的生活方式。20 世纪 40 年代,威尔逊进一步称杰克是一个在痛苦中坚守操行准则(code)的人。[②] 20 世纪 50 年代,菲利普·扬教授在他的第一本海明威研究专

---

① 参见董衡巽主编:《美国文学简史》,北京:人民文学出版社,2003 年,第 374—380 页;郑克鲁主编:《外国文学史》(下),北京:高等教育出版社,1999 年,第 60—63 页。

② James Nagel ed., *Critical Essays on Ernest Hemingway's The Sun Also Rises*, New York: G. K. Hall & Co, 1995. pp. 4—5.

著中发展了威尔逊的准则一说,把杰克和罗梅罗界定为"准则英雄"(code hero)。① 遗憾的是,威尔逊和扬都没有对海明威小说主人公坚守的"准则"内涵、成因以及这种准则与外部世界、他人的冲突作出具体、深入的阐释,而这正是笔者探讨"准则英雄"与种族政治关系的起点。

有学者曾经指出,"学术发展到一定的阶段,我们往往不仅会对所研究的对象是什么感兴趣,而且还想知道它为何如此这般,还想知道那深藏在事物的背后、深藏在我们认识的背后的道理,也就是说,想提升到一个'meta'的层面,对我们已有认识的成因发问——从而对我们之所以会有现在的认识作出一番解释"②。在此意义上,笔者以为,只有厘清海明威与20世纪初期美国现代化历史进程中诸多现代性冲突话语的错综复杂关系,才能对海明威小说主人公的"迷惘"和"准则"作出深度阐释。下面笔者将从分析 WASP 与美国本土的少数族裔、新移民之间的政治、经济、文化冲突入手,探究海明威早期小说创作与美国现代化进程中的种族政治之间,海明威的"准则英雄"所代表的"白人性"(whiteness)特质与印第安人、黑人、西班牙人这些"他者"的"他者性"(otherness)之间错综复杂的关系纠结,以图将对海明威小说主人公的"迷惘"与"准则"何以如此的认识穷究到"meta"的层面。

一

众所周知,美国是一个移民国家。然而,在这个"人人生而平等"的多民族国家里,各个种族的地位并非完全平等,种族冲突是其由来已久的一个政治痼疾,而文化多元主义只是 20 世纪 80 年代才走进美国寻常百姓家的一个概念。③ 历史表明,从美国独立到 20 世纪初期,出身是北欧白人的新教徒,即所谓的 WASP 占据了美国社会的主流地位。20 世纪初期,保守的共和党人参议员亨利・卡波特・洛奇宣称,"在过去几个世纪中,各种族已经完成了最佳组合,这就是撒克逊人、盎格鲁人、朱诺人以及诺曼人和凯尔特人结合而成的

---

① Philip Young, *Ernest Hemingway*, Minneapolis: University of Minnesota Press, 1973, p. 13.
② 盛宁:《"解构":在不同文类的文本间穿行》,《外国文学评论》2005 年第 3 期,第 116 页。
③ 陆建德:《文化多元:彩虹还是虚象?》,参见陆建德:《破旧思想体系的残编》,北京:北京大学出版社,2001 年,第 337、341 页。

英格兰民族","新大陆民族的形成不过是来自旧大陆这些种族的重新组合，1880年后涌入的不同血统的移民损害了这种组合的优秀品质"。① 也就是说，WASP才是血统纯正优秀的美国人，他们在上帝赐予的福地新大陆享有优先权。19世纪末20世纪初，伴随着美国迅猛推进的现代化历史进程，大量的东南欧、亚洲移民涌入美国。与此前给美国带来钢铁、纺织等工业技术的西北欧技术性移民不同的是，新移民多是来自社会底层的劳动者，接受教育的程度普遍偏低，他们与美国当地人在劳动就业、宗教信仰、民族文化习俗等各个方面都产生了激烈的冲突。美国的WASP普遍认为，新移民正在侵入他们原本享有优先权的福地来碰运气，并危及白人主流社会秩序的稳定性，由此滋生出越来越普遍的排外情绪。

在20世纪初期的现代化进程中，美国本土的黑人、印第安人、女性要求合法权利的斗争也对白人主流社会秩序的稳定性构成了威胁。比如，1905年6月，为了抵制由北欧白人控制的美国劳工联合会（美国劳工联合会是1886年成立的熟练工人工会联合组织，由北欧白人控制，将其他产业工人排斥在外）的种族、性别歧视立场，被劳工联合会排斥的新移民、有色人种、女工联合起来，在芝加哥成立了世界产业工人联合会。世界产业工人联合会的目标是：不分性别、种族和技能，把所有产业的所有工人组成一个大联盟，采取"直接行动"（即工人们为了争取自己的权益而直接举行的罢工）。此后，世界产业工人联合会不懈地为新移民、有色人种、女性争取权利。在此历史语境中，WASP白人男性的排外情绪不可避免地与对国内有色人种、女性的排斥纠结在一起。换句话说，新移民、有色人种、女性共同构成了危及WASP男性主体身份优越感的"他者"，是造成WASP男性的主体身份焦虑、心理恐慌的根本成因。

在上述种族政治冲突背景下，为了维护白人主流社会秩序的稳定性，美国政府改变了19世纪80年代之前实行的完全自由的移民政策，在1882年之后，以避免接受不受欢迎的移民为由，相继在各个州出台了一系列限制新移民入境的措施，抵制东南欧和亚洲移民进入美国。与此同时，一些优生学家则以

---

① 邓蜀生：《美国历史与美国人》，北京：人民出版社，1993年，第230页。

优生学理论为依据,鼓吹 WASP 种族优越论,诋毁新移民和有色人种。其时,美国的种族优生学家与欧洲的种族优越论鼓吹者遥相呼应,将奥地利遗传学家孟德尔根据豌豆的高矮、种子的形状和颜色来推断其主导遗传特质的孟德尔法则运用到人类的遗传研究中来,宣扬所谓科学的种族主义。美国优生学研究会官员、移民限制联合会的副主席麦迪逊·格兰特声称:"从一个人的身高、肤色、头骨和鼻子的形状、眼睛的颜色、头发的颜色等,可以预知其性情和精神特质。"[1]于是,优生学者、立法者、政府官员以优生学为科学理论依据,为祖先是北欧白人的美国人确立了比东南欧移民、有色人种等"他者"更优越的形象和地位。他们拥有洁白的皮肤、金黄的头发、挺直的鼻梁、强健的身体、出色的智慧和理性、良好的道德品质等优秀的"白人性"特质,与之形成对照的东南欧移民、有色人种等"他者性"特质则是低劣的:如高山型、地中海型人种又矮又黑的外形与其感情的冲动、身体的放纵、心理上和道德上的混乱、无定性等野蛮、粗鄙特质是一致的。上述 WASP 的种族优越感和对东南欧、亚洲移民、有色人种等"他者"的种族歧视与偏见渗透在 20 世纪初期的美国文学和大众文化中,形成了此一时期有关北欧裔白人形象和东南欧新移民、有色人种等他者形象的流行套话。

纵览 20 世纪初期美国流行的小说、报刊和电影,我们可以发现,高贵、智慧、富有道德责任感、保护白人妇女、捍卫文明秩序的白人勇士形象与野蛮、愚昧、道德责任匮乏、对北欧白人构成威胁的少数族裔形象形成鲜明的对照。比如,埃德加·里斯·巴勒斯(Edgar Rice Burroughs,1875—1950)创作的长篇小说《人猿泰山》中的人物形象就是依据上述种族形象套话来刻画的。小说中的主人公泰山虽然自幼父母双亡,由西非丛林里的母猿卡娜抚养长大,但是,他体内流淌的英国贵族血液却注定了他是一个天资优秀、人格高贵、富有理性智慧和强烈的道德责任感的白人勇士。成人后的人猿泰山走出非洲丛林,重返文明世界,成为征服野蛮人、拯救白人妇女、捍卫西方文明秩序的大英雄。由于泰山形象受到美国大众的普遍喜爱,巴勒斯在 1914 年推出《人猿泰山》第

---

[1] Betsy L. Nies, *Eugenic Fantasies: Racial Ideology in the Literature and Popular Culture of the 1920's*, New York & London: Routledge, 2002, pp.19—21.

一部后,又相继出版了多部后续之作,最终形成 24 辑系列小说。与此同时,由该小说改编的同名电影也极受欢迎。事实上,新白人勇士泰山之所以会在美国大众文化中走红,其根本原因恐怕就在于《人猿泰山》征服野蛮、捍卫西方文明的叙事结构与美国主流社会的种族文化心理结构是同构的。

  在对 20 世纪初期美国的种族政治冲突及其在流行文化中的体现做了上述梳理后,我们再来细察海明威的早期创作就会发现,此一时期流行的种族形象套话在他的小说中也留下了或隐或显的印记。在海明威的早期创作中,涉及印第安人、黑人、犹太人等非 WASP 美国人形象的小说有:《印第安人营地》《医生与医生太太》《十个印第安人》《现在我躺下》《怀俄明葡萄酒》《两代父子》《印第安人搬走了》《最后一方净土》,长篇小说《春潮》《太阳照常升起》等。在上述小说中,有色人种、犹太人形象的基本定位往往是白人叙述者眼里的"他者",而在白人叙述者看来,这些"他者"的生活总是与混乱、懒惰、放纵、道德责任感匮乏等联系在一起。比如:在《十个印第安人》中,在独立纪念日庆祝活动中,尼克搭乔·加纳的马车回家,一路上碰到了九个醉卧在车辙里的印第安人。第十个印第安人是尼克的女朋友普罗登斯·米切尔。尼克虽然喜欢普罗登斯,在白人中间却拒绝承认自己有一个印第安女朋友。回到家后,尼克的父亲告诉他白天曾看到弗兰克与普罗登斯在树林里搞在一起。尼克痛苦得心都碎了。这个故事里的印第安男人全都喝得烂醉,印第安女人则放荡、不忠于爱情。在《怀俄明葡萄酒》中,方丹太太的儿媳是个印第安女人,体重 225 磅,不干活,不煮饭,不能生孩子,嘴里还老是挂着狗娘养之之类的粗话。方丹太太对这个懒惰、放纵、粗俗的印第安儿媳十分不满。《最后一方净土》中的塔贝肖太太同样也是一个懒惰、放纵的印第安女人。她在七月四日耽于玩乐,错过了卖篮子的好时机。尼克家的白人女佣苏珊建议塔贝肖太太到旅馆去,把篮子卖给游客,她却抱怨路程太远。在海明威的成名作《太阳照常升起》中,也出现了白人眼中的黑人和犹太人角色。小说中先后两次出现过黑人角色。第一次是在小说第七章,杰克和勃莱特走进泽利咖啡馆跳舞,乐队的鼓手是一位黑人。第二次是在小说的第八章,杰克的美国朋友比尔从奥地利归来讲述了一个黑人与白人进行拳击比赛的故事。在小说的英文本中,海明威使用的都是"nigger"(黑鬼)这一带有种族歧视色彩的称呼来叙述黑人角色,但是中译本皆译为黑人,滤除了小说原文语言中的种族歧视色彩。① 实际上,比尔所讲述的"黑鬼"与白人拳击手比赛的故事已经透视出当时欧洲白人对黑人的排斥情绪有多么强烈,以至于拳赛主办方在赛前就规定"黑鬼"拳击手不能击败白人拳击手。当看到黑人在比赛中赢了白人时,全场观众竟愤怒地将比赛场地砸了。比尔讲述的故事虽然是发生在欧洲,事实上,在20世纪初期的美国,很多公众空间都将白人和黑人隔离开来,白人对黑人的歧视情绪有过之而无不及。

《太阳照常升起》中着墨较多的少数族裔形象是犹太人科恩。从小说的整体叙述基调来看,科恩身上体现出强烈的令白人反感的"他者性"特征。在小说开篇第一段,杰克的叙述就将科恩划归他者范畴。科恩虽然出身于富有的犹太家庭,在普林斯顿读书期间因为读书勤奋而戴上眼镜,还一度成为学校的中量级拳击冠军,但是,杰克却说"我没见过他班上的同学还有谁记得他的。他们甚至不记得他曾是中量级拳击冠军"②。将杰克的叙述还原到美国20世纪20年代的排犹语境中,就不难分辨其中所包含的抵制心理。正是杰克内心深处的抵制心理,导致他对科恩外貌的描述集中在这个"他者"富有种族特质的鼻子上。杰克先是向读者介绍科恩在与拳击强手交锋时被打扁了鼻子,接着又运用极具嘲讽意味的语调说被打扁了的鼻子"给了他某种异样的满足",因为这一击确实"改良"了他的鼻子(原文为 it certainly improved his nose,中译本译作"确实使他的鼻子变得好看些")。犹太人科恩的鼻子被强手打扁后得以"improved",也就是说其犹太性种族特质被攻击后得以改良,此中包含的种族抵制和歧视意味实在是太明显。接下来,以遣词造句含蓄著称的海明威在下一段中再次拿科恩的鼻子开涮:

> 我始终怀疑罗伯特科恩大概从来也没有当过中量级拳击冠军,也许有匹马曾踩过他的脸,要不,也许他母亲怀胎时受过惊吓或者看见过什么

---

① 英文本见 Ernest Hemingway, *Fiesta*: *The Sun Also Rises*, London: The Random House Group Ltd., 1994, pp. 55, 62—63。中译本参见[美]海明威:《太阳照常升起》,赵静男译,上海:上海译文出版社,2000年,第70、78—79页。

② [美]海明威:《太阳照常升起》,赵静男译,上海:上海译文出版社,2000年,第4—5页。下文中引用同一个中译本时,只在括号内注明中译本页码,不再一一加注。

怪物，要不，也许他小时候曾撞在什么东西上，不过他这段经历终于有人从斯拜德·凯利那里给我得到证实。（中译本第5页）

海明威在小说开篇就将审视他者的目光集中在科恩的鼻子上，这一细节很容易让人联想到德国纳粹曾经用尺子测量人鼻子的高度以判定这个人是否有犹太血统，其种族歧视倾向不言而喻。与此形成对比的是，八十一年后的2007年，奥斯卡影后哈莉·贝瑞在接受一个著名的电视访谈脱口秀节目采访时，对着主持人向她展示的一张夸大其鼻子的电脑肖像漫画，不加斟酌地笑说自己看起来像犹太表姐。哈莉的话一出口，立刻触动了主持人和观众的种族政治敏感神经，遭到众人非议。哈莉不仅当即检讨致歉，还忧心自己的演艺前景会否受此无意识的种族歧视语言影响。对犹太人鼻子问题的这种不同态度不仅可以透视出当下美国主流社会在种族政治正确意识方面的自觉程度，同样可以折射出20世纪20年代美国白人排斥、歧视犹太人的种族政治话语是多么普遍，以至于海明威可以在小说中毫无顾忌地调侃犹太人的鼻子。事实上，科恩在小说中的基本定位自始至终都是一个令人讨厌的"他者"。作为犹太移民的后代，他一直在为获得白人主流社会认同而努力——在常春藤名校普林斯顿大学勤奋读书、苦习拳击，毕业后资助并编辑过文艺评论杂志、出版过一本小说，在巴黎追求有教养和头衔的勃莱特，并忠心扮演浪漫骑士，但是，科恩故事的讲述者杰克及其小团体却始终歧视、排斥他。作为一个被讲述的"他者"，科恩始终是杰克一伙人厌烦、嘲讽的对象。比如：杰克叙述科恩初次见到勃莱特时"活像他那位同胞看到上帝赐给他的土地时的神情"（中译本第24页），讽刺他见到有教养、有头衔的白人妇女就像昔日亚伯拉罕见到上帝赐予的流着奶与蜜的迦南一样；在西班牙看斗牛期间，科恩一直以保护勃莱特的浪漫骑士自居，却因此遭到小团体中所有白人的厌恶和排斥，迈克甚至公开对他说："你以为你是属于我们这一伙的？""当人家嫌你的时候，你怎么就察觉不到呢，科恩，走吧，看在上帝分上，带走你那忧伤的犹太面孔。"（中译本第194页）从小说中的叙述来看，杰克、伯爵、迈克、罗梅罗等几位白人男性先后在不同的情境中以勃莱特的追求者、庇护者出现，问题是他们之间并不互相排斥，但是他们却都鄙视、排斥科恩。这种叙事设置隐含着对"他者"的种族抵制意识，并在斗牛狂欢节期间激化为一场直接以拳头来表达的尖锐冲突。在小说

第十七章,当科恩得知勃莱特跟罗梅罗在一起的消息后,对介绍他们认识的杰克大打出手,迈克也介入到这场拳头冲突中来。最后,在与罗梅罗的较量中,科恩哭着败下阵来。表面看来,这是一场年轻男人围绕着勃莱特而展开的争风吃醋的拳头争斗,但是如果仔细深究就会发现,在这场冲突中,杰克、迈克、罗梅罗却是彼此认同的同盟军,科恩则是他们共同的对手。迈克在酒后曾借题发挥当面侮辱科恩,说他是一头一天到晚围着勃莱特转悠的犍牛。迈克的话虽然刻薄无礼,却道出了科恩在白人世界里的真实处境,即在努力寻求社会身份认同的过程中,他却始终无法改变其犹太"他者"被抵制、排斥的种族宿命。

结构主义马克思主义文学批评家哥特曼指出,文学作品不是个人天才的创造物,而是作家所属的社会集团的"超个人的精神结构"(trans-individual mental structures)的创造,即那个集团共有的观念、价值、理想的结构的体现。越是杰出的作品也越能清楚地表达他所属的社会集团的世界观或集体意识。[①] 在此意义上,笔者以为,虽然我们不能以海明威早期小说中的种族形象套话为据断定他本人就是一个对"他者"存有顽固偏见的种族主义者,但是,作为一个在中产阶级清教家庭中成长起来的白人作家,WASP 的种族政治观念在他的作品中留下了深深的烙印。透过海明威早期的短篇小说和《太阳照常升起》中有关印第安人、黑人和犹太人的"他者"叙述,读者可以认识到在 20 世纪 20 年代美国的种族政治话语中,排斥"他者"的种族主义情绪是多么强烈。

二

20 世纪初期,为缓解现代化进程中的种族政治冲突,美国政府在对外推行限制移民政策的同时,在国内则加强对有色人种和外来移民的同化措施,著名的"大熔炉"理论就是在此一时期产生的。"熔炉"(the melting pot)一词源自移民美国的英国犹太人伊斯雷尔·赞格威尔的同名剧本。1909 年,赞格威尔在《熔炉》一剧中通过主人公之口宣称:"美国是上帝的坩埚,一个伟大的熔

---

① 刘象愚主编:《外国文论简史》,北京:北京大学出版社,2005 年,第 399 页。

炉,欧洲各个种族得到冶炼和重铸。……德国人和法国人,爱尔兰人和英吉利人,犹太人和俄国人——都来投入上帝的坩埚中吧!上帝在制造美国人。"①问题是,各个种族赖以同化的美国人标准是什么?美国第26任总统西奥多·罗斯福认为:"在坩埚里熔化成的一种新类型是在1776—1789年成型的,华盛顿时代的人们已经把我们的民族的一切要素都确定下来了。"②也就是说,美国人是以 WASP 的"白人性"(whiteness)特质为标准的,熔炉策略就是要把其他种族的"他者性"熔化掉,将其同一化为 WASP 所代表的美国性。1915年,威尔逊总统在费城归化公民大会上致词时宣称:"一个认为自己是属于在美国的特别民族集团的人,就还没有成为美国人。"③由此可见,在20世纪初期的"大熔炉"里熔铸出来的现代种族政治本身就具有两面性:一方面,向 WASP 以外的有色人种、新移民敞开怀抱的大熔炉意味着美国的种族政治向着多元共存的现代民主政治迈进,另一方面,在种族政治现代化、民主化的历史进程中,有色人种和新移民在获得达标美国公民身份的同时,其自身的"他者"种族主体性却逐渐丧失,上述两方面的矛盾冲突注定了20世纪初期美国种族政治话语内涵的复杂性。作为一位天才的年轻作家,海明威在自己的早期作品中自觉或不自觉地呈现 WASP 对他者的种族偏见的同时,又以其特有的文学敏感和敏锐的现实洞察力,揭示出美国种族政治冲突的复杂性一面。

  细读海明威的早期小说就不难发现,海明威对印第安人、黑人、犹太人等他者表现出一种变化不定的矛盾心理:有时候他笔下的他者叙事与美国主流社会流行的充满种族歧视色彩的他者形象套话完全相合,像短篇小说中生活混乱、懒惰、放纵、道德责任感匮乏的印第安人,《太阳照常升起》中的"黑鬼"、被打扁了鼻子的犹太人科恩等,白人叙述者对这些危及中产阶级白人社会秩序稳定性的他者充满了抵制情绪;与此同时,他又不断地在叙事过程中质疑白人社会种族政治话语的公正性,揭示出犹太人、有色人种在现代美国社会的大熔炉中自觉或被动熔化为美国化的犹太人、印第安人、黑人的艰难生存境遇。

---

① 邓蜀生:《美国历史与美国人》,北京:人民出版社,1993年,第231页。
② 同上书,第216—217页。
③ 同上书,第232页。

笔者以为,正是这些看似不确定的他者叙事透视出海明威对 20 世纪初期美国种族政治冲突复杂性的文学把握能力。

在《太阳照常升起》中,海明威对犹太人科恩的态度就值得深究。毋庸讳言,小说中不乏对科恩的种族歧视和偏见。但是,叙述人杰克又在对科恩这个他者应该持歧视、抵制还是同情、辩护的态度上流露出不确定性、模糊性。当迈克以刻薄的态度当面羞辱科恩,以毫不掩饰的种族主义偏见攻击科恩的犹太性时,杰克的内心感受十分复杂:

> 我喜欢看他伤害科恩。但是,我又希望他不要那样做,因为事后会使我厌恶自己。这就是道德:事后会引起你厌恶自己。不,那该是不道德的行为。(中译本第 163 页)

杰克对科恩态度的这种不确定性表明,作为一个 WASP 作家,海明威虽然在小说中注入了太多鲜明的种族歧视言论,但他又站在一个与种族主义者拉开距离的批评者立场上质疑白人种族政治立场的公正性,甚至能够对时代的种族政治进行伦理反思。正是基于一种消弭了种族偏见的公正伦理,杰克在节日前走进教堂,为包括科恩在内的友人——祈祷。

海明威对美国现代种族政治公正性的质疑和反思更直接地体现在一些以印第安人的生活为素材的小说中,像《印第安人搬走了》《印第安人营地》《春潮》等。在上述作品中,海明威揭示出印第安人在美国社会工业化、都市化的历史进程中是怎样被剥夺了土地和原有的生活方式,最终不得不被动熔化为民族文化主体性不保的美国化印第安人的现代生存困境。

在短篇小说《印第安人搬走了》中,通过白人少年尼克的叙述,读者可以了解印第安人被迫从自己的土地上搬走的历史过程。在小说中,尼克是这样讲述的:

> 印第安人没有发迹的。从前有——那是拥有和经营农场的老印第安人,他们又老又胖,有许多子女和儿孙。像住在霍顿斯湾经营农场的西蒙格林就是这样的印第安人。不过,西蒙格林死了,他的子女已经卖掉农场,分了钱款,到别处去了。①

---

① [美]海明威:《印第安人搬走了》,董衡巽译,参见[美]海明威:《老人与海》,董衡巽等译,桂林:漓江出版社,1991 年,第 25 页。

格林的子女卖农场时连一半的钱也没有拿到手。格林的一个儿子想继续务农,又买了一块土地,其他两个儿子买下了一家赌场。但是,在白人控制的现代商业社会中,他们不善经营竞争之道,都亏了本,又把它们卖掉了。"印第安人就是这样走的。"海明威的文学叙事对应的是19世纪末20世纪初美国政府强行实施《道斯土地专有权法》,使得印第安人失去公有的"保护区土地"的历史过程。1830年5月28日,杰克逊总统签署一项法令,规定对所有印第安人在密西西比河以西实行强制定居。[①] 自此以后,美国政府强迫所有印第安人迁移到密西西比河以西的"大平原"保留地内。所谓"大平原"指落基山脉与密西西比河之间的大片野牛栖息地,白人移民称之为"美利坚大沙漠"。在执行迁移政策时,联邦政府曾经向被迫迁移的印第安人承诺,迁移到大平原是最后的迁移,只要草还在长,水还在流,土地就永远是印第安人的。但是,从1874年至1894年,美国政府同印第安人缔结过720项土地转让条约。[②] 1887年,国会通过《道斯土地专有权法》,授权总统废止印第安部落管理制和公社土地所有制,强行将原有的公有地分配给每一个部落成员。[③] 美国政府企图通过这种分地法迫使印第安人改变传统的生活方式,成为农夫或小农场主。由于这一政策的推行,印第安人失去了9000万英亩的土地。一些印第安部落的社会结构慢慢解体,习惯于群居的印第安人不得不尝试一种以家庭为单位的农耕生活。印第安人名义上获得了受美国法律保护的个体生存权益,但是在推崇占有性个人主义和工具理性的现代商业社会中,信仰自然和谐与部落集体利益的印第安人无一能在商业竞争中取得成功。陆建德先生在论及《道斯土地专有权法》对印第安人生活所产生的影响时指出:"失去了原有的生活方式和部落集体的依凭,印第安文化奄奄一息。"[④]

海明威在短篇小说《印第安人营地》中对印第安人现代生存境遇的揭示

---

① [美]加尔文·D.林顿编著:《美国两百年大事记》,谢延光、储复耘等译,上海:上海译文出版社,1984年,第102页。
② 邓蜀生:《美国历史与美国人》,北京:人民出版社,1993年,第294页。
③ [美]加尔文·D.林顿编著:《美国两百年大事记》,谢延光、储复耘等译,上海:上海译文出版社,1984年,第243页。
④ 陆建德:《文化多元:彩虹还是虚象?》,参见陆建德:《破旧思想体系的残编》,北京:北京大学出版社,2001年,第341页。

更具隐喻意味。小说叙述尼克跟随他的父亲和乔治叔叔乘船去印第安人营地出急诊。一位印第安妇女难产,必须立即做剖腹手术。在没有手术刀,没有麻醉药的情况下,尼克的父亲当机立断,用一把印第安人砍柴的大折刀为产妇做剖腹手术。手术成功了,尼克的父亲为自己出色的技术和坚强的意志而洋洋得意。但是,当新生儿来到这个世界上时,印第安男人却因忍受不了妻子难产的痛苦用剃刀割破喉管自杀了。这个结果令尼克的父亲感到十分沮丧。

仔细辨析,这篇小说的叙事结构和叙事场景都十分耐人寻味。故事的开篇是这样写的:

> 又一条划船拉上了湖岸。两个印第安人站在湖边等待着。①

在海明威烙有白人种族记忆的文化心理结构中,这一场景描写似乎与尼克的先祖在北美登陆的历史场景相合。众所周知,印第安人是北美大陆上最早居民。1620年,白人清教徒乘着"五月花号"来到北美大陆,在这块原本属于印第安人的土地上建立了白人的国家。回顾历史,就欧洲白人和印第安人的关系而言,美利坚合众国的现代化过程也就是印第安人被杀戮、被剥夺的过程。300年过去后,美国发展为世界第一强国,国会于1924年6月15日正式颁布法令,宣称所有在美国出生的土著印第安人均为美国公民。② 认可印第安人为合法公民的法令颁布之后,美国政府采取了一系列同化印第安人的政策。值得注意的是,政府的同化目标不是所有的印第安人,而是新一代印第安人。联邦政府拨款开办印第安学童寄宿学校,学校里只讲授英语,不讲授印第安本部族语言,甚至学童的服装和宗教仪式也要放弃本部族特点。受过初级教育的学童可以选送到保留地公立中学学习。公立中学原则上虽然实行双语教学,目的却在于培养懂部落语言的行政管理人员。因此,在现代社会中,只有那些从语言文化到生存方式都全面美国化、现代化了的印第安人才能抓

---

① [美]海明威:《印第安人营地》,玉澄译,参见[美]海明威:《海明威文集·短篇小说全集》(上册),上海:上海译文出版社,1999年,第109页。
② [美]加尔文·D. 林顿编著:《美国两百年大事记》,谢延光、储复耘等译,上海:上海译文出版社,1984年,第318页。

住新生的历史机遇,而那些与印第安文化传统紧密相连的父辈却被不断地去势,直至弱化为在历史叙述中"无法表述自己",并且"必须被别人表述"的悲剧角色。①

将海明威的《印第安人营地》置于上述历史语境中,再来解读白人医生到印第安人营地出诊的故事,我们就可以更深入地理解该故事的种族政治寓意。其一,在白人控制的美国社会中,不能真正完成美国化、现代化公民角色转化的印第安人遭到主流社会的排斥,陷入生存艰难的边缘境地。小说中的印第安人居住在简陋的棚屋里,依靠在林地里为白人砍伐树木、剥树皮为生。男人在砍伐树木时受了伤,虚弱无力地躺在床上。他的妻子生孩子难产,尖声痛叫两天,印第安男人却没有能力保护他的妻子免受痛苦的折磨;其二,印第安人在现代社会中的合法公民权利必得经由白人代表的西方人道主义传统和现代科学理性来兑现。回到小说开篇的叙事场景,300 年前乘坐"五月花号"上岸的白人曾经遭到印第安人强有力地抵抗,300 年过去后,印第安人虽然获得了白人恩赐的合法公民权利,却不得不划着船来请求白人的救助和庇护。在小说中,一白一红的两位父亲形象也构成了颇具象征意味的对比。印第安男人身体受伤,虚弱无力地躺在床上,听任自己的妻子在痛苦中尖叫却无能为力。当他的儿子来到这个世界上时,他在痛苦中选择了退场。与虚弱无力、最终退场的印第安父亲形象形成对比的是,尼克的父亲则是一个代表着西方人道主义传统和现代科学理性权威的白人。他以自己出色的医学技术,坚强的角色意志,在没有手术刀、没有麻醉药的情况下,用一把印第安人砍柴用的大折刀成功地为产妇做了剖腹手术,使印第安男婴得以顺利诞生。在这个故事中,一白一红、一强一弱的两个父亲形象构成了一种表面看来是保护与被保护,实际上却是控制与被控制的关系。在美国政府为印第安人圈定的营地里,如果没

---

① 马克思在《路易·波拿巴的雾月十八日》中论及迷信波拿巴王朝统治的法国小农时说:"他们不能代表自己,一定要别人来代表他们。他们的代表一定要同时是他们的主宰,是高高站在他们上面的权威,是不受限制的政府权力,这种权力保护他们不受其他阶级侵犯,并从上面赐给他们阳光和水。"参见中共中央马克思恩格斯列宁斯大林著作编译局编:《马克思恩格斯选集》第一卷下,北京:人民出版社,1975年,第 693 页。萨义德的著作《东方学》引用马克思的这段话作为题记,中文本译作"他们无法表述自己;他们必须被别人表述"。参见[美]爱德华·W. 萨义德:《东方学》,王宇根译,北京:生活·读书·新知三联书店,1999 年。

有与白人医生共在的现代科学理性提供的生存保障,没有白人广施慈善的人道主义责任心,印第安妇女的生命、印第安男婴的诞生都无从谈起。问题是,当一个种族的生存完全受制于另一个富有权威力量的民族的保护和控制时,这个种族的主体性焉存?

综上所述,海明威在其早期的文学文本中对美国20世纪初期种族政治冲突的文学观照是十分复杂的。他在自觉或不自觉地向读者呈现白人主流社会对他者的种族主义抵制、排斥情绪的同时,又自觉地与美国主流的种族政治立场拉开距离,以批判性的眼光审视、反思美国大熔炉政策的历史公正性,揭示出美国现代种族政治一方面认可有色人种和新移民等"他者"在美国的合法生存权利,另一方面又阉割他者种族文化身份主体性的双重性实质。

三

尽管海明威与美国现代化进程中的种族政治之间的关系错综复杂,但是,他自身的 WASP 中产阶级生活经验与白人清教徒文化精英意识始终制约着他的自我价值认同抉择与文学话语建构。在他早期的文学创作中,主要表现在以下三个方面:

第一,海明威是伴随着美国的工业化、都市化进程成长的,早年的小城镇与农场生活经验在他的心灵中留下了永不褪色的美好记忆。在其成年后的生活和创作中,他总是自觉地与现代化发展进程中的主流社会保持疏离关系,将生存栖居的诗意寄托于一个与大自然和谐共处、没有被现代商业文明侵染的边缘或异域的他者文化空间,表达自己对工业化、都市化进程中渐去渐远的前现代社会自然和谐生活的审美召唤。在他的小说中,对印第安人代表的与大自然和谐共处生活的描述缘自他的早年生活记忆,但是,从种族政治的视角来看,印第安人不过是现代化进程中渐去渐远的前现代记忆和审美召唤而已。

海明威对前现代社会自然和谐生活的审美召唤可以追溯至他的早年生活体验。他的童年和青少年时代是在美国中西部的橡树园镇和密歇根北部的瓦隆湖畔度过的。父亲经常带小海明威去从事钓鱼、打猎、种地等户外运动,使他从小就培养起对大自然的热爱之情。海明威的父亲在瓦隆湖畔有一座别墅,别墅后面有一条沙土小路,一直通往树林中的印第安人营地。印第安人那种自由自在、与大自然和谐共处的生活方式更是给他留下了终生难忘的美好记忆。海明威把自己早年与印第安人接触的生活体验写进了以白人少年尼克为叙述主体的短篇小说中。在这些小说中,印第安人与大自然浑然一体的生活与密歇根北部的森林、湖畔一起出现在尼克从少年到成年的成长背景中,同20世纪初期美国社会飞速发展的工业化、都市化场景形成对照。美国海明威研究专家皮特·海斯指出:"在海明威看来,印第安人意味着在瓦隆湖畔度过的无忧无虑的少年时代,户外的自由生活,没有压抑的、开放的性行为,不管这一切是真实的还是想象的。"① 也就是说,在海明威的小说中,印第安人的生活在某种程度上是作为在现代社会中逝去了的前工业社会自然和谐生活的隐喻而出现的。比如,在《两代父子》中,已经是38岁的尼克带儿子离开热闹的城市去打飞鸟,回忆起从前在家乡度过的美好时光。当年"那里的树林还挺茂密,而且都还是原始林,树干都长到老高才分出枝牙来,你在林子里走,脚下尽是一片褐色的松软的松针,干干净净。"跨过架着独木桥的林中小溪,穿过树林,是一片牧场,再转过一条蜿蜒曲折的沙土小径,进入山上的青松林,就到了印第安人营地。最令他难以忘怀的是,他和印第安姑娘特萝迪在印第安人营地后面的青松林里获得的第一次性经验:

> 那种不安,那种亲热,那种甜蜜,那种滋润,那种温存,那种体贴,那种刺激?……那种无限圆满、无限完美的境界,那种没有穷尽的、永远没有穷尽的、永远永远也不会有穷尽的境界?可是这些突然一下子都结束了,眼看一只大鸟就像暮色苍茫中的猫头鹰一样飞走了——只是树林子里还是一派天光,留下了许多松针还粘在肚子上。真是刻骨难忘啊,以后你每到一个地方,只要那儿住过印第安人,你就能嗅得出他们留下过踪迹,空药瓶的气味再浓,嗡嗡的苍蝇再多,也压不倒那种香草的气息,那种烟火的气息,还有那另外一种新剥貂皮似的气息。即便听到了挖苦印第安人的玩笑话,看到了苍老干枯的印第安老婆子,这种感觉也不会改变。也不

---

① Peter L. Hays, "Hemingway's Use of a Natural Resource: Indians", See Robert E. Fleming, ed., *Hemingway And The Natural World*, Moscow: University of Idaho Press, 1999, p.52.

怕他们身上渐渐带上了一股令人作呕的香味。也不管他们最后干上了什么营生。他们的归宿如何并不重要。反正他们的结局全都是一样。当年还不错。眼下可不行了。①

　　青少年时期在瓦隆湖畔避暑的海明威的确结交过一些印第安朋友,与他们一起钓鱼、打猎。他的第四任妻子玛丽在自传中也曾经声称,她丈夫的第一次性经验来自一个名字叫普鲁迪·博尔顿的印第安姑娘。但是,我们不能因此就断定尼克的回忆是来自海明威个人的直接经验,笔者更倾向于将尼克的回忆和想象看作是海明威早年密歇根湖畔生活经验的文学升华。正是在此意义上,青松林,铺满褐色松针的土地,与印第安姑娘的甜蜜结合,这一切在尼克的叙述中反复出现的意象、场景、经验,既来自已经逝去的过去,又作为一种永恒的审美召唤,将穿越变迁的时空,不受现代工业文明的侵染,永远活在海明威的精神世界中。由此,我们也可以理解为什么海明威一生都与美国的现代都市喧嚣保持着一种疏离关系,总是选择与大自然更亲近的边缘异域的他者文化空间作为自己的生活和写作处所,比如,西班牙、意大利、古巴、非洲、美国东南部佛罗里达州南端的基韦斯特岛、西北部爱达荷州的凯彻姆小镇等地;为什么相似的风景描写,同样的自然意象,共同的与大自然和谐共存的审美召唤一再出现在他的小说中。比如,在以西班牙内战为素材的长篇小说《丧钟为谁而鸣》中,开篇即描写男主人公乔丹匍匐在树林里积着一层松针的褐色地面上,结尾又写乔丹在为西班牙人民共和国牺牲生命之际,身体紧贴着铺满松针的西班牙大地,用手深情地触摸地上的松针和身边的松树皮,为自己能与西班牙大地融为一体而感到自豪。

　　第二,海明威自身的白人清教徒文化精英意识始终制约着他的自我价值认同选择和文学话语建构,因此,尽管他召唤与他者共在的前现代社会自然和谐生活,却明确反对以回归原始来对抗现代化的文化原始主义。也就是说,海明威自觉或不自觉地在自己的"白人性"与"他者性"之间设置了一道不可跨越的种族文化藩篱。

---

①　海明威:《两代父子》,蔡慧译,引自《海明威文集·短篇小说全集》上册,上海译文出版社,1999年,第562—563页。

海明威本人出生并度过青少年时期的橡树园镇是一个以中产阶级白人清教徒为主、文化上比较保守的小镇,严格的清教信仰和种种清规戒律在人们的生活中居绝对权威地位。海明威的父母都属于纯正的 WASP 血统,他们的信仰和价值观在海明威的种族文化心理结构中留下了深深的烙印,这种烙印在其成年后的文化主体意识建构过程中彰显为一种自觉的文化精英主义意识。究其实质,海明威的精英主义意识实则是对以"白人性"为代表的"美国性"的种族认同方式。在此意义上,他对安德森、劳伦斯等主张到黑人、印第安人的世界中去为被现代化异化扭曲的白人寻求拯救之路的文化原始主义选择持无情的嘲讽态度,这种嘲讽态度具体体现在他戏仿安德森的小说《春潮》中。

如前文所述,安德森可以说是海明威步入美国文坛的第一位引路人。海明威在芝加哥结识安德森时,他已经发表了《小城畸人》(发表于 1919 年,原名直译为《俄亥俄州温士堡镇》,吴岩译为《小城畸人》,上海译文出版社,1983 年),奠定了其在美国文坛的至上地位。他的小说人物不能适应新时代的生活变化,个人心灵在现代社会中受到压抑和扭曲。安德森成名后,追随当时在美国文坛走红的弗洛伊德主义和劳伦斯的感性解放,于 1925 年发表了长篇小说《黑色的笑声》(*Dark Laughter*)。这部小说模仿劳伦斯的性解放主题,表现白人的性生活不如黑人的健康。安德森的小说发表后,海明威于同年感恩节前一周(1925 年 11 月 20 日至 26 日)一口气写出了戏仿小说《春潮》。海明威在《春潮》中讲述了美国白人青年瑜伽·约翰逊在现代社会中心灵受伤,失去性激情,尔后遇到裸体印第安女人怦然而起性冲动的故事。有一天,他与两个偶然相遇的印第安人去一家小饭馆吃饭,饭馆里悄然走进一位赤身裸体的印第安女人。就在裸体女人走进来的那一瞬间,瑜伽觉得,一战的创伤,现代社会的道德败坏,"迷惘的一代"的自我错位,在印第安女人引爆的原始生命力面前都消失得无影无踪。瑜伽脱掉衣服,脱掉现代文明的束缚,赤身裸体地追随着裸体印第安女人投入到还是冰封时节的大自然中,去追求生命的自由和解放。

众所周知,海明威从 1925 年 7 月即开始专注于打造成名作《太阳照常升起》,次年 10 月该小说出版,何以会在此期间分心写作一部戏仿他的文学启蒙老师的《春潮》？笔者以为，将《春潮》和《太阳照常升起》都置于20世纪初期美国社会的种族政治、文化冲突语境中仔细研读，就会发现海明威对安德森的嘲讽，在《太阳照常升起》中倾力打造的"准则英雄"都源自他的种族文化精英意识。固然，传统的白人性在现代社会中遭到压抑和扭曲，但是，海明威对在压抑中见到印第安裸体女人就怦然而起性冲动的白人文化原始主义者却给予毫不留情的嘲讽。

在《春潮》出版后的第二年，英国漩涡画派创始人、作家温德姆·刘易斯于9月份在他的杂志《敌人》上发表的《白种佬》一文中抨击安德森在《黑色的笑声》中赞扬印第安人和黑人的原始情欲，并称颂海明威在《春潮》中的嘲讽。海明威很快就对刘易斯的称颂做出了回应。同年10月，他在写给刘易斯的信中写道："非常高兴你喜欢《春潮》，我以为你在《白种佬》中十分细致地摧毁了对红种人和黑种人的狂热。……劳伦斯，你知道，是安德森当初的上帝——你能在安德森写的东西中看出贯穿着他的影响。……实际上《春潮》以虚构小说的形式和《白种佬》一文起到同样的净化作用。"[①]笔者以为，海明威所说的《春潮》与《白种佬》共同的净化作用道出了文本之外作者的种族文化立场，即作为一个美国主流社会文化精英的种族文化优越感。

第三，与回避现代冲突，到他者所在的原始空间中寻求个体生命解放和救赎的文化原始主义者不同，海明威总是让自己的白人男主人公直面现代化带来的诸多现代性冲突，带着这样或那样的伤痛，在与现代商业文明保持疏离的他者空间中，坚守WASP的传统劳动美德与精神操守，通过战斗、写作、斗牛、钓鱼、打猎、拳击等超凡的个人技艺和坚强的个人意志来建构自我生命的主体意义，显示出一种重压下的优雅风度（grace under pressure），而这就是海明威式的"准则英雄"。

将《春潮》与《太阳照常升起》中的男主人公做一个比较就会发现，"准则英雄"杰克实则是对文化原始主义者瑜伽的一个反拨。瑜伽将自己性挫伤的原因归咎于一战和以巴黎美女的性放纵为标志的现代道德败坏，选择对两个偶

---

① 吴劳：《六天写就的精品，六十年后才获真赏》，参见[美]海明威：《春潮》中译本序言，上海：上海译文出版社，2000年，第7页。

然相遇的印第安人倾诉衷肠,见到裸体的印第安女人则性趣焕发,重获生命自由和解放。相比之下,杰克对自身伤痛的认识要深刻得多,他的自我建构过程也更为复杂、艰难。《太阳照常升起》的手稿资料表明,海明威最初选择西班牙斗牛士做小说主人公,后来又修改为在开头两章讲述勃莱特的故事,最后定稿时前三章的内容分别为:第一章,杰克介绍自己的犹太人朋友科恩的背景资料;第二章,杰克叙述科恩的生活现状、杰克本人的工作情况、杰克对科恩的看法;第三章,杰克遇到妓女乔杰特、穿着时髦的勃莱特、勃莱特的嬉皮士朋友们、科恩等,并在跳舞俱乐部跳舞,以及上述不同身份的人带给杰克的感受。从小说开篇的修改过程来看,海明威由斗牛士罗梅罗再转向新女性勃莱特,最终还是决定由性机能受伤的美国白种男人杰克作为叙述者,并让这个受伤的白人叙述者依次面对犹太人科恩、新女性勃莱特、有同性恋倾向的嬉皮士青年、享乐主义者伯爵和迈克、西班牙斗牛士罗梅罗等人。海明威最终的文学叙述抉择十分耐人寻味。对杰克先后面对的人物身份逐一辨析就会发现:有同性恋倾向的白人嬉皮士、享乐主义者伯爵、破败贵族迈克等可以看作是同一类人,在他们放纵享乐的现代消费生活中,传统的劳动、节俭、克制等"白人性"优秀品德丧失殆尽,因此,杰克对他们的现代生存方式明确表示不认同;对于受伤的叙述者杰克来说,科恩、勃莱特、罗梅罗也可以归为一类,因为在某种意义上说,他们身上既表现出他自己不曾拥有的某种独特魅力,又都是让他的主体性地位感受到威胁的"他者",因此,杰克在面对这几个"他者"时,始终有一种迟疑不决的叙述焦虑,并流露出一种迷惘感伤的情绪。就像海明威研究专家迈克尔·雷诺兹在研究该小说的文学叙事时所指出的:"有一个《哈姆莱特》的电影版本是这样开头的:'这是一个关于犹豫不决的男人的故事。'这种叙事方式与海明威作品中的叙事者——杰克·巴恩斯的叙事方式非常相似。"[①]笔者以为,杰克的焦虑背后潜藏着海明威在传统"白人性"价值观念与"他者性"价值之间寻求自我认同时的两难。比如,在小说的叙事进程中,杰克一方面叙述犹太人移民后裔科恩进普林斯顿大学,穿标志上流社会身份的马球衫,练习拳

---

① Michael S. Reynolds, *The Sun Also Rises—A Novel Of The Twenties*, Boston: Twayne Publishers, 1988, pp. 21, 80.

击,写小说,编杂志,追求高贵的白人妇女勃莱特,努力跻身白人上流社会;另一方面,与科恩的努力进取形成对照的是与勃莱特混在一起的嬉皮男子,传统的"白人性"特质在他们放浪逾矩的现代都市消费享乐生活中已经蜕变为毫无生气的"白手、鬈发和白脸"。杰克对科恩的历史性进取既肯定又抵制,对白人浪子的边缘化蜕变既愤懑又无奈。同样,杰克对勃莱特在两性关系中的角色变化也是持双重态度,理解她的自我解放要求,同时,又为自己的男性权威地位不保而感到痛苦。

与前两者比较,杰克对西班牙和斗牛士罗梅罗的态度就更是复杂。毋庸置疑,杰克对西班牙这个美国以外的他者文化空间有一种特殊感情。根据小说中的叙述,在一战结束后,杰克每年都去潘普洛纳看斗牛。他会讲西班牙语,与巴斯克农民用同一个酒袋喝酒,热爱并懂得西班牙斗牛,被蒙托亚旅馆中的斗牛迷俱乐部看做是"我们中的一个"。但是,当杰克帮助勃莱特腐化斗牛士罗梅罗时,他就成了西班牙斗牛文化的背叛者,并因此遭到蒙托亚的唾弃。耐人寻味的是,勃莱特最终又离开了罗梅罗,理由有二,一是不愿因为自己毁了罗梅罗西班牙文化英雄的前程,二是她不愿意接受罗梅罗的束缚,重新沦为传统的没有自我的淑女角色。笔者以为,海明威让勃莱特离开罗梅罗的深层文化心理动机是不认可罗梅罗来做白人妇女的保护者,虽然他是一个品质优秀的斗牛士,但是,对于来自现代美国的杰克来说,他终究是一个文化意义上的"他者"。因此,在小说的结尾处,海明威还是让注定永远也无法解除身心伤痛的杰克担负起替勃莱特支付账单、抚慰其内心痛苦的保护者角色。由此可见,海明威在《春潮》中极尽嘲讽地塑造了一个矫情感伤、追随裸体印第安女人去寻求感性自由和解放的瑜伽形象之后,又反文化原始主义之道而创作了《太阳照常升起》,打造了一个敢于直面包括白人性与他者性在内的诸多复杂的现代性冲突,负载着历史的伤痛,坚守自己的角色责任的"准则英雄"杰克。

实际上,仔细考察海明威的"准则英雄"杰克,就不难辨认出这一形象实则是传统西方文化和文学中白人勇士形象的现代文学变体,他在现代社会中所坚守的准则烙有鲜明的美国主流社会"白人性"烙印。这种烙印主要体现为:

第一,杰克是小说中唯一坚守劳动伦理的白人男子。作为一个尽责记者,他总是先完成自己的工作任务,之后再去享受度假休闲的快乐。比如,小说第二章,杰克在编辑部紧张地工作了两个多小时,将所有的稿件都发走后,才与一直等候着他的科恩去喝酒。

第二,除却酗酒问题,就劳动收入与消费支出的关系而言,杰克是一个有节制的消费者。小说中提到了杰克的银行结账单,其账户余额为 2432.60 美元。海明威本人曾经声称,在 20 世纪 20 年代的巴黎,每年只需 2500 美元,一个人就可以在巴黎住舒适的旅馆,喝上好的咖啡,去风景名胜区度假。[①] 由此可见,杰克是一个量入为出的消费者,新教徒的节俭美德在他身上或多或少地保留下来。

第三,杰克在 WASP 男性权威受到来自异质文化的他者和新女性挑战的现代社会中,独自承受自己的身心创伤,不放弃为白人妇女提供庇护的角色责任。在小说的叙事进程中,杰克总是忠诚地履行着理解勃莱特的痛苦、包容她的过失、满足她的愿望的传统男性社会性别角色责任。从上述概括中不难看出,在"准则英雄"杰克身上,传统的白人性特质得以延续下来。

通览海明威的文学文本,像杰克一样的"准则英雄"在他的文学世界中一再重现。在开疆拓土的美国新大陆白人硬汉神话已成为昨日记忆的现代社会中,海明威的"准则英雄"们在不被现代商业文明败坏的他者文化空间中,承载着包括 WASP 与他者的种族政治文化冲突在内的诸多错综复杂的现代性冲突带来的全部伤痛,凭借战斗、打猎、钓鱼、拳击、写作等超凡的个人技艺和永不放弃的角色意志,建构起一个个富有苍凉、孤独意味的个人英雄主义神话。通过"准则英雄"们在他者文化空间中超越现代异化和伤痛的孤傲斗争,白人勇士精神、美国硬汉精神得以延续下来,而海明威本人也正是通过游走于他者空间里的生活方式和文学书写奠定了其独特的美国文化英雄地位。与此同时,我们也不应该忽视,"准则英雄"的背景板是美国现代化进程中的种族政治。

---

① Michael S. Reynolds, *The Sun Also Rises—A Novel of The Twenties*, Boston: Twayne Publishers, 1988, p. 80.

第 三 章

海明威小说的美学创造及其阈限

海明威小说的美学创造及其阈限与海明威的异域旅居经历、美国社会的现代化进程紧密相关。1954 年,诺贝尔文学奖颁奖词中对海明威小说的美学创造给出如下评价:

> 他能把一篇短小的故事反复推敲,悉心剪裁,以极简洁的语言,铸入一个较小的模式,使其既凝练,又精当,这样,人们就能获得极鲜明、极深刻的感受,牢牢地把握它要表达的主题,往往在这样的情况下,他的艺术风格便可达到极致。《老人与海》(一九五二)正是体现他这种叙事技巧的典范。[①]

诺贝尔文学奖颁奖词不仅将海明威精致的现代散文艺术概括为"简洁的语言"和"悉心剪裁"的文体,还在开篇即指出,在我们这个时代,美国作家对文学的各个方面影响越来越大,"他们都有一个共同点:即无不反映哺育他们成长的美国文化。欧洲的读者大众热烈地欢迎他们。人们普遍希望,美国作家应该以美国人的身份和精神来写作,这样才能对世界文坛的竞争和繁荣作出他们自己的贡献"[②]。颁奖词指出了海明威文学成就与美国文学的内在关联,及其对欧洲文学、世界文学的深远影响。但是,海明威小说的美学创造还有一

[①] 瑞典文学院常务秘书安德斯·奥斯特林:《授奖词》,象愚译,引自[美]海明威:《老人与海》(附录),董衡巽等译,桂林:漓江出版社,1991 年,第 358—359 页。

[②] 同上书,第 357 页。

个重要特质,即"美国性"与"他者性"之间的"阈限"空间。海明威的写作生涯始于 20 世纪 20 年代在巴黎文学朝圣时期,在古巴写作的《老人与海》助他完成诺贝尔文学奖的封圣仪式,异域生活体验使他的小说在表征"美国性"的同时,在"美国性"与"他者性"之间还存在着一个属性模糊、不确定的"阈限"空间。

阈限(Liminality)一词源自拉丁文"limen",指"有间隙性的或者模棱两可的状态"。英国著名的人类学家维克多·特纳在《仪式与过程:结构与反结构》中率先提出了人类学的"阈限"概念。特纳创造性地将仪式过程理解为"阈限前—阈限—阈限后"三阶段模式。"阈限前/后两个阶段与社会结构关系密切,阈限是仪式过程的核心,处于结构的交接处,是两种稳定状态之间的过渡与转换。在阈限阶段,规范与准则失效,社会关系处于反结构的交融形态。结构与交融存在多重意义的对立。如果将仪式视为观察和诠释人类社会的经验性'社会文本',那么社会进程处于'结构—反结构—结构'的动态辩证过程之中。"①特纳之后,阈限理论被广泛运用到现代社会的人文社会科学研究中。下面,笔者通过叙述语言、叙事空间、主体价值与伦理关怀三个相互关联又各有侧重的维度探究海明威小说的美学创造及其阈限。

第一节 词语、句子的缝合技艺与间隙

海明威小说的叙述语言以简洁干净、凝练含蓄的散文文体著称。英国小说家赫·欧·贝茨高度评价海明威对英语书面语言的革新之功,称他"是个拿着一把板斧的人",此前,"书面英语有增无已地变得日益浮华、啰嗦,只适用于一国一地,偏狭得叫人难受;它继续演进的趋势是要探讨和解释什么东西,而不是表现和描绘一个对象。它满载着一大堆不起作用的字,现在终于到了把这堆字割爱的时候了"。"海明威所孜孜以求的,是眼睛和对象之间、对象和读者之间直接相通,产生光鲜如画的感受。为了达到这个目的,他斩伐了整座森林的冗言赘词,还原了基本枝干的清爽面目。他删去了解释、探讨、甚至于议

---

① 周群英:《发现"交融":对阈限理论的再诠释》,广西民族大学学报(哲学社会科学版)2023 年第 1 期,第 39 页。

论;砍掉了一切花花绿绿的比喻;清除了古老神圣、毫无生气的文章俗套;直到最后,通过疏疏落落、经受了锤炼的文字,眼前才豁然开朗,能有所见"。① 海明威本人在《死在午后》中曾经用冰山原理来概括自己含蓄的文体风格。他说:"如果一名散文作家对于他写的内容有足够的了解,他也许会省略他懂的东西,而读者还是会对那些东西有强烈的感觉的……一座冰山的仪态之所以庄严,是因为它只有八分之一露出水面。"②

一

海明威独家专有的词语、句子缝合技艺首先是新闻化语言的简洁干净。就像海明威小说中的"准则英雄"各怀超人的技艺,或者是斗牛,或者是钓鱼,作为记者型作家,他在写新闻稿的过程中,练就了将词语、句子打磨简洁、干净的技艺,语言直接切入可看见、可闻到、可听到、可触到、可感觉到的真实情境。他常用名词、动词等实词,避免修饰性的形容词、副词;写短句,正面说,避免反面说。这种新闻稿写作训练,始于中学毕业后在《堪萨斯星报》做见习记者时的训练,他整个文学生涯都不间断地给报纸、杂志写消息、特稿。新闻化的叙述语言造就了海明威简洁有力、又有代入感的语言风格。海明威研究专家董衡巽先生称海明威的语言艺术为省字惜句,认为他缩短了"作者——形象——读者这三者之间的距离":

> 在突出形象时尽可能去掉遮掩读者视线的障碍,以达到真切不隔、高度可见性、可触性……艺术效果。由此,我们可以理解,他为什么不用大字眼儿,爱用日常的用语?为什么很少用形容词、副词?为什么喜欢写短句,不爱写长句?为什么他的人物说话从来不作长篇大论,对话简洁到有"电文式风格"之称?为什么老用最简单的连接词把并列句联系起来?为什么不用复杂的比喻?为什么不采用拟人化的手法?正是因为他依靠读者的官感和直接的知觉,可以说懂得一点"接受美学"。他不希望读者作

---

① [英]赫·欧·贝茨:《海明威的文体风格》,赵少伟译,参见董衡巽编选:《海明威研究》(增订本),北京:中国社会科学出版社,1985年,第132—133页。
② [美]海明威:《死在午后》,金绍禹译,上海:上海译文出版社,1999年,第193页。

抽象的逻辑思考,而叫人费心思考的大字眼儿、老长的句子、复杂的比喻、拟人化……都是阻挡读者视线的触目横枝。只有从这个角度,我们才能理解他那种"《圣经》般简洁的文体"。①

海明威对《永别了,武器》结尾的修改常被学者引用来说明他净化文体的功夫。2012 年,斯克里布纳出版公司出版了《永别了,武器》的修改附录版,附录二是结尾定稿前的 47 个修改片段。第 27 个结尾修改稿是这样写的:

> 卡萨玲好像是一次接着一次出血。医生们没有办法制止。我走进房去,陪着卡萨玲,直到她死。她一直昏迷不醒,死时并不多耽搁。
>
> 还有很多琐事,先是头一次同承办殡葬的人见面,办理一大堆在外国殡葬的手续,还有我接下来的生活,这已经开始,好像还要延续很长一段时间。我可以告诉你雷那蒂怎么治好了梅毒,怎么发现战时所学的外科手术在和平时期没有多大实用价值。我可以告诉你我们伙食团的那个神父怎么又在法西斯主义统治下的意大利当神父。我可以告诉你我怎么傻乎乎地回到了意大利。我可以告诉你艾陶里怎么成了一个法西斯分子,他在法西斯组织里起的是什么作用。我可以告诉你皮亚尼怎么到纽约去开出租汽车,西蒙斯成了一个什么样的歌手。后来发生的事情很多。这些事情一件一件淡忘了,但地球继续运转。它从不停止。它只为你而停止。有时候你还活着,它就停了一部分。其余部分继续运转,你跟着它转。
>
> 我可以告诉你自从 1919 年 3 月之后我做了一些什么事情那天晚上我独自在雨中返回卡萨玲和我下榻的旅馆我上楼进屋脱掉衣服睡了,终于,因为我太累了——早晨醒来只见阳光明媚;突然我想起昨天发生的事情。我可以告诉你打那以后的事情。但这篇故事到此结束。②

这部小说的结尾主要表现主人公亨利在凯瑟林死去后的情绪反应。从上面的写法来看,围绕着主人公的情绪反应伸展、缠绕了很多枝蔓。比如,连续重复运用了 5 遍虚拟语气"I could tell you how……"开头的句子,来缠绕亨利

---

① 董衡巽:《美国现代小说风格》,北京:中国社会科学出版社,1997 年,第 111 页。
② Ernest Hemingway, *A Farewell to Arms*, New York: Charles Scribner's Sons, 2012, pp. 311–312.

失去凯瑟琳后的悲伤空虚的感觉,在最后一段,还用了一个没有标点的大长句子。最后,海明威挥动他的"板斧"将这些枝蔓都砍掉了:

> 看来她是一次又一次地出血。他们没法止住它。我走进房间同凯瑟琳待在一起,直到她死去。她始终昏迷不醒,没有挨多久她就死了。
> 在房门外过道里,我对医生说:"今晚有什么我能做的事吗?"
> "没有。没有事情要做了。我能送你回旅馆吗?"
> "不,谢谢你,我要在这儿待会儿。"
> "我知道这是没什么可说的。我没法告诉你——"
> "不,"我说,"这是没什么可说的。"
> "晚安,"他说,"我不能送你回旅馆去吗?"
> "不,谢谢你。"
> "那是唯一可行的措施,"他说,"手术证明——"
> "我不想谈这事,"我说。
> "我愿意送你回旅馆去。"
> "不,谢谢你。"
> 他从过道走了。我走到房间门口。
> "你现在不能进去,"一个护士说。
> "不,我能。"我说。
> "你还不能进去。"
> "你给我走开,"我说,"另一个也走开。"
> 但是等我把她们赶走以后,关上房门,拧熄了电灯,并没有丝毫用处。这好像是在向一尊塑像告别。过了一会儿,我走出房间,离开医院,冒着大雨走回旅馆去。①

与前一稿相比较,修改后的结尾更能凸现海明威干净、洗练的文风。第一,原稿中缠绕在亨利情绪上的枝蔓被砍掉了。第二,用对话代替叙述。在前一稿中,大多数时候,亨利是不在场的叙述者,与在场的情绪拉开了距离。在定稿中,亨利始终是在场者,通过他的言语和动作,读者可以直接感触到他的

---

① [美]海明威:《永别了,武器》,汤永宽译,杭州:浙江文艺出版社,1992年,第285—286页。

悲伤情绪。第三,以亨利在雨中走回旅馆结束,去掉了前一稿中的后事交代,为读者的想象留下了空白。

用人物对话表达复杂情感,这是海明威小说叙事语言的又一创新。从《在密执安北部》开始,他就以吉姆和莉芝的对话来呈现男女人物的性别心理差异。在上述结尾片段,海明威用几句极其简短的对话表达亨利强烈又复杂的悲伤绝望情绪,没有说出的情感隐藏在海平面下的八分之七。

二

海明威缝合词语、句子的技艺并非总是简洁干净、含蓄凝练,有时候也会运用简单句子的重复,甚至重复到很不"精致"的程度。但正是这种简单重复的句子,让读者看到海明威精致的冰山文体结构裂开的间隙,暴露出"准则英雄"无力承载的复杂情感。在《老人与海》中,圣地亚哥在与大马林鱼较量的过程中,先后4次在不同的上下文语境中重复使用同一句话"I wish I had the boy",接下来又先后4次重复使用"If the boy were here",在第2次重复时使用了非正规的虚拟语气动词"was",紧跟着重复使用标准的虚拟语气句式"If the boy were here"。[①] 海明威此处的短句重复运用,强调小伙子马诺林在圣地亚哥心里的重要性,表达老人与大鱼孤独斗争过程中对温暖情感的热切诉求。另外,对于自幼学习大提琴的海明威来说,这种形式上的语言重复还具有深层的主题再现功能。小说中重复3次叙述圣地亚哥的梦,意在揭示人与大自然的关系的多重性。在此意义上,海明威在叙述硬汉圣地亚哥钓大鱼、斗鲨鱼的故事的同时,也在思考人与大自然该是怎样一种关系这一生态伦理问题。海明威自觉或不自觉地将这种溢出硬汉主体性价值准则的思考,交付给与"简洁干净、凝练含蓄"文风不符的短句重复,这正是叙述语言间隙的表意功能。换句话说,一种语言风格鲜明的语言文体间隙,是向另一种情感、意义的敞开。

在中国文学史上,现代文学大师鲁迅先生的语言风格也是独树一帜的。鲁迅先生小说语言的词语、句子缝合技艺值得大书特书。在《祝福》中,鲁迅先

---

① Ernest Hemingway, *The Old Man and the Sea*, New York: Charles Scribner's Sons, 1952, pp. 45—83.

生重复 3 次使用一个短句"真的,我真傻"①,引出祥林嫂儿子阿毛被狼吃了的故事。在鲁镇人的眼里,祥林嫂讲述的短句和故事最初让他们感到惊奇,再次重复时,他们为她感到一丝淡淡的悲哀,再再重复时,"她的悲哀经大家咀嚼赏鉴了许多天,早已成为渣滓,只值得烦厌和唾弃;但从人们的笑影上,也仿佛觉得这又冷又尖,自己再没有开口的必要了"②。在鲁迅先生《祝福》中,祥林嫂的短句重复与海明威《老人与海》中圣地亚哥的短句重复相比较,都是语言大师的风格化语言结构裂开的间隙。在跨文化的世界文学视域中,海明威与鲁迅的语言间隙虽然形态各异,但都是对风格化的正常语言结构的偏离、向个体情感敞开的语言表达,作家对笔下人物的伦理关怀包裹在这种或偏离社会语言规范,或溢出作家语言缝合技艺范畴的语言间隙中。需要指出的是,海明威与鲁迅小说中的语言间隙裂开的语境不同,圣地亚哥是独自在大海上重复使用同一个短句,祥林嫂是在相邻众生中絮叨"真的,我真傻",唤起的审美效果各有不同。前者悲壮、孤独,后者悲悯、可怜,由此凸显出海明威与鲁迅两位伟大作家的文化相通性与差异性。

三

海明威小说文本中还不时嵌入异国文化空间的外来词或短语,这些外来词也会造成语言间隙。在《太阳照常升起》和《老人与海》中,海明威会使用西班牙语,在《非洲的青山》中,会嵌入斯瓦希里语。以斯克里布纳出版公司 1952 年版的《老人与海》为例,海明威以斜体标注了 20 处西班牙语词句,并在行文中加以解释。这些外来语在海明威式语言技艺精致的文本中显得突兀,造成一种语言间隙,异国风景和文化习俗也由此进入读者的阅读视域。虽然这些外来词语在海明威的文本中仅是异国文化的惊鸿一瞥,却由此将文本向另一种意义空间敞开。比如,海明威在小说中用以指代大海的"la mar"和"el mar"③分别承载了渔民对大海不同的情绪,前者是人们爱海、尊重海时的称

---

① 鲁迅:《祝福》,参见《鲁迅全集》(第 2 卷),北京:人民文学出版社,2005 年,第 15,17,18 页。
② 同上书,第 18 页。
③ Ernest Hemingway, *The Old Man and the Sea*, New York: Charles Scribner's Sons, 1952, p. 33.

谓,在词性上属阴性,后者则是人们将海当作竞争者甚或敌人时的说法,词性属阳性。无论将大海视为"女人"还是"男性化"的竞争者,海明威强调的都是人与大自然的关系。

1954年,海明威获得诺贝尔文学奖后,当时已经出版过多部小说的意大利作家卡尔维诺发表了一篇题为《海明威与我们》的文章,谈论海明威的小说艺术。卡尔维诺开篇就坦诚:"对我和许多大致与我同代的人来说,海明威是一个神。"他高度评价海明威的语言风格,称赞"他发展了一种风格来充分表达他对生活的看法,而且这风格尽管有时暴露其局限和缺点,但在其成功的时刻可以说是现代文学中最冷峻最直接的语言,最干练最不加雕饰的风格,最清晰最写实的散文"[①]。卡尔维诺本人是全世界读者喜爱的小说艺术大师,他以程度表达的最高级别来评价海明威有时会暴露局限的叙述语言,当是对海明威小说语言技艺与间隙的最大肯定。

第二节 异国空间与本土书写

2003年,包括《男人》和《传记》等杂志在内的美国媒体联合推出评选美国十大文化偶像的活动。该活动的评选标准是:只要提到他或她的名字,人们就会联想到美国;不管人们喜欢还是憎恨,在其他国家人的眼里,他们都代表着美国。耐人寻味的是,唯一入选的作家是海明威,位列第九。在海明威生前出版的中长篇小说中,除了《春潮》的叙事空间是美国密歇根州的小城镇佩托斯基,《有钱人和没钱人》的叙事空间一部分是美国佛罗里达州的基韦斯特,其他作品的叙事空间都是异国空间。缘何长于以异国空间为文学叙事背景的海明威成了最能代表美国的作家?海明威在跨文化的异国叙事空间中建构的是怎样一种美国形象?海明威赋予这些异国空间中的主角以怎样的"美国性"(Americanness)特质?海明威又是怎样描述异国空间与他者的他者性(otherness)的?这些问题背后,是海明威小说中的文学叙事空间与美国社会现代性之间的复杂关系。

[①] [意]卡尔维诺:《为什么读经典》,黄灿然、李桂蜜译,南京:译林出版社,2012年,第167页。

总体来看,海明威小说的异国空间叙事与英语旅行文学传统、他个人的海外旅居行走生活经验、美国 20 世纪初期的工业化、都市化背景紧密相关。海明威以异国背景为叙事空间的小说以细节精准的描述为读者提供了近乎专业导游水准的异国地理文化知识,展示最具民族文化个性的异质文化魅力,但"在地"(local)风景(landscape)在被观看时又被他者化,凸显出海明威异国空间小说话语的"阈限性"特质。一方面,海明威小说在一个跨文化的"接触地带"(contact zone),通过打造意志坚强、技艺超群、恪守传统职业角色责任的斗牛士、渔夫、猎人等异国硬汉形象,伸延融传统新教劳动伦理与现代休闲文化为一体的现代"美国性"特质。另一方面,异国空间又是一处能唤醒海明威"在家的感觉"的"地方"(place),他说,"我热爱这个地区,我有一种在家里的感觉",①他以此来对抗工业化、现代化对人与自然和谐关系的侵蚀。

一

从文学传统来看,海明威的异国空间叙事可以追溯到 18 世纪以来英帝国海外扩张进程中的旅行文学以及 19 世纪中期以来他的美国前辈马克·吐温等人的美国旅行文学。英国的旅行文学与英帝国的崛起历史紧密相关。在这一过程中,旅行文学书写者包括航海家、探险家(包括不同专业领域的博物学家)、外交人士、传教士、作家等不同领域的人。他们借助自己的海外旅行经验和想象,或记录或虚构有关远方异域的故事。这些故事的共同特征是美丽的异域风光、奇特诡异的当地风俗、白人的冒险征服故事。笛福(Daniel Defoe,1660—1731)的《鲁滨孙漂流记》是英国旅行文学中流传最广泛的作品之一。英国旅行文学在描述远方异域风景与见闻的同时,也在表达自己对世界的理解。这种表达的基本观念是英国的主体性和异国的他者化,鲁滨孙和"星期五"的关系是这种观念的集中体现。美国旅行文学出现的时间晚于英国。1867 年,马克·吐温(Mark Twain,1835—1910)以《上加利福尼亚》记者的身份,登上"教友城号"邮轮,游览地中海并朝拜圣地。在近半年的旅游期间,他先后为报社撰写了 53 篇通讯。1869 年,马克·吐温将这些游记编辑成一部

---

① [美]海明威:《非洲的青山》,张建平译,上海:上海译文出版社,1999 年,第 242 页。

游记随笔《傻子出国记》出版。该书出版后十分畅销,给他带来了文学和经济上的双重收益,他的名字从此家喻户晓。马克·吐温在《傻子出国记》中按照游历顺序,记录各地风土人情、奇闻轶事和自己的体验感受。在处理美国和欧洲的关系上,马克·吐温以幽默笔法拿崇欧的美国游客开涮,描述他们天真的"傻子"做派。他们到法国旅馆里用错误百出的法文登记,模仿法国人着装、示礼,回国后还在自己的亲朋面前炫耀自己的法国见识。1880年,马克·吐温又出版了记述欧洲见闻的《海外浪游记》(1880)。马克·吐温的同时代作家亨利·詹姆斯(Henry James,1843—1916)经常往返于美国与欧洲之间,与欧洲文化有更多的接触和更深刻的欧美文化碰撞交融体验。詹姆斯的异国叙事虽不乏对欧洲历史文化传统的迷恋,对美国乡巴佬粗俗的嘲讽,但在这一过程中,他看到了欧洲文化的僵化和美国文化的生机。詹姆斯的小说包含着美国文化与欧洲文化之间冲突又融合的张力。但他本人于1879年起定居英国,1915年加入了英国国籍,并于1916年接受了乔治五世授予他的最高文职勋章。詹姆斯在欧美之间的文化冲突与文化整合虽然以他在伦敦别世而结束,他小说中关于美国与欧洲的叙述话语却充满张力。

海明威的异国叙事承袭上述英美旅行文学传统,又有与之不同的"美国性"与"他者性"话语建构,这种不同是由第一次世界大战结束后美国与欧洲关系的改变所决定的。从叙事时空来看,海明威小说中的异国叙事时空与他个人的异国旅行或侨居时空是一致的,涉及的主要地理空间有法国、意大利、西班牙、前英属东非殖民地、古巴。其中,以20世纪20年代的巴黎、西班牙为叙事地理空间的作品是《太阳照常升起》(1926),以意大利为叙事地理空间的是《永别了,武器》(1929)和《过河入林》(1950),以西班牙为叙事地理空间的是《太阳照常升起》(1926)、《死在午后》(1932)和《丧钟为谁而鸣》(1940),以30年代的英属东非为地理叙事空间的是《非洲的青山》(1935),以50年代的古巴为叙事地理空间的是《老人与海》(1952)。海明威的短篇小说涉及的地理空间更广泛,本课题主要以海明威生前出版的中长篇小说为主,不再涉猎溢出上述地理空间的短篇小说和去世后由他人整理出版的作品。

海明威于1921年年底赴巴黎进行文学朝圣,成为马尔科姆·考利所界定的在欧洲建构美国文学的一代"流放者"中的一员。同一时期,奔赴欧洲的美国作家还有庞德(Ezra Pound)、斯泰因(Gertrude Stein)、艾略特(T. S. Eliot,后入籍英国)、菲兹杰拉德(Fitzgerald)、多斯·帕索斯(Dos Passos)等人。正如考利所言,他们在欧洲建构了美国文学,还有年轻、强大的美国形象。需要特别指出的是,一代青年"流放者"的巴黎朝圣之旅与美国大众游客的欧洲旅行之旅是重合的,后者的物质基础是二战后美国跃居世界第一的经济地位。

海明威的第一部长篇小说《太阳照常升起》以法国和西班牙为叙事空间,主要描述一战后一群英美青年在巴黎的旅居生活和去西班牙看斗牛的旅行经历。小说的叙述人是派驻巴黎的美国记者杰克·巴恩斯,工作之余,他出入于巴黎的咖啡馆、餐馆、酒吧、舞厅,乘坐火车、汽车去法国的海滨休闲胜地度假,去西班牙巴斯克人生活的布尔戈特山间垂钓,去潘普洛纳看斗牛。著名的海明威研究专家、曾担任过海明威研究会主席的迈克尔·雷诺兹指出,从地理知识和历史文化的角度来看,读者可以把海明威的《太阳照常升起》当作参观巴黎、观看西班牙斗牛的旅游指南来读,因为该小说提供了与旅游公司的旅游手册相似的信息。① 细读文本,上述说法不无道理。小说在叙述杰克的行走路线时,会详细描述他上班或旅游的路线,路两边的重要景点及餐馆、咖啡馆和酒吧,交通工具及沿途停靠点,甚至包括去巴黎以外各地的旅行度假攻略。下面是第五章杰克上班路上的一段叙述:

> 第二天早晨,我沿着圣米歇尔大街走到索弗洛路去喝咖啡,吃奶油小圆蛋糕。这是个晴朗的早晨。卢森堡公园里的七叶树开了花。使人感到一种热天清晨凉爽宜人的气氛……卖花女郎正从市场归来,在布置供一天出售的花束。过往学生有的上法学院,有的去巴黎大学的文理学院。来往电车和上班的人流使大街热闹非常。我登上一辆公共汽车,站在车后的平台上,驶向马德林教堂。从马德林教堂沿着嘉布遣会修士大街走到歌剧院,然后走向编辑部。我在一位手执跳蛙和玩具拳击手的男子身边走过。他的女伙计用一根线操纵玩具拳击手。她站着,交叉着的双手攥着线头,眼睛却盯着别处。我往旁边走,免得碰在线上。那男子正向两

---

① Michael S. Reynolds, *The Sun Also Rises: A Novel of the Twenties*, Boston: Twayne Publishers, 1988, p. 46.

位旅游者兜售。另外三位旅游者停了观看。我跟在一个推着滚筒、往人行道上印上湿漉漉的 CINZANO(这是一种意大利产的味美思酒的商标名)字样的人后面走着。一路上行人都是上班去的。上班是件令人愉快的事情。我穿过马路拐进编辑部。①

杰克上班途中的描述,包括交通、景点、饮食等,完全可以用做巴黎市区旅游观光的一条线路导游说明。海明威不满美国现代化、都市化进程中的商业文化,不满清教伦理的压抑,他赴巴黎的文学朝圣成果——《太阳照常升起》却成为促销美国赴巴黎、西班牙旅游项目的畅销书。

海明威以意大利为叙事空间的小说包括《永别了,武器》《过河入林》。通常,学者对《永别了,武器》的研究往往聚焦于小说中的悲剧主题和反战主题,忽视了小说中的一条重要叙事线索美国志愿者亨利和英国护士凯瑟琳之间的爱情故事,而小说标题的寓意本是双重的,既可以译作"永别了,武器",也可以译作"永别了,怀抱",指涉战争与爱情的双重主题。小说于 1929 年 9 月 27 日出版,10 月 29 日美国股市经历了"黑色星期二",美国经济进入为期十年的大萧条时期。② 在这样的接受语境中,小说中的悲剧与反战主题被出版商设计的异域冒险和爱情故事促销策略所消解。1950 年《过河入林》出版后,评论界的差评并没有影响图书市场上的大众读者追随海明威去意大利打猎,去"哈里酒吧"③品美酒美食谈恋爱。在学者的研究中,海明威以意大利为叙事地理空间的小说寓意多重,在美国大众旅游文化视野中,海明威的意大利文学叙事关乎冒险、旅游、美食和爱情。

海明威生前出版的西班牙叙事作品包括《死在午后》《第五纵队》和《丧钟为谁而鸣》。《第五纵队》是海明威唯一一部戏剧作品。《死在午后》的文体很难以小说或研究性著作简单归类。该作品大量篇幅是专门介绍西班牙斗牛与著名西班牙斗牛士风采的。也包括谈论文学创作艺术的内容,著名的"冰山原

---

① [美]海明威:《太阳照常升起》,赵静男译,上海:上海译文出版社,2000 年,第 40 页。
② [美]艾伦·布林克利:《美国史》(II),陈志杰、杨天旻、王辉译,北京:北京大学出版社,2019 年,第 969 页。
③ 《过河入林》中男主人公坎特韦尔上校与他的干女儿雷娜塔伯爵常去的酒吧。See Ernest Hemingway, *Across the River and into the Trees*, New York: New York: Simon & Schuster, 1996.

则"就是在这本书中提出来的。为了写作这本斗牛专著,他先后到西班牙观看了 300 多场斗牛,目睹过几千头公牛的刺杀,尔后才完成了这部在斗牛迷看来类似于基督徒眼里的《圣经》般的斗牛专著。1960 年,海明威还在《生活》杂志连载过斗牛故事《危险的夏天》。无论《死在午后》的文类如何界定,海明威关于西班牙斗牛的观察和描述,都是无与伦比的。美国北卡罗来纳大学的海明威研究者罗伯特·斯蒂芬由衷地赞叹:"海明威在跟踪研究西班牙斗牛的过程中成为斗牛艺术鉴赏专家,并由此成为讲述西班牙斗牛文化的杰出的旅游写作者。"①

《非洲的青山》是海明威以非洲为叙事地理空间的非虚构小说。该小说于 1935 年由斯克里布纳出版公司出版。2015 年,斯克里布纳又出了新的版本。新版《非洲的青山》由海明威的儿子帕特里克·海明威(Patrick Hemingway)撰写前言,海明威的孙子肖恩·海明威(Seán Hemingway)撰写导论,详述海明威非洲打猎情况。书后有 4 个附录,其中,附录一是海明威的妻子保琳写的 55 篇游猎日志。② 这些新添加的前言、导论和附录,为今天的读者理解《非洲的青山》提供了宝贵的文献资料。

根据文献记录,1933 年 12 月 8 日,海明威、海明威的第二任妻子保琳和他的朋友查尔斯·汤普森到达今天的肯尼亚港口城市蒙巴萨,第二天入住内罗毕的纽斯坦利宾馆(New Stanley Hotel)。在 12 月 20 日之前,海明威在坦噶尼喀向导陪同下,在今天的肯尼亚、乌干达境内打鸟类、山羊等小动物。20 日,白人职业猎手菲利普·帕西瓦尔(Philip Percival)加入游猎队伍后,海明威一行人开始在今天的坦桑尼亚境内追猎捻③、大羚羊、犀牛、狮子、斑马等大型动物。职业猎手帕西瓦尔大有来头,曾经陪伴美国总统老罗斯福和其他美国富人在东非打猎。海明威正是读了美国总统罗斯福的《非洲游猎行踪记》

---

① Robert O. Stephens, *Hemingway's Nonfiction: The Public Voice*, Chapel Hill: The University of North Carolina Press, 1968, p. 68.

② Ernest Hemingway, *Green Hills of Africa*, New York: Charles Scribner's Sons, 2015, pp. 203—236.

③ 捻,英文为 kudu,中文又译作捻角羚,是非洲特有的羚羊物种,以其标志性的螺旋形长角和体侧白色条纹著称。海明威在《非洲的青山》中提到的主要有大捻角羚(Greater Kudu)和小捻角羚(Lesser Kudu)两种。

(*African Game Trails*,1910)后,产生了到东非打猎的愿望。后来,保琳富有的叔叔资助他们,东非游猎得以成行。上述海明威东非游猎队伍中的成员都出现在《非洲的青山》中。保琳是小说中的 P.O.M.,帕西瓦尔是老爹菲利普,汤普森是卡尔。研究海明威多年的杨仁敬教授对《非洲的青山》一书的叙述内容构成做了统计,称全书 40%的篇幅描述那个国家的状况和活动的规模,20%写文学讨论,20%是自我表现,20%是直接写小说技巧。[1] 小说出版于美国经济大萧条时期,关于东非追猎大型动物的非虚构叙述遭到很多评论者的批评。与海明威以法国、西班牙、意大利为叙事空间的小说不同,上述小说中的异域风景和人文习俗成为美国大众海外旅行观看的目标,东非游猎则是美国富有阶层专属的海外冒险活动。海明威打猎的东非区域属于英联邦殖民地,直到海明威去世后,肯尼亚、坦桑尼亚、乌干达才先后宣布建立独立的共和国。将《非洲的青山》置于美国经济大萧条语境与东非先后被葡萄牙、德国、英国殖民统治的历史中,海明威像所有到东非追猎的富有白人一样,对于同一时代的美国人来说,他"脱离了值得帮助的人民,脱离了他那个时代的生活"[2];对于正处在英国殖民统治下的东非狩猎部落来说,他是打破当地狩猎传统的闯入者。因此,《非洲的青山》所表征的美国白人追猎之道与东非狩猎传统之道之间的错位、重合更为复杂多面。在下面的作品个案研究中,将对这个问题展开深入探讨。

以古巴和墨西哥湾流为叙事地理空间的《老人与海》,其历史背景与美国、古巴、西班牙的关系相关,现实语境与美国对古巴的全面操控,以及美国富有阶层和美国普通民众在古巴的旅游活动相关。在下面的个案研究中再作具体深入探讨。

海明威去世后,由海明威研究会主办的海明威国际研讨会从 1984 年至 2022 年,先后举办了 19 次国际会议,其中,有 12 次在海明威曾经旅居过的异国空间举办,1 次是线上会议。近期,海明威研究会官网发布了会议信息,2024 年第 20 届海明威国际研讨会在西班牙召开。重返海明威生活或小

---

[1] 杨仁敬:《海明威:美国文学批评八十年》,上海:上海外语教育出版社,2012 年,第 79 页。
[2] Robert O. Stephens, ed., *Ernest Hemingway: The Critical Reception*, p.150.

说中的海外地理空间，成为由海明威研究会主办的海明威国际会议的重要特色。①

二

海明威并不是一个浮光掠影、追奇猎异的旅游写作者，而是一位跨文化写作者。他在异国叙事中，描述异域风景，关注最具民族个性的传统文化风俗的同时，更长于打造异国空间中的美国"准则英雄"形象。对海明威异国空间小说中的主人公做一个统计，就会发现，除了《老人与海》中的圣地亚哥，其他小说中的主人公都是美国人。惟一的一个古巴渔夫圣地亚哥，不仅每天都与美国棒球、美国收音机节目相伴，还是个铁杆的美国棒球明星粉丝。海明威在异国空间中塑造的主人公形象，除了意大利战场上的亨利之外，都是海明威式"准则英雄"。如前面提到的，海明威塑造的"准则英雄"具备以下特点：健壮的身体、出色的技艺、强大的职业信念。他们在现实中履行职业角色的过程中，总是会遭遇这样或那样的困境，但是，他们却能够直面残酷的现实，以出色的技艺和不放弃的意志，兑现自己的职业角色承诺，尽显男子汉"重压下的优雅"（grace under pressure）风度。海明威在异国空间中塑造的"准则英雄"形象对自己必须担当的职业角色责任的理解，与美国前现代社会中 WASP 恪守的新教劳动伦理有内在的一致性。像《太阳照常升起》中的美国驻巴黎记者杰克，《非洲的青山》中的海明威，《丧钟为谁而鸣》中的美国志愿者乔丹，《过河入林》中的老上校坎特韦尔。他们对职业角色责任的理解，与新教徒的劳动美德是一致的。也就是说，海明威异国叙事空间中的男主人公奉行的职业准则，实则是开疆拓土时代新教徒信奉的劳动伦理这一"美国性"特质在异国空间中的伸延。

海明威去世半个世纪之后，哈佛大学比较文学学者大卫·达姆若什（David Damrosch）在探讨"全球化写作"时代的世界文学时指出："从 19 世纪末开始，经济与文化的全球化发展为世界文学提供了崭新的维度。在较为古

---

① 参见 https://www.hemingwaysociety.org/past-conferences，2023 年 8 月 21 日检索。

老的帝国网络中,文学通常从大都市中心往外流向殖民地边缘。"①达姆若什还指出,那些具备国际化倾向的作家,都会通过特定的写作策略来克服文化距离问题。达姆若什所探讨的是以异质文化双向互动为前提的全球化写作。回顾海明威的异国空间书写,无论是被看的他者景观,还是在异国行动的美国英雄,其鲜明的"美国性"价值观和身份认同与达姆若什所探讨的"全球本土化"("glocal",英语中"global"和"local"的结合体)写作旨归相去甚远。虽然达姆若什也难以摆脱其西方立场的出发点和终点,但海明威的异国空间叙事基本立场却指向全球美国化。《太阳照常升起》中那些蜂拥而来巴黎的美国游客,使得巴黎餐馆为之改头换面,以适应美国游客。开往西班牙潘普洛纳的火车上,美国人挤满了餐车。《非洲的青山》中,东非当地的土著成为海明威文本里为他这种富有的美国白人追猎服务的"长相漂亮的野蛮人"(good looking savages)②。海明威对姆布罗人(M'Bulus)的称呼确立了东非空间中美国游客的主体地位和东非土著的"他者"地位。在此情境中,再来审视海明威疏离美国现代化、都市化的边缘异域选择,其中的美国性与他者性价值悖论渗透在他的异国空间文学书写中。海明威远离美国,却在异国空间中书写了美国的经济强大,美国大众文化的年轻活力以及与美国主流社会的价值观,与此同时,在亲近异国自然和异国文化的过程中,又将异国文化他者化。

三

海明威小说中描绘的异国空间,与他早年在密歇根湖畔橡树园镇上的生活记忆紧密相连。他在《非洲的青山》中写道:

> 我热爱这个地区,我有一种在家里的感觉,如果某人对他的出生地以外的一个地方有一种如在家里的感觉,这就是他注定该去的地方。③

从这段文字可看出,海明威赖以建构自我,建构文学叙事的异国空间,实

---

① [美]大卫·达姆若什:《如何阅读世界文学》,陈广琛、秦烨译,北京:北京大学出版社,2022年,第225页。
② Ernest Hemingway, *Green Hills of Africa*, New York: Charles Scribner's Sons, 2015, p.43.
③ [美]海明威:《非洲的青山》,张建平译,上海:上海译文出版社,1999年,第242页。

则是一处能唤醒他"在家里的感觉"的地方。我们也可以借用美国当代生态整体主义的思想理论,将海明威一生都在现实空间中追寻,在文学文本中建构的这个如"在家里的感觉"的"地方"(place)叫做"处所"。① 生态整体主义的处所理论主要从人与特定自然区域的关系角度思考人的生存、人的异化和人的身份确认等问题。生态批评学者布伊尔认为,"处所是被赋予了意义的空间",是"感受到的价值的中心","是被看见、被听到、被闻到、被想象、被爱、被恨、被惧怕、被尊敬的。……我的居所是'我的处所'而不是'我的空间',与在不熟悉的酒店客房的感觉不同。处所给人丰富的联想,而空间的联想则是稀少的。"② 与生态整体主义的处所理论类似的是,美国的海明威研究学者劳拉·格鲁贝尔·戈弗雷也反对将文化(culture)、地理(geography)、空间(space)、地方(place)等概念割裂开来看待,主张从文化地理学(cultural geography)的视域来讨论问题。她指出,在海明威的文本中,"空间、处所和环境共同参与了其建构意义的开放性对话"③。以生态整体主义的处所理论,或文化地理学的观念,再来审视海明威的文学文本,其异国空间可以追溯到他早年在密歇根湖畔、橡树园小镇、印第安人营地里的生活体验。例如,受父亲的影响,海明威从小就热爱钓鱼、打猎等户外运动。海明威的父亲在瓦隆湖畔有一座别墅,别墅后面有一条通往树林中的印第安人营地的沙土小路。印第安人那种自由自在、与大自然和谐共处的生活方式给海明威留下了终生难忘的美好记忆,他把与印第安人接触的生活体验写进了以白人少年尼克为叙述主体的短篇小说中。在这些小说中,印第安人与大自然浑然一体的生活与密歇根北部的森林、湖畔,同20世纪初期美国社会飞速发展的工业化、都市化场景形成对照。在《两代父子》中,已经38岁的尼克仍难以忘怀他和印第安姑娘特萝迪在印第安人营地后面的青松林里获得的第一次性经验:

---

① 此处借用近年来致力于生态文学批评研究的厦门大学学者王诺教授的翻译,将 place 译作处所,以突出其生态整体主义的思想内涵。
② Lawrence Buell, *The Future of Environmental Criticism, Environmental Crisis and Literary Imagination*. Malden, MA: Blackwell Publishing, 2005, p.63.
③ Laura Gruber Godfrey, "Hemingway and Cultural Geography: The Landscape of Logging in 'The End of Something'", See Linda Wagner-Martin, ed., *Hemingway: Eight Decades of Criticism*, East Lansing: Michigan State University Press, 2009, p.452.

那种不安,那种亲热,那种甜蜜,那种滋润,那种温存,那种体贴,那种刺激?那种无限圆满、无限完美的境界,那种没有穷尽的、永远没有穷尽的、永远永远也不会有穷尽的境界?可是这些突然一下子都结束了,眼看一只大鸟就像暮色苍茫中的猫头鹰一样飞走了——只是树林子里还是一派天光,留下了许多松针还粘在肚子上。真是刻骨难忘啊……①

青松林,铺满褐色松针的土地,与印第安姑娘的甜蜜结合,当这些与前工业时代共存的生活体验被现代化侵蚀,海明威就永远告别了橡树园镇,选择与大自然更亲近的边缘异域空间作为自己的生活和写作地理空间,在此意义上,也可以理解为何相似的风景描写,同样的自然意象,共同的与大自然和谐共存的审美体验一再出现在海明威的异国空间小说中。比如,在《丧钟为谁而鸣》中,开篇即描写男主人公乔丹匍匐在树林里积着一层松针的褐色地面上。也是在山坡上、星空下,乔丹与西班牙姑娘玛丽娅结合。结尾处,乔丹在为西班牙人民共和国献出生命之际,身体紧贴着铺满松针的西班牙大地,用手深情地触摸地上的松针和身边的松树皮,为自己能与西班牙大地融为一体而感到自豪。

在《非洲的青山》中,海明威在游猎活动结束,告别非洲之前写道:

我们的祖先到美国去是因为当时那是值得去的地方。那里曾经是个好地方,但我们把它搞得一团糟了,所以现在,我要到别的地方去,因为我们永远有权利到别的地方去,而且我们也总是去的。你永远都可以回来。让那些不知道已经去得太晚的人到美国去吧。我们的祖先看到过它最辉煌的时候,并且在值得为之奋斗的时候为它奋斗过。现在我要到别的地方去了。从前我们常常到别的地方去,而且还是有些好地方可以去的。②

值得现代人反思的是,正如海明威本人写下上述句子的同时就意识到的:

我们一旦到达一片大陆,这大陆就迅速变老。土著与之和谐地生活

---

① [美]海明威:《两代父子》,蔡慧译,参见《海明威文集·短篇小说全集》上册,上海:上海译文出版社,1999年,第562—563页。

② [美]海明威:《非洲的青山》,张建平译,上海:上海译文出版社,1999年,第243页。

在一起。但是,外国人大肆破坏,砍下树木,抽干河水……土地对被开发感到厌倦。一个地区会迅速衰竭,除非人们把所有的残留物和所有的牲畜都还给它。等到人们放弃使用牲畜,改用机械时,土地就迅速打败了他们。机械不可能再繁殖,也不可能使土壤肥沃,它吃的是人们所不能种植的。一个地区应该是我们发现它时的那个样子。我们是闯入者,等我们死后,我们也许已把它毁掉,但它仍然会在那里,而我们不知道接下来会有什么样的变化。①

在这段文字中,海明威书写的是异国空间(非洲),关注的是本土(美洲大陆)乃至整个世界的命运。在工业化、现代化被全球化的当下,祈愿每一个喜爱"美国文化偶像"海明威的读者,在欣赏海明威文学文本中的异国风光与硬汉魅力的同时,也能够细细地品读海明威的这段文字,打量一下我们被现代化侵蚀的生活处所,可好?

从总体上来看,海明威小说中的异国空间叙事一方面反映了现代作家与主流社会之间的疏离关系,透视出美国现代工业社会结构内部的主体自由要求与组织化管理控制之间的矛盾冲突;另一方面,在海明威的异域叙事结构中,占据中心位置的又是凭借个体生命的力量在异域空间中建构主体自由和快乐的海明威式"准则英雄",他们的异域生活吸引着美国读者去原始的非洲、美丽的西班牙、瑞士的滑雪场、古巴的渔村去观看异域美景和奇异风俗,体验追逐猎杀、惊险的斗牛、寂静的垂钓等个性化休闲、旅游、运动的现代消费快乐。《海明威短篇小说全集》的编辑者小查尔斯·斯克里布纳曾经发出过这样的感概:"正如在其他领域中一样,海明威在发掘可以成为旅游热点的胜地和游乐项目方面,也走在他同侪前面","海明威一定是文学史上最有洞察力的旅行家之一"。② 海明威去世之后,美国旅游公司推出的追寻海明威文学书写踪迹的美国西部之旅、非洲之旅、西班牙之旅等等商业性旅游文化活动,印证了小查尔斯的说法。海明威与主流社会的疏离行为在召唤反现代控制和异化的美学自由和感性解放的同时,又在日常生活实践中带动了一种与现代工商业

---

① [美]海明威:《非洲的青山》,张建平译,上海:上海译文出版社,1999年,第242—243页。
② [美]海明威:《海明威短篇小说全集》上册,陈良廷等译,上海译文出版社,1999年,第3页。

发展的利益要求一致的运动、休闲、旅游的现代生活方式,一种典型的美国式生活方式。但正是这种看似个性化的现代休闲、运动生活方式将现代人的个体自由和感性解放的快乐交付给了旅游公司、旅游用品制造商的共同操控。这样一种审美召唤的意义指向与日常生活实践的意义导向之间的分离,反映了美国现代社会结构内部个人与社会、自由与控制之间的深层张力。

当然,不可否认,海明威的异国空间叙事也触及了多元文化、生态伦理等当代问题。在美国化正在向全球化范围内渗透的今天,海明威的美国化异国空间文学书写尤其值得我们反思。

第三节 主体价值与伦理关怀

把海明威与硬汉神话联系在一起,这是众多海明威小说的读者与研究者的共识。硬汉形象,硬汉精神,是我国喜爱海明威的读者和研究者在对海明威的接受过程中赋予他和他的男性主人公的一个标签。鉴于这个标签在海明威接受史上已经牢牢地黏贴在读者的接受心理中,笔者在行文中接着"硬汉"标签往下说的同时,会根据上下文语境,区别使用"硬汉"与"准则英雄"这两个称谓。确切地说,海明威的小说人物中,那些表征为肯定性品质的男性和女性,都是坚守传统角色责任和道德准则的人,但他们不一定都是读者接受心理中的硬汉。像《太阳照常升起》中在一战中受伤的杰克,是一个坚守准则的人,但他被有些评论者称作"迷惘者"。虽然不是"硬汉",但杰克是有主体尊严的"准则英雄",不会在迷惘情绪中迷失。"硬汉"通常指《太阳照常升起》中的斗牛士罗梅罗,《丧钟为谁而鸣》中的美国志愿者乔丹,《老人与海》中的圣地亚哥等人物形象。在海明威的小说中,在坚守准则的"准则英雄"形象队列中,那些将人的主体性力量,包括强壮的身体、坚强的意志、超凡的职业劳动技艺,在文学想象的维度推向极致的男性主人公,被认定为魅力逼人、不会被打败的硬汉。但是,海明威小说中包括"硬汉"在内的"准则英雄"还有一些其他方面的特质:悲剧性存在境遇,即这些"准则英雄"在现实层面中的孤独、失败、一无所得的苍凉与无奈;"准则英雄"对他人的宽容和理解;"准则英雄"与大自然和其他物种和谐共处的愿望,等等。海明威及其小说主人公形象内涵的复杂品质,透视出美国现代化进程中价值取舍标准的多重性和复杂性。这种多重性和复杂性,在海明威的小说中体现为:第一,他的主人公坚守职业准则,执着于自我价值的主体性建构,并在超现实的文学想象和审美层面成就一系列身体强壮、意志顽强、技艺过人的硬汉神话,借此伸延美国主流社会的传统价值观。像新教徒的职业劳动美德,男性主体性优先的男子汉气概,人的尊严与人类中心主义等等;第二,主人公坚守准则,恪守角色责任的悲剧性现实境遇。在现代性展开的历史进程中,"准则英雄"们骄傲的主体性正在被种种主体所不能、也无法支配的控制力量悄然而又无情地消解着。像个体性职业技艺(skill)面对强大的现代化工业技术(technique)时的无奈和失败,男性主体性面对现代社会性别政治变革所带来的女性身份变化时的失落,男子汉气概面对身体体能衰落过程中廉颇老矣的苍凉,等等;第三,"准则英雄"与包括女性、少数族裔、异国他者、大自然在内的他者关系的变化。体现在海明威的小说中,尤其是在后期写作的《老人与海》中,海明威本人也在自觉不自觉地反思"准则英雄"主体价值取向的现实性失败,美国 WASP 男性优先的主体性、西方优先的主体性、人类中心主义与大他者生命(包括女人、非 WASP 族裔和异国他者、大自然)存在之间的关系等问题。在此意义上,如何认识海明威式的硬汉神话魅力,如何理解"准则英雄"的主体性价值观,如何在全球化时代文化多元的文明语境中建构自我与他者互识互鉴的对话性人类命运共同体关系,当是海明威研究乃至世界文学研究要深入思考的问题。

一

海明威硬汉神话的滥觞,是从对现代西方文明背景下人本主义危机的痛苦反思开始的。在西方文明史上,从文艺复兴以来,人本主义开始成为西方世界主导性的生命伦理价值观念。在科学和理性的帮助下,人成为"宇宙的精华,万物的灵长"。启蒙运动以后,西方的人本主义观念一方面强调个体价值和尊严,另一方面又致力于探求人类群体意义上的自由、平等、博爱的乌托邦图景。体现在文学创作中,张扬个性、歌颂人性理想、探讨乌托邦世界成为近代西方文学的主旋律。随着近现代资本主义文明的日益发展,到 19 世纪末 20 世纪初,特别是两次世界大战以后,一方面个人欲望的无限张扬导致真、善、美的人性理想在现实中的失落,另一方面,科学理性牵引下的人类主体价值创造活动越来越趋向于反人本主义的片面功利主义价值追求,导致个体生命的萎缩和丰富个性的丧失、群体关系的异化、个人的孤独以及社会对个人的挤压和扭曲。正是在此危机图景下,"一种以自我中心主义取代了人类中心主义"①的新的人本主义产生了。在哲学界,这种倡导自我主体价值、反对普遍的人类理性主义的独裁、抵制人的物化和异化、回归人的自由的声音,经由克尔凯郭尔、叔本华再到尼采,言辞越来越激烈。而在海明威的小说中,我们也听到了这种声音的回响。

海明威亲历过第一次世界大战、西班牙内战和第二次世界大战,他在自己的作品中,一方面"几乎剥光了现代科学文明给西方世界装点的花花绿绿,还原给读者一个赤裸裸的野蛮而混乱的世界",②描绘了一系列被异己的力量缠绕在孤独、失败和死亡中的"迷惘者"形象;另一方面,尽管他对世界的看法渗透着黑色的悲观,但却仍未放弃对人的主体性价值的信念。他认为,在这个混乱的世界里,人应该保持自己的尊严。面对个体生命必然的这样或那样的创伤,面对孤独、失败和死亡,海明威努力探求一种留住主体价值和尊严的现代生存方式。于是,一个个"准则英雄"诞生了。如上所述,"准则英雄"们都有一个共同特征,即命运总要在他的人生历程中设置这样或那样的障碍,这些障碍皆来自旨在造成人类和个体生命残缺痛苦的这样或那样的异己力量。这些异己力量威胁着现代人的主体价值理念。然而,他们之所以成为海明威式"准则英雄"的关键在于,他们有勇气正视生命的残缺和痛苦,用自己个体生命的内在力量、顽强的意志和高傲的尊严,坚守着自己的现实性角色承诺,去对抗那注定要孤独、失败、死亡的现世宿命,而个体生命的内在力量、顽强的意志和高傲的尊严,正是海明威式"准则英雄"的基本内涵。

从价值论的维度来考察,海明威式"准则英雄"最基本的准则是马克斯·韦伯所说的新教徒现世职业劳动责任,以此作为一种最大限度地留住现代人生命主体尊严的生存准则。这种职业生存准则意识从他从事创作之初,就已

---

① 杨大春:《文本的世界》,北京:中国社会科学出版社,1998年,第294页。
② 徐葆耕:《西方文学:心灵的历史》,北京:清华大学出版社,1990年,第442页。

经贯彻在主人公的现世生命价值追寻行动中。在其早期短篇《印第安人营地》中,尼克的父亲应该说是一位出色履行了自己角色责任的医生,他用一把印第安人砍柴的大折刀在没有麻醉药的情况下给难产的印第安产妇做剖腹手术。在此痛苦的情境中,医生如果没有坚强的角色意志,就无法面对产妇的惨叫。相比之下,婴儿的父亲就是因无法面对妻子的痛苦而割断了喉管。尽职尽责的医生面对着还在流着鲜血的死亡,满腔自豪顿时化作满脑子的恐惧和自责,他后悔不该让尼克看到这一切。耐人寻味的是,在这个故事中,坚定不移地、出色地实施自己的角色意志的医生,面对的却是那位用自己的生命体恤着妻子所遭受的非人痛苦的印第安男人。男婴的诞生和父亲的死亡在现实伦理价值取舍的意义上,孰重孰轻?医生坚守的是自己治病救人的理性角色意志,印第安男人却因爱而拒绝再看妻子的生命被残酷宰割。面对这个令人心颤又心痛的故事结局,我们能否明辨自己的情感偏向是在坚守理性意志的医生一边,还是在坚守爱而选择死亡的印第安男人一边?在这个与统一秩序、完善理想相联结的意义缺失、生命残缺的现代文明世界中,我们自以为是的伦理情感选择的现实性结果是否会绝对地指向拯救和改善?

  正是出于这种统一的伦理价值的困惑,在《太阳照常升起》和《永别了,武器》后,海明威越来越趋向于将自己的叙事限定在主人公的个人化生存感受空间中。在《太阳照常升起》中,杰克和勃莱特的爱情因一战的创伤而残缺痛苦。在《永别了,武器》中,亨利的爱情毁于战争。而在此后创作的《丧钟为谁而鸣》和《老人与海》等小说中,主人公的主体价值选择则完全从外在世界的意义困扰中解脱出来,并由此成为一个个只专注于个体角色责任的个人奋斗英雄。在这些个体英雄坚守准则的顽强斗争中,所谓"迷惘者"的现实性困惑与痛苦让位于个体英雄坚守到底的主体意志和尊严,并由此构成一个个发散着男性阳刚魅力的硬汉神话。在《丧钟为谁而鸣》中,乔丹将自己的主体意志设定为西班牙的共和事业,因此,尽管他遭到大雪阻挠和巴勃罗破坏,尽管他意识到共和政府内的个人政治权力角逐者已使保卫共和国的战斗偏离他的共和理想,炸不炸桥已不能改变战争的失败进程,尽管遇上了让他感觉生命在跳动的玛丽亚和她兔子般温柔可人的爱情,一切的一切,都不能改变乔丹为共和国而炸桥的意志。当读者看到这个硬汉故事中的最后一个画面是主体精神不败的乔丹面对自己的死亡这样一个炸桥的结果时,读者已完全感动于乔丹的主体生命的美丽与悲壮。在这种感人的美丽与悲壮中,我们似乎看到了西方人文主义主体性伦理在混乱的现代文明世界中所能拥有的全部辉煌。而当我们读到老渔人圣地亚哥的铮铮名言"一个人并不是生来要给打败的,你尽可以把他消灭掉,可就是打不败他"时,我们的主体浪漫情怀已完全痴迷于海明威的硬汉魅力。痴然迷然中,便有文学艺术家把诸多一脸深沉面无笑容也从不流泪的海明威式硬汉塞进我们的审美视域,像好莱坞硬汉电影中的硬汉兰博等。不同的是,好莱坞电影制造出来的硬汉"兰博"们已被神化成无所不能、无能不奇的现代猛男。当我们看到这些现代猛男在屏幕上孤军一人,却把邪恶势力杀得人仰马翻时,除了爱生奇情异想的少男少女,每一个具有成熟理性的男女观众早已读出这些现代猛男身上发散着的廉价的媚俗气息。一旦被神话光晕遮蔽了的硬汉的现实性无奈与苍凉进入我们的理性反思视野中,我们要发问的将不再是海明威式的硬汉有何种魅力,而是一个海德格尔式的"存在者何以是存在者"的问题:缘何海明威式的硬汉会成为精神不败但一无所获的硬汉?

二

杨大春在论及西方主体观念的演变过程时曾指出:"新人本主义的'自我中心论'和'技术理性抵制'一方面扬弃了人类中心论,否定类本质或大写的'人',但另一方面却保留了传统人本主义的许多观点,尤其是在人与自然、与上帝关系中的优先地位的观点,尽管以'小我'取代了'大我',以个人取代了大写的人,以个性取代了类本质,但'人的目的'乃两者不变的宗旨。"[①]而对于海明威来说,致力于张扬其主体价值和尊严的硬汉神话之所以成为在现实中永远不能兑现的神话,笔者认为原因有三:

其一,面对自然世界的主体优先意识。海德格尔认为,通观西方近代文明发展史,皆以人为中心。以人为核心的本体论哲学则导致人自以为是地居于主体位置,将世界上的一切存在之物变为逻辑思维对象,甚至是征服和控制的

---

① 杨大春:《文本的世界》,北京:中国社会科学出版社,1998年,第295页。

东西,并由此兑现了自己的主体人文价值。而这样一种主体价值,实则是一种一厢情愿的主体优先伦理,或者说是殖民意识。因此,海德格尔将这种主体论哲学界定为西方文明赖以发达和因此遭殃的思想原罪。进入 20 世纪 90 年代,生态批评成为欧美学界的一门显学,众多人文学者对近代以来西方人文观念中的人类中心主义(Anthropocentrism)思想进行了反思和批判。美国学者大卫·佩珀指出:"人类中心主义:一种把人类置于一切生物的中心的世界观——它被大多数西方人视为当然。把人作为一切价值的来源,因为价值概念是人创造的(只有人能够把价值赋予自然其他部分),人类中心主义与生态中心主义和生命伦理相对立。"[1]由于人类中心主义坚持以人的需要和利益作为价值判断的尺度,因此,有学者指出:"人类中心主义的伦理观至少带来了两方面的问题:(1)人类中心主义只承认人的内在价值,而不肯承认自然界其他物种或生态系统的同等特征及其相关权利,他实质上是一种物种间的利己主义;(2)人类中心主义是以对人类理性的绝对信任为前提的,但是理性本身未必值得信赖。因此,在当代,人类中心主义常常被看成一种有缺陷的伦理观念。"[2]以海德格尔哲学和生态批评提供的反思视角来看,海明威已经触及了人类中心主义价值观念在伦理上的缺陷。

在海明威的小说里,这种主体价值优先的生命伦理经由硬汉子们不屈不挠地抗争被一再表述着。但是,这些硬汉子们的主体价值尊严,也只能是相对于超越现实的精神层面而言的。在现实中,甚至连海明威本人也意识到了他的硬汉子是一些一无所获的精神胜利者。在硬汉子的主体意识之外,还存在着这样或那样的他无法把握、无法改变、更无力征服的客体意志。这种客体意志的强大是任何一个硬汉子都奈何不了的。圣地亚哥可以打败马林鱼,并在与鲨鱼的搏斗中一直打到最后,但是他的胜利果实是注定要被成群的大鲨鱼吃掉的,任他拼命地打,也改变不了这一残酷的现实。如果说圣地亚哥的故事透视出的是主体在现实中的无奈的话,在弗朗西斯·麦康伯的故事中,主体优先的意识已经被麦康伯与公牛较量的残酷性所消解了。麦康伯初次面对猛

---

[1] 雷毅:《深层生态学思想研究》,北京:清华大学出版社,2001 年,第 14 页。
[2] 同上书,第 19 页。

狮时,出于本能的恐惧,吓得掉头开溜,主体尊严在此一溜中丧失殆尽,其妻玛格丽特很是看不起他,当晚便给他绿帽子加顶。麦康伯为找回失落的主体尊严,后来在与公牛较量时,竟如莽汉般面对发疯的公牛绝不后退半步,明知自己不是好猎手,明知局势对己不利,却只是原地不动,据守着自己主体优先的尊严,向着猛逼来的公牛噼噼啪啪乱射一气,结果落得个主体尊严不得挽回,却送掉了身家性命的悲剧结局。若要追寻麦康伯之死的缘由,我们不能不质疑海明威的硬汉神话所张扬的主体意识的狂妄与不切实际。作为一个拙劣的猎手,麦康伯与雄狮公牛孰主孰客,当是再清楚不过的事实。麦康伯若不是迷失于一厢情愿的主体优先意识牵引下的主体价值追寻,当不会如莽汉般丧失理智地与公牛较量。麦康伯之死当警醒痴迷于海明威硬汉神话的西方现代人,面对自然界时,不再执着于一厢情愿的主体优先地位,不再仅仅想征服和控制自然,让物是物,让自然是自然,与自然界共生共存。

其二,面对他人时的主体自由、孤独与人际关系中的相残意识。应该说是以自我为中心的人本主义意识把个体从一切类的本质束缚中彻底解放出来,使每一个现代生命个体获得了自由。但是,在获得没有任何本质界定的自由时,人也感觉到了绝对的孤独。个体在孤独中以自我为价值尺度,在现实世界中以自己的生命本体欲求为牵引去兑现自我的生命价值。这种以个人满足和快乐为目的的价值取向,必然导致个体在进入伦理关系时不可避免或不择手段地把他人生命当作手段和工具,与此同时又不可避免地成为他人的手段和工具,由此造成任何外在于自我的伦理秩序的约束力都难以遏制的相残行为。正是这种源自个体生命欲求的相残意识,使近现代西方文明史上人们孜孜以求的理想化伦理道德秩序只能在乌托邦世界里发散其炫目的瑰丽色彩。呈现在现实层面上的却是:将博爱的旗帜撕成碎片的伦理灾难;战争中少数政治恶棍的利令智昏及民众陷入的伦理疯狂;人伦的温馨浪漫被扭曲成因利益一致性的丧失而难以沟通的一个又一个隔膜、冰冷的异化故事,就像卡夫卡在小说中一再述说的那样。《变形记》中的格里高尔把自己的生命存在价值交付于一种温暖的亲情伦理。他忙忙碌碌,不辞劳苦,顾不上为自己的畸变悲哀,一心想的是如何保住工作,如何使家人幸福。格里高尔的殷殷亲情换来的却是现实中父亲那一连串苹果炸弹和妹妹那满是厌恶的尖叫:"这个东西把我们害得好苦,赶走我们的房客,显然想独霸所有房间,让我们都睡到沟里去。"①很显然,父亲和妹妹之所以不能容忍畸变为大甲虫的亲人格里高尔,是因为他的存在妨碍了他们的生存利益。我们虽然不能完全漠视萨姆沙一家的生存艰难,但首先应当反思的是格里高尔的人伦美梦是如何在现实中蜕变为他甲背上流血、溃烂的伤口和那个始终嵌在伤口里的苹果炸弹的。格里高尔溃烂的伤口向我们揭示了西方现代主体伦理牵引下的现实性伦理困境,这一困境充分暴露出主体伦理尊严潜在的另一面,即生命本体欲求的全部狰狞与残酷。即使是流血和死亡,也难以填平狰狞与残酷掘出的现实性沟壑,即使是庄严的群体伦理道德亦难免成为私欲膨胀者扩张私欲的堂皇理由。正因为省察到个体私欲的冷酷、血腥和社会秩序掩盖下的野蛮与混乱,海明威将他文本中硬汉子的生命价值限定在一种对现实性个体角色责任的理性承诺中。如此一来,海明威既摆脱了社会宏大叙事中抽象伦理道德乌托邦建构的制囿,避免流于浅陋的人道主义乐观畅想,又使他的硬汉子们的现世生存不至于迷失于生命本体的欲望中。海明威喜爱的斗牛士、猎人、拳击家、军人、渔夫谨守着自己的现实性角色承诺,勇敢地去对抗种种外在力量的阻抑和打击,他的全部尊严和光荣就在于他能够不屈不挠地为这一理性承诺斗争到底。但问题在于:第一,硬汉子的生命价值取向虽然超越于个人私欲与某一确定的理性责任连结在一起,但在根本上仍是一种追求个人主体价值尊严的个人奋斗,是一场在现实层面上不能真正改写什么或获得什么的斗争,例如乔丹炸掉他承诺要炸掉的桥后仍无助于改善西班牙内战的混乱局面和共和军队的失败结局,圣地亚哥经过一番惊心动魄的搏杀留住了理性风度和尊严,但在现实中他终究未能留住任何可能确证他的荣耀的胜利果实;第二,硬汉子生命价值追求的个体性使其注定在现实中无法超越因利益一致性的丧失而陷入的孤独(乔丹除外),因此硬汉子们总是在孤独中去体验现实性斗争的残酷、苍凉与无奈。老渔夫圣地亚哥一连40天没钓着一条鱼,一直跟随他的马诺林也离开了他。老人注定要孤独地斗争,经过不屈不挠地搏斗带回的大马林鱼骨架不过是等着给潮水卷走的垃圾罢了。偶尔有游人注意到它时,大鱼骨架在游人的主体体验中唤起的

---

① [奥地利]卡夫卡:《卡夫卡短篇小说选》,孙坤荣编选,北京:外国文学出版社,1985年,第96页。

仅仅是对稀奇物件的短暂兴趣,而大鱼骨架所记载的老渔夫的主体尊严却终要被冷酷的时间之流所吞噬。至此,老人和大鱼之间惊心动魄的斗争故事显示出它在现代性主体伦理语境中的全部悲壮苍凉与无奈。

其三,面对女性时的菲勒斯主体意识。虽然我们承认海明威的性别政治观念多元复杂,但毋庸讳言,其硬汉神话张扬的主体意识中还存在着一种强烈的菲勒斯中心意识。德里达认为,菲勒斯中心主义(Philosocentrism)将人类特性分为男性的和女性的,将事物分为正反两面。在此二元对立式的思辨前提下,女性被置于男性的对立面和从属地位。据此来考察海明威硬汉神话中的女性,我们就会发现这些女性也基本上分为两类:第一,依附于男性,既是硬汉子的审美对象,又是他们的征服对象。她们美丽的外表、柔顺的性格作为一种审美客体,唤起男人主体意义上的审美快感,而她们自己却是完全没有主体意志的被动客体。正是在此意义上,评论家埃德蒙·威尔逊称她们是"海明威的雌性变形虫"[①]。《丧钟为谁而鸣》中的玛丽亚之于乔丹就是这样一种依附者与被依附者,被征服者与征服者的关系;第二,有自我意识,要求与男人平等甚至竞争,消解男性主体意识的女性,像《弗朗西斯·麦康伯短暂的幸福生活》中的玛格丽特、《丧钟为谁而鸣》中的比拉尔。比拉尔和小说中的硬汉式人物乔丹的对立集中体现在玛丽亚身上。在乔丹到来之前,比拉尔一直是玛丽亚的监护人。乔丹与玛丽亚相爱后,比拉尔郑重其事而又不无嫉妒地向乔丹声明将玛丽亚交与他,后来又当着乔丹的面追问玛丽亚和他做爱后的感觉。女英雄比拉尔与男英雄乔丹争夺对玛丽亚的控制权的意识暴露无遗。而在麦康伯主体意识失落与追寻的过程中,正是玛格丽特独立的女性意识甚至是颠覆男性主体位置的女权意识,先是背叛了麦康伯,加重其主体尊严丧失的痛苦,后又在麦康伯狂妄地要兑现自己的硬汉尊严时开枪置他于死地。

透过海明威硬汉故事中所设置的这些女性与男主人公的关系我们可以看出,海明威虽想努力挽留住男性主体意识的尊严,但在他的文本中,女性作为一种获得了自我存在权力意识的力量,也已经开始消解男性优先的主体意识。

[①] Stanley Cooperman:《欧内斯特·海明威的〈老人与海〉》,刘云根、王宝玲译,北京:外语教学与研究出版社,1996年,第96页。

颇具反讽意味的是，以男女主体价值二元对立为前提的女性自我权力意识内涵恰是男性殖民意识的女性翻版，并由此酿就一场现代女性解放运动以来男人与女人、女人与男人控制与反控制、征服与反征服的纷飞战火。正因为如此，在《老人与海》中，海明威干脆就将与圣地亚哥共处一个屋檐下的妻子处理成了一张照片。但是圣地亚哥妻子在此典型硬汉文本中的缺席，却恰恰显示出海明威的男性修辞在应对现代女性主体意识时的软弱无力。

三

法国当代生命伦理学家阿尔贝特·史怀泽在亲身经历了两次世界大战的伦理灾难之后创立了他的"敬畏生命"的理论。他强调，生命的伦理不仅包括对人类生命的责任，也包括对自然生命的广泛责任。海德格尔在晚年也一再警示西方人：人作为"此在"是"存在于世中"的；"此在"不能与世隔绝，而依靠我与他人的共在得以维持。为克服主体性的弊端，海德格尔强调"此在"的世界是共同世界，在世就是与他人共在；人处于何种存在状态，就有一种与之相应的世界。总之，人和世界和他人处于密切关系之中。身处这种不该割裂开来，事实上也难以割裂开来的共在关系中，我们应该在反思人类优先、主体优先、男性主体优先的伦理价值取向所造成的人的现实性生存困境的前提下，努力走出以人为中心的神话世界的悲壮、苍凉与无奈，在与他者、与自然对话的过程中，建构起一种更广博的敬畏生命的伦理道德责任。只有勇敢地承担起这样一份敬畏生命的伦理责任，在不破坏、践踏自然环境、不侵犯他者（包括人和动物）生存权利的前提下，去实现个体存在的价值。1988年，第十届国际人道主义和伦理学会世界大会发表的《相互依存宣言：一种新的全球伦理学》指出："为人类确立和宣告一种新的全球伦理学，已成为迫切需要。……无论在这个星球的某一部分发生什么，都会影响到其余部分。……我们每一个人对于世界共同体都有高度的责任。……压倒一切的需要就是创立一种新的全球伦理学——一种努力保护……并强调我们对世界共同体之责任的伦理学。"[①]对包括人类在内的全球生态负责，首先要转换思想，抛弃西方中心主义、人类中心主义的主体伦

---

① [美]保罗·库尔兹：《21世纪的人道主义》，北京：东方出版社，1998年，第403、411页。

理狭隘性,理性地审视海明威式的硬汉神话,并以足够的勇气拒绝这种在现实中不能兑现的主体神话的诱惑,与海明威的硬汉一起去反思、叩问生命伦理的多元内涵,并以此为起点,进入一个与他者、与自然共在的广博世界。

事实上,海明威小说中的硬汉如同他的"迷惘者"一样,始终也未能从个体意志与他者意志关系的困扰中解脱出来。在大众文化中,海明威和他的硬汉已经构成一个令人目眩神迷的神话传奇,在这个神话传奇的世界中,人的主体精神能够承受并超越一切孤独、失败和死亡的现世痛苦,永远也不会衰败。当然,这首先要归功于善于身先士卒地制造神话的海明威本人。据卡洛斯·贝克的《海明威传》载,海明威3岁时的口头语是"我什么都不怕"[①];5岁时,他兴奋地向外祖父讲述他如何赤手空拳将一匹脱缰逃跑的马拦住牵回家。海明威家里的人都了解,"无论什么事,他都喜欢加上戏剧色彩,喜欢编造故事。而在每个故事中,他自己总是以一个恃强凌弱的英雄形象出现"[②]。但是,小海明威又是一个热爱生命的孩子。他曾流着泪试图用糖水把死去的苍蝇救活。16岁时,当他因冲动和无知打死一只苍鹭而被判15元罚金时,少年海明威第一次真正体会到了他的主体意志所带给他的现实性困惑。无知的冲动、法律的无情、苍鹭的无辜,即使成年以后,海明威也未能在现实层面上理清自己在这一事件中合情合理的价值取向该是哪一方。因此,我们看到在《最后一片净土》中,他让违禁射杀苍鹭、出售鳟鱼的尼克进入"最后一片净土"。在清风习习的山林中,面对着对自己怀有一片挚爱纯情的妹妹,尼克发誓说他从此后再不提一个"杀"字。但是,这一誓言的约束力在面对不断追逐着他、令他不快的巡边员时,能否化解那两个追逐他的"杂种"带给他的现实性恐惧和仇恨?在现实中,海明威直到50多岁还一本正经地对人说起巡边员带给他的恐惧和困惑。问题在于,在我们既有的主体价值观念结构中,我们实在惧怕也不愿舍弃主体优先、人类优先的伦理价值取向,因此,我们听任自己的经验迷失在对海明威式主体神话的消费满足中。我们已习惯于接受那个身体227处受伤仍救助伤员的海明威,连续两次飞机失事仍大难不死的海明威,三度婚变仍在第

---

① [美]贝克:《迷惘者的一生:海明威传》(上),林基海译,长沙:湖南文艺出版社,1992年,第27页。
② 同上书,第29页。

四次婚姻中得到了相伴到死的爱情的海明威,用一声震动世界的枪响对衰老说不的海明威。海明威,这个名字带给了读者特别是男性读者主体价值期待中的最大消费满足。但正是这种消费满足遮蔽了海明威本人生命中和海明威文本中的现实性伦理取舍的迷失和困惑。

应该承认,海明威是一个热爱生命伦理、态度严肃的伟大作家,但他又首先是一位热爱生命、热爱自然、有主体英雄情结的男子汉。主体英雄情结和热爱生命、热爱自然的生活态度使他在现实生活和创作中一再陷入困惑。他在不断夸耀自己身上的 227 处伤痛的同时,却因无法击退对死亡的恐惧而不得不整夜开着灯。他能够临危不惧地把妻子玛丽从死亡线上拽回来,但无法正视并接受自己衰老和病痛的事实。当然,受制于主体英雄情结的海明威虽然孤傲又狂妄地对一切异己性力量说不,但却从未丧失对自然生命的热爱之情。正是这样一种主体价值优先意识、热爱自然生命的伦理态度,决定着他笔下的硬汉在固守自己的准则的同时,又不断自觉不自觉地超越主体优先意识,参与到一个更为广博的生命伦理价值叩问进程中。而在此意义上的海明威式硬汉,更应该被称作"准则英雄"。"准则英雄"在不放弃主体性的同时,会不拘囿于自我的骄傲,能够进入与包括他人、其他物种和大自然的对话性关系中,有更广博的生命伦理关怀意识。

体现在《老人与海》中,海明威的生命伦理探索范畴就大大拓展了,不仅涉及人的存在,还有海、鱼、狮子、鸟和风的存在等等。事实上,《老人与海》的写作意图已远比编制动人的硬汉神话要复杂得多。就连与海明威关系复杂的福克纳也看到了《老人与海》中超越硬汉骄傲的怜悯:

> 这是他最精彩的作品……他提到了怜悯,提到在冥冥之中有一种神秘的力量,这种力量创造出一切:那个钓大鱼又失去鱼的老人,那条命定要让人抓住又失去的鱼,那些命定要把老人的大鱼夺走的鲨鱼;这种力量要创造出这一切,爱这一切,怜悯这一切。这是很好的。①

如果我们仔细阅读,就会发现在《老人与海》中,海明威的伦理关怀意识已经远远溢出硬汉主体价值的拘囿。海明威对人类中心主义价值观念的伦理

---

① 董衡巽编选:《海明威研究》(增订本),北京:中国社会科学出版社,1985 年,第 321 页。

反思渗透在圣地亚哥对自己与大马林鱼、人类与自然的关系叩问中。从老人钓到大鱼的那一刻起到老人失去大鱼、一无所得地回到窝棚中，海明威和圣地亚哥一起完成了一次关于生命伦理的反思和探索。当老人把船划得远远的，并在天亮前抛出了全部诱饵时，我们从老人的行为中读出了一份自信，这份自信无疑源自人优越于鱼、优越于其他物种的主体狂妄。但海明威不想把饱经岁月沧桑的圣地亚哥混同于浅薄乐观的狂妄自大之辈。诺贝尔文学奖颁奖词在评价《老人与海》中"人敢于和不可知的自然拼搏的能力"这一主题时，将这部中篇小说与麦尔维尔（Herman Melvile，1819—1891）的《白鲸》（*Moby Dick*，1851）相提并论：

> 麦尔维尔的《莫比·狄克》讲述的是一条白色的巨大鲸鱼被一位患有偏执狂的船长疯狂追逐的故事。这种联系可以说是时间这部织机中贯穿百余年的一条经线。不论麦尔维尔还是海明威，他们都无意创造这一种寓言。深不可测的茫茫大海和其中的各种邪恶力量，可以被充分地用作诗的成分，但用不同的方法，即用浪漫主义的方法和现实主义的方法，却可以表达同样的主题——人的忍耐力，或者说，人敢于和不可知的自然拼搏的能力。人尽可被毁灭，但却不能被打败。①

麦尔维尔的《白鲸》是一部大部头的长篇小说，也是19世纪美国文学中的经典。小说讲述亚哈船长追逐大白鲸莫比·迪克（Moby Dick）的故事。亚哈船长在海上追寻一条大白鲸莫比·迪克，它毁了他一条腿。船长用鲸鱼骨做了一个假肢，一直在追逐白鲸。小说第133章"追击——第一天（The Chase—First Day）"，第134章"追击——第二天（The Chase—Second Day）"，第135章"追击——第三天（The Chase—Third Day）"描述亚哈与莫比·迪克的直接较量，最后，亚哈与大白鲸同归于尽，葬身大海。《白鲸》的历史语境是美国19世纪太平洋地区的捕鲸业，海洋中的鲸鱼对捕鲸人来说只有"有主鲸"和"无主鲸"两种。对"有主鲸"占有的多寡是当时美国划分政治经济阶层的依据。这部小说中叙述的19世纪美国捕鲸产业的大背景是西方人与海洋代表的大自

---

① 瑞典文学院常务秘书安德斯·奥斯特林：《授奖词》，象愚译，引自[美]海明威：《老人与海》（附录），董衡巽等译，桂林：漓江出版社，1991年，第360—361页。

然之间的主客关系。《白鲸》开篇将大白鲸放到西方的词源学、文化思想史的知识谱系中来追溯,这是麦尔维尔所讲述的亚哈和莫比·迪克故事的叙述起点,叙述的终点是追逐的人和被追逐的仇敌一起毁灭。在故事的叙述过程中,"白鲸"被描绘成一种超自然的、对人怀有敌意而又难以征服的神秘邪恶的怪物。亚哈 18 岁离开陆地,直到 58 岁,一直在捕鲸船上追逐、复仇,直到与白鲸一同葬身大海。小说中有一段亚哈的内心独白,集中体现了亚哈与莫比·迪克的主客对立关系:

> 在我看来,白鲸就是那围墙,堵在我眼前。有时我以为外面什么都没有。可这就够了。它给了我一件苦差事,它压在我身上;我在它身上看见了凶残的力量,一种不可理解的恶意使它更强大。我恨的主要是那不可理解的东西;白鲸是从犯也好,是主犯也罢,我都要把仇恨发泄在它身上。不要和我说什么亵渎神明,伙计;如果太阳侮辱了我,我也会戳穿它。太阳可以那样干,我就可以这样干。自从世上有了公平竞争,嫉妒就支配了所有的造物。可是伙计,甚至那公平竞争也做不了我的主。谁能主宰我?真理没有界限。①

麦尔维尔通过亚哈和莫比·迪克的故事,反思 19 世纪美国文化中人与自然关系中的误区。亚哈偏执的追逐给他带来挫折,使他陷入疯狂,正是这种主体价值傲慢自大导致他葬身海洋的自我毁灭。海明威的《老人与海》确实和《白鲸》存在着某种互文性关系,小说的篇幅虽然远不及《白鲸》的长度,社会背景的宽度、深度也远不及《白鲸》,但他对西方人文传统中人与自然关系的思考却更多重更复杂。小说中圣地亚哥和大马林鱼的较量也是持续了三天,第三天大马林鱼浮出水面,他叉死马林鱼并带着胜利果实返航。在返航途中,他又失去胜利果实,并反思人与自然应该是什么关系。小说对圣地亚哥征服大马林鱼、与鲨鱼搏斗的叙述始终蕴含着矛盾和张力,从中可见出海明威对人与包括他人、他物、大自然在内的大他者关系的反思。圣地亚哥关于人和大鱼、太阳、月亮、星星关系的独白片段,既是对《白鲸》中亚哈船长狂妄独白的改写,也是超越:

---

① [美]赫尔曼·麦尔维尔:《白鲸》,马永波译,北京:中信出版社,2021 年,第 241 页。

"这条鱼也是我的朋友,"他说出声来,"我从来没见过或听说过这样的鱼。不过我必须把它弄死。我很高兴,我们不必去弄死那些星星。"

想想看,如果人必须每天去弄死月亮,那该多糟,他想。月亮会逃走的。不过想想看,如果人必须每天去弄死太阳,那又怎么样?我们总算生来是幸运的,他想。

于是他替这条没东西吃的大鱼感到伤心,但是要杀死它的决心绝对没有因为替它伤心而减弱。它能供多少人吃啊,他想。可是他们配吃它吗?不配,当然不配。凭它的举止风度和它的高度尊严来看,谁也不配吃它。

我弄不懂这些事儿,他想。可是我们不必去弄死太阳或月亮或星星,倒是好事。在海上过日子,弄死我们自己真正的兄弟,已经够我们受得了。①

这段文字表明,在与大马林鱼较量的过程中,一方面,圣地亚哥对自己作为渔夫的理性角色责任从未动摇过。他调动自己的体力、意志和智慧,寻求征服大鱼,杀死大鱼,实证自己的男性气概,让大鱼知道他是个不寻常的老头。即使替大鱼感到伤心,但是他却不会因为自己的同情心而放弃自己作为渔夫的理性角色责任;另一方面,圣地亚哥又一再感叹大鱼生命的美,称鱼是他的兄弟,他的朋友,"凭它的举止风度和它的高度尊严来看,谁也不配吃它"。在这里,圣地亚哥的理性责任与他的伦理关怀构成了一个价值悖论:既然圣地亚哥与大鱼是朋友,是兄弟,大鱼拥有独立的生命品格和尊严,那么,生命的价值取向是鱼还是人呢?圣地亚哥叩问的结果是:"我不在乎谁害死谁。"这个结果在形而上的思辨意义上,似乎已经超出了人类中心主义的伦理片面性,因为在老人的答案中,大鱼与人的生存权利是平等的。但是,在形而下的实践中,人与鱼较量的结果仍然是有理性、智慧的人杀死了大鱼。面对这样一个结果,我们不得不质疑圣地亚哥所坚守的理性责任背后的伦理价值体系的合理性。美国环境伦理学家诺顿区分了两种类型的人类中心主义。他指出:"一种价值理论,如果一切价值仅以个体感性偏好的满足为参照,就是强人类中心主义的;

---

① [美]海明威:《春潮·老人与海》,吴劳译,上海:上海译文出版社,2000年,第186—187页。

如果一切价值以理性偏好的满足为参照，它就是弱人类中心主义的。感性偏好是指一个人可以感觉或体验到的欲望或需要；理性偏好则是指个人经过谨慎理智地思考以后所表达的欲望或需要，思考的目的是要判断这种欲望和需要能否得到一种合理的世界观的支持，而这种世界观是由一组可靠的科学理论、解释那些理论的形而上学，以及一整套合理的、起支撑作用的审美理念和道德理想构成。"①据此来看，应该承认，与海明威早期作品中的个体自由主义伦理相比较，渗透在《老人与海》中的伦理意识已经拥有了一些他者关怀的因素。在出版于 1932 年的《死在午后》中，海明威写道："关于道德问题，我只知道所谓道德的就是你事后感觉好的，所谓不道德的就是你事后感觉坏的。"②在《老人与海》中，圣地亚哥的伦理关怀已经不再仅仅是一种属己的主体快乐感觉，而陷入了一种由自我的主体价值和他者的生存权利之间的冲突导致的伦理困惑中。最终，他以自己作为一个渔夫的理性责任为依据，杀死了他称作兄弟的大鱼。以诺顿的观点来看，如果说海明威早期诉诸个人感觉的道德意识是强人类中心主义的，那么，在《老人与海》中，他的伦理关怀意识已经呈现出一种弱人类中心主义的伦理特征。具体表现为：其一，圣地亚哥已经开始与自然中的他者对话。他认为海洋有自己独立的生命品格，星星是他的朋友。其二，圣地亚哥已经开始质疑、反思人类对自然的无限度征服和掠夺行为的合理性。他对人类会弄死太阳、月亮和星星的忧虑已经透露出一种生态危机意识。圣地亚哥虽然选择坚守自己作为渔夫的角色责任，"到世界上没人去过的地方"去寻找大鱼，征服大鱼，但是在失去大鱼之后，他认为自己的好运之所以被冲掉，是因为自己出海太远了。在二战结束后，东西方两大阵营都致力于富民强国的物质文明建设，人定胜天的壮志豪情正处在高涨时期，相比之下，圣地亚哥的这番自我反思应该说是具有前瞻意识的。

在《老人与海》问世 10 年以后，另一个美国人雷切尔·卡森出版了《寂静的春天》，在美国掀起了一场环境保护运动。但是，《寂静的春天》所包含的深层哲学内涵绝不限于人类的环境危机意识，而在于对人类近代以来征服自然

---

① 雷毅：《深层生态学思想研究》，北京：清华大学出版社，2001 年，第 19 页。
② [美]海明威：《死在午后》，金绍禹译，上海：上海译文出版社，1999 年，第 4 页。

的理性意识的合理性提出了质疑。该书的最后一段话寓意颇深:"'控制自然'这一句习惯用语体现了人类妄自尊大的自我想象,它是生物学和哲学还处在原始阶段时的产物。"[1]这句话表达了一种鲜明的反人类中心主义立场,而卡森本人对西方现代世界的影响也不仅限于环保运动,更深刻的影响是在于她所肇始的生态整体主义伦理思想。与卡森比较而言,虽然《老人与海》的文本中已经渗透着人与自然的对话意识、对西方人的自然观念合理性的反思意识,但是,海明威式英雄圣地亚哥并未放弃自己的主体优越感和主体价值,他在人和鱼之间的伦理困惑还仅仅是一个纠缠不清的现代性价值悖论。也正是这种陷入悖论的伦理价值困惑给圣地亚哥的英雄主义神话涂抹了一层淡淡的忧伤和无奈。

有待进一步反思的是,现代西方人能否如圣地亚哥所期望的,有勇气拒绝主体优先伦理所带来的现实性利益诱惑?人类经历过太多主体神话破灭后的生命伦理困境和现实性灾难体验,不应痴迷于西方中心主义、人类中心主义的狂妄自大。生命在自然中、在宇宙中是相互依存的。人类要承诺的不仅是自身的生命伦理责任,而且是一切地球生命乃至宇宙生命的伦理责任。唯有如此,我们才能在生命与生命、生命与自然、与宇宙的积极对话中实现人作为一种智性动物的生命价值和意义。

---

[1] Rachel Carson, *Silent Spring*, Boston: Houghton Mifflin Company, 1962, p.297.

下 编
海明威小说中的现代性冲突

第 四 章

《太阳照常升起》:清教伦理与消费文化

消费文化的理论研究是在20世纪60年代发展完善起来的,但作为一种社会生活现象,消费享乐的价值取向在20世纪20年代的美国就已经蔚然成风。康马杰在《美国精神》一书中是这样说的,"20世纪20年代那十年是经济繁荣、讲究物质享受和玩世不恭之风盛行的十年"①。文化史上更是把这个时期称作"爵士时代"。海明威的成名作《太阳照常升起》(1926)就是在这个时期问世并受到美国大众欢迎的一部小说。小说叙述第一次世界大战结束后一群英美青年在欧洲的生活经历。小说中的男主人公美国青年杰克在一战中受伤丧失了性机能,战后成为报社派驻巴黎的记者。他在工作之余常去酒吧、咖啡馆消遣,并与女主人公勃莱特相识相爱,但他们却因杰克的性机能障碍无法结合。勃莱特的爱人在战争中死去,后来她嫁给自己不爱的人,现在正在闹离婚。她认为战争毁了她的幸福,遂在痛苦中转向其他男人。西班牙的圣福明节日期间,杰克、勃莱特与一群朋友前往西班牙看斗牛,勃莱特爱上了年轻健美的西班牙斗牛士罗梅罗,杰克则与朋友一起去山间钓鱼。小说结尾处,勃莱特离开了罗梅罗,杰克从度假地赶到旅馆帮勃莱特解决经济困难,他们心心相印,但依然不能结合。

《太阳照常升起》出版后,受到读者的热烈欢迎,各大报刊都发表了评论,海明威一夜之间成了享有国际声誉、在巴黎生活的美国青年流放者的代言人,

---

① [美]H.S.康马杰:《美国精神》,南木等译,北京:光明日报出版社,1988年,第634页。

西班牙斗牛的权威,他那个时代最具才华的散文文体的创造者。很多评论者认为,该小说之所以受到美国大众的欢迎,是因为它反映了一战给年轻人造成的精神创伤,以及他们在战后迷惘幻灭的生活。海明威因此被人们冠名为"迷惘的一代"代表作家,《太阳照常升起》则是"迷惘的一代"的代表作。但是,如果我们对文本做一番仔细地阅读,对20年代的美国社会现实与文化构成做更多层面的考察后就会发现,《太阳照常升起》与产生和接受它的20年代美国文化之间的关系,远非是战后幻灭情绪这一简单的逻辑关联所能涵盖的。事实上,在商业繁华如梦的20年代,消费享乐的价值取向与传统的清教文化积淀共同构成了美国文化现代化过程中的现代性悖论。生活在上述文化结构中的年轻一代,一方面在日常生活实践中尽享消费文化带来的感性解放快乐,另一方面又面对着在转型空间中确认自我形象时的失意和伤感。笔者认为,在此意义上解读《太阳照常升起》,能够挖掘出其显在和隐含的多层次的文学、文化意蕴。

第一节 "流放"青年与消费文化

很多美国文学研究者把海明威及其"迷惘的一代"作家在第一次世界大战中的经历与他们战后的文学创作实践挂起钩来。他们认为,"迷惘的一代"青年是战争的受害者,帝国主义战争摧毁了他们信奉的传统价值观,他们对战后的现实感到失望,失去了生活的目标,陷入迷惘幻灭的生存状态中。事实并非如此。所谓"迷惘的一代"青年作家确实大多以某种形式参加过第一次世界大战,像海明威,加入了美国红十字协会,赴意大利战场,在救护四分队开救护车,并没有亲历惊心动魄、短兵相接的战斗场景。战后,他们或者住进国内的格林尼治村,或者自我流放到欧洲。自我流放到巴黎的一代美国青年,在巴黎出入文学沙龙、咖啡馆、度假地,并写出了他们的成名作。"这些文化青年在20年代导演了一场文化'战略转移'"①,青年海明威就是他们中的一员。

---

① 虞建华:《什么是"迷惘的一代"文学》,上海:上海外语教育出版社,2013年,第44页。

一

毋庸置疑,一战给所有的参战青年带来了不同程度的心理阴影,但他们在欧洲战场上的收获并非仅仅限于创伤。很多像海明威一样战后成为作家的美国青年被编在救护车队中。海明威本人常抱怨他离战斗太远,等到有机会在能望见对面敌军阵地的战壕中分发巧克力时,他就光荣地负伤了。接下来,海明威在米兰的医院里开始学习爱情。马尔科姆·考利在《流放者的归来》一书中说,战争"为一代作家提供了大学补习课程"。"这些课程把我们带到一个外国,对我们中的大多数人来说,这是第一次见到的外国;这些课程教我们谈恋爱,用外国语言结结巴巴地谈恋爱。这些课程供给我们吃住,费用由一个与我们毫无干系的政府负担。这些课程使我们变得比以前更不负责任,因为生活不成问题;我们极少有选择的余地;我们可以不必为将来担忧,而觉得将来肯定会给我们带来新的奇遇。这些课程教给我们的是勇敢、浪费、宿命论,这些都是军人的美德;这些课程教我们把节约、谨慎、冷静等老百姓的美德看成恶习;这些课程使我们害怕烦闷胜过害怕死亡。所有这些在军队的任何部门都能学到"①。海明威以一战为背景的小说《永别了,武器》中的相关描述,与考利的学术考察相互印证:

> 我跟一个朋友坐在军官妓院里,两只酒杯,一瓶阿斯蒂(意大利古城阿斯蒂出产的白葡萄酒),望着窗外下得又迟缓又沉重的大雪……那天夜晚,在饭堂里吃到实心面这一道菜,人人吃得又快又认真,用叉子高高卷起面条,等到零星的面条都离开了盘子才朝下往嘴里送,不然便是不住地又起面条用嘴巴吮,吃面的时候,我们还从用干草盖好的加仑大酒瓶里斟酒喝;酒瓶就挂在一个铁架子上,你用食指一扳下酒瓶的脖子,又清又红的带单宁酸味的美酒便流进你用同一只手所拿的杯子里。大家吃完面后,上尉便找教士开玩笑取乐。②

---

① [美]马尔科姆·考利:《流放者的归来——二十年代的文学流浪生涯》,张承谟译,上海:上海外语教育出版社,1996年,第33页。
② [美]海明威:《永别了,武器》,林疑今译,上海:上海译文出版社,2019年,第6页。

从考利的学术表述和海明威的文学叙述来看,未来的年轻作家们在欧洲学会了一种追求现时的刺激、满足、快乐的新"美德"。这种新的生活美德正是战后美国的工商业发展所需要的消费道德。一战结束后,从欧洲归来的年轻知识分子回首观望自己的祖国时,发现她不但没有直接遭受战争之害,反倒获利于战争工业,一跃成为世界经济格局中的第一强国,并因其快速膨胀的国力和商业成功而洋洋自得。从国际经济总量占比上来看,1914 年,美国欠欧洲投资者的债务总量是 40 亿美元,战后的 1919 年,美国借出款项超过 37 亿美元,1930 年高达 88 亿美元。欧洲的工业在战争中遭到破坏,而美国的工业却在战时战后都获益,于 1929 年发展到占世界工业总产量的 42.2%。[①] 一战后,美国国内工商业经济大繁荣。在 20 年代先后执政的三位美国总统哈丁、柯立芝、胡佛的共同特点就是支持工商业。连续执政两届的柯立芝总统曾经说,"美国的事务就是工商业"[②]。在这样的政治背景下,20 年代美国制造业产出增长了 60%,人均收入增长了三分之一。[③] "一九一四至一九二七年间,普通职工的真正购买力从人均每年五百八十美元增长到一千三百零一美元",全美国的百万富翁人数也从一九一四年的四千五百人增加到一九二九年的一万一千人。[④]

商业经济的飞速发展,使得商品的大众化成为可能。广告商在尊重吃苦耐劳的传统美德的同时,也在以越来越丰富的传播媒介向大众推销越来越丰富的消费用品,尽其所能地将大众培养成为消费者。他们将商品说成是"好日子"的象征,把汽车、家用电器、各种名目繁多的生活用品、旅游与新的生活方式和社会成功、地位联系起来,使人们感到若不购买汽车、电器等商品,不去进行一次旅行,生活就没有长进。分期付款的消费方式也在鼓励着人们去花钱

---

① 参见[美]斯塔夫里阿诺斯:《全球通史》(下),吴象婴、梁赤民、董书慧、王旭译,北京:北京大学出版社,2019 年,第 553 页。
② [美]罗德·霍顿、赫伯特·爱德华兹:《美国文学思想背景》,房炜、孟昭庆译,北京:人民文学出版社,1991 年,第 334 页。
③ 参见[美]艾伦·布林克利:《美国史》(II),陈志杰、杨天旻、王辉译,北京:北京大学出版社,2019 年,第 933 页。
④ 参见[美]罗德·霍顿、赫伯特·爱德华兹:《美国文学思想背景》,房炜、孟昭庆译,北京:人民文学出版社,1991 年,第 335 页。

消费。总之,各种行业的企业法人想方设法地把讲究消费享乐的风气扩散到人们的日常生活实践中去。在此意义上,断言一战后美国大众中普遍存在着一种悲观迷惘情绪,似乎与20年代的消费享乐气氛不符。

二

20年代的商业消费风尚导致包括文学艺术在内的美国文化也染上了商业化色彩,广播、电影、"爵士新闻"(Jazz Journalism)①成为这一时期美国大众的文化生活内容。1925年,美国有200万个家庭拥有收音机。至20年代末,几乎每个家庭都有了收音机。工商业繁荣和世俗的大众文化滋养出一代市侩平庸的"巴比特"式标准美国公民。② 尽管参战作家在欧洲培养起了与消费时尚相合的消费道德,但他们却鄙视庸俗的、没有灵魂的商业文化。再加上他们快乐的消费自由总是受到清教徒父母的束缚,于是,他们在失意和伤感中,做出了个性化反叛和艺术拯救的选择。海明威本人从战场上归来后,一度也生活在父母提供的好日子里,抽烟、喝酒、聚会、钓鱼。直到有一天,他的母亲给他写了一封信:

> 亲爱的欧内斯特,我的儿子,你如果还不醒悟过来,停止过那好吃懒做的浪荡生活,停止靠他人为生的生活,大吃大喝,赚多少吃多少,挥霍浪费,停止用所谓俊俏的脸蛋去勾引容易上当的姑娘或者你仍然对救世主上帝,耶稣基督不虔诚,不尽教职。一句话,你如果不自觉到自己已长大成人,应该有男子汉的堂堂气魄,那你将一事无成,招致自我毁灭……当你恍然大悟,有了生活的理想和目标,你将仍然看到你的母亲在等待着你,欢迎你……③

---

① "爵士新闻"指在1920年代爵士乐兴起后出现的一种新闻,其特点是对权威和传统的蔑视,对奇特怪诞的追求。形式上多采用煽情主义的小报风格,广泛使用摄影技术。参见[美]迈克尔·埃默里、埃德温·埃默里:《美国新闻史》,展江、殷文主译,北京:新华出版社,2001年,第307页。

② 巴比特(Babbitt)是辛克莱·刘易斯(Sinclair Lewis, 1885—1951)于1922年出版的小说《巴比特》中的地产商人,小说揭示了上个世纪20年代美国中产阶级的势利狭隘、自以为是和世俗平庸。

③ [美]贝克:《迷惘者的一生——海明威传》,林基海译,长沙:湖南文艺出版社,1992年,第125—126页。

海明威的父亲也给他写了一封主题类似的信。结果是,海明威在与哈德莉结婚后,就带着自己的作家梦和妻子那每年大约有 3000 美元的生活费,于 1921 年底去了巴黎。

考利对 20 年代美国年轻一代的巴黎流放之旅做出了解释。他说,在那个时代,知识分子普遍认为,"艺术家只要离开本国,去住在巴黎、卡普里岛和法国南部,就能打碎清教主义的枷锁,就能畅饮,就能自由地生活,就能充满创造力"①。事实上,对于 20 年代去巴黎寻求新生活和艺术拯救的知识分子来说,他们在巴黎首先找到的却是由祖国的经济强国地位决定的美元坚挺的兑换值。1925 年,1 美元可以兑换 25 法郎。在写作《太阳照常升起》的日子里,海明威声称,每年只需 2500 美元,一个人就可以在巴黎住舒适的旅馆,每周在很好的地方喝两三次咖啡,到佛罗伦萨或四季如春的海滨过冬,到瑞士避暑。以此为参照,虽然海明威在晚年写作的回忆录《流动的圣节》中称自己贫穷,但靠着哈德莉每年 3000 美元的基金,他们在巴黎从不进肮脏的咖啡馆,巴黎坏天气的时候去瑞士滑雪,狂欢节期间去西班牙看斗牛。海明威在回忆录中称这段日子为"流动的圣节"。这样一种远离清教伦理约束的休闲、消费、娱乐的生活体验,是海明威创作《太阳照常升起》的生活源泉。反映在小说中,休闲、消费、娱乐成为小说人物日常生活实践的基本内容。

三

消费文化渗透在《太阳照常升起》的不同结构层次中。首先,从小说中的叙事场景来看,除了杰克工作的写字间以外,皆是咖啡馆、餐馆、酒吧、舞厅、挤满游人的火车、汽车、海滨度假休闲胜地、山间垂钓的河流、狂欢节的街道、广场和斗牛场等休闲、娱乐空间。杰克带比尔到位于塞纳河中央小岛上的一家餐馆去吃饭。由于有人把这个餐厅写进了美国妇女俱乐部的导游小册子,称它是塞纳河沿河码头边一家尚未被美国人光顾的古雅饭店,结果,杰克和比尔在这家挤满了美国旅游者的饭馆等了 45 分钟才等到一张桌子。在前往西班牙看斗牛的火车上,也挤满了来自美国的新教徒旅游者。海明威的朋友内

---

① [美]马尔科姆·考利:《流放者的归来——二十年代的文学流浪生涯》,张承谟译,上海:上海外语教育出版社,1996 年,第 54 页。

森·阿施第一次读到《太阳照常升起》时,对海明威说他写了一本旅游小说。著名的海明威研究专家迈克尔·雷诺兹在《太阳照样升起:一部20年代的小说》中也指出,从地理和历史文化的角度来看,读者可以把海明威的《太阳照常升起》当作参观巴黎、观看西班牙斗牛的旅游指南来读,因为该小说提供了与旅游公司的旅游手册相似的信息。① 细读文本,上述说法不无道理。如同乔伊斯在《尤利西斯》中详尽地描绘了1904年6月16日这一天都柏林的都市生活风貌,以至于人们可以依照小说中所提供的细节还原一个真实的都柏林一样,读者也可以追随着杰克的脚步,按图索骥地游览巴黎。下面的描写就证明了这一点:

> 我们在康特雷斯卡普广场上向右拐,顺着平坦、狭窄的街道走去,两侧的房子高大而古老。有些房子突向街心。另一些往后缩。我们走上铁锅路,顺着它往南走,它一直把我们带到南北笔直的圣雅克路,我们然后往南走,经过前有庭院、围着铁栅栏的瓦尔德格拉斯教堂,到达皇家港大街。
>
> 我们走上和皇家港大街相衔接的蒙帕纳斯大街,一直朝前走,经过"丁香园""拉维涅""达穆伊"和另外那些小咖啡馆,穿过马路到了对面的"洛东达",在灯光下经过它们门前的那些桌子,来到"雅士"。②

同样,海明威对杰克一行人的西班牙之旅的描写也十分详尽。那远离都市喧嚣的寂静山谷,充满异教意味的斗牛竞技,服装绚丽的斗牛士,斗牛过程中每一个环节的引人入胜之处,质朴热烈的西班牙风情,口味独特的西班牙饭菜,这一切都是令人神往的旅游看点。伴随着《太阳照常升起》的畅销,西班牙斗牛成为美国年轻人争相购买消费的旅游文化产品。

其次,从小说人物的日常生活实践来看,这是一种典型的现代都市青年的消费生活方式。20世纪20年代,老一辈中产阶级创造的财富已足以为他们的子女提供一种与丰富的消费品同在的现代好日子:饮用美酒咖啡,享受美

---

① Michael S. Reynolds, *The Sun Also Rises: A Novel of the Twenties*, Boston: Twayne Publishers, 1988, p.46.

② [美]海明威:《太阳照常升起》,赵静男译,上海:上海译文出版社,2000年,第86页。

食,穿着个性化的服装,出入跳舞、赛马等有闲有钱阶层组成的俱乐部,到风景名胜地区度假,去山间垂钓,赴西班牙看斗牛。在来自英美的这一群青年人中,除了杰克是在巴黎工作的新闻记者外,勃莱特、科恩、迈克都是生活在娱乐闲散的状态中,比尔刚出版了一本书,赚了一大笔钱,也来到欧洲休闲度假。叙述人杰克对各方面的消费知识都十分在行。他通晓各种牌子的美酒,掌握海外旅游度假的相关知识,是垂钓高手,还是欣赏斗牛艺术的内行,俨然一个海外旅游生活的专家。小说共有19章,每一个章节都有青年男女喝酒的生活场景描写,他们在一个地点喝过后,再到下一个地点继续喝。喝法国的酒、意大利的酒、西班牙的酒,红葡萄酒、白葡萄酒、白兰地、威士忌,等等。喝酒的人物、场景、酒的类属各不相同,酒总是在那里,成为工作之后、餐馆就餐、舞厅跳舞、观看斗牛、山间钓鱼等活动中必不可少的组成部分。小说中的主要人物杰克至少醉酒3次,勃莱特醉酒2次,迈克总是醉醺醺的。杰克的朋友比尔、科恩也都喜欢喝酒。喝酒聊天是小说人物的生活常态。而此时美国本土却在推行禁酒令,大众不得不伴随着违法的罪感、抵制的风险去体验饮酒的快感。相比之下,杰克和科恩却坐在巴黎著名的那波利咖啡馆里,悠闲地喝着开胃酒,观看黄昏时分林荫大道上散步的人群。如此自由闲散的消费生活与老一辈新教徒节俭克制的生活形成了鲜明对比,自然令人神往。在此意义上,《太阳照常升起》吸引美国大众的不仅只是自由畅饮的快乐,更重要的是小说人物置身于其中的消费生活方式。

小说中的女主人公勃莱特更是现代女性消费生活的榜样。勃莱特是以个性化的装扮出场的,"她穿着一件紧身套衫和一条苏格兰粗呢裙子,头发朝后梳,像个男孩子。这种打扮是她开的头"①。勃莱特的个性化装扮还有:戴一顶男式毡帽,在酒吧间里不穿长筒袜,大秀性感长腿。她竭力追求舒适、优雅的生活:只能品美酒,不能忍受品质低劣的白兰地;像男子一样手夹香烟,吞云吐雾;出入乘坐汽车,"只要能想法不走路,我就不走"②。海明威借助勃莱特的装扮风格和行为方式,成功地打造出一个身体自由、生活舒适、优雅的现代

---

① [美]海明威:《太阳照常升起》,赵静男译,上海:上海译文出版社,2000年,第24页。
② 同上书,第26页。

女性形象。在《太阳照常升起》问世后,勃莱特的发型、服装、行为方式成为年轻女性打造自我形象时效仿的个性化模型。海明威在其他小说中也写到了女性生活的时尚化。在短篇小说《士兵之家》中,克莱勃斯于1919年夏天从欧洲回到他的家乡俄克拉何马小镇,他发现,在战前只有少数时髦女子才剪短发,但现在大多数姑娘都留着短发,而且她们生活的天地变得挺复杂,既有已经确定的各种联合,又存在着变化不定的敌意,这使得克莱勃斯觉得自己缺乏精力和勇气闯进她们的天地里。美国的广告商最先捕捉到了女性的现代生活方式的商业化价值。在20年代一则新奇大胆的香烟广告中,解放了的女性对衣着考究的男伴说:"吞吐任逍遥。"①这一类广告的催眠作用就在于它让女性相信,只要像男人一样地喷云吐雾,你就是你自己的,你的生活就可以像男人一样逍遥自在。由于女性加入香烟消费者队伍中来,20年代美国香烟的消费量增加了一倍。

  法国社会学家让·波德里亚认为,追求差异的个性化表达方式实则是一种消费变体。他指出:"'您所梦想的,就是您自己的。'这种令人钦佩的反复叙事,其出处显然是这样或那样一种胸罩,它集中了个性化自恋的一切悖论。正是在您接近您的理想参照之时,在您'真正成为您自己'时,您最服从集体命令,也最与这样或那样一种'强加'的范例相吻合。"②依照波德里亚的消费变体逻辑,女性解放的诱惑和打造个性的自恋式行为已经预先被某些范例替代了,而这些范例,就是由包括广告在内的大众传媒工业生产出来的,并由那些可以定向的符号组成。比如,美国的年轻女性之所以喜欢勃莱特,是因为她那与众不同的发型、装扮、行为方式,正是她们所需要的自我的个性化表达方式。因此,在现代消费社会中,每个人都可以借助自己选择的某些范例兑现自己的个性。但是,正是通过这种符号化的个性表达,个人在生产——消费的资本主义经济体制中发挥着消费者的功能。"把本属于女性的提供给女人们消费、把本属于青年的提供给年轻人消费,这种自恋式解放成功地抹煞了他们的真正解放。或者还可以这样做:把青年规定为叛逆(青年=叛逆),这种做法可谓是

---

  ① [美]迈克尔·埃默里、埃德温·埃默里:《美国新闻史》,展江、殷文等译,北京:新华出版社,2001年,第310页。
  ② [法]让·波德里亚:《消费社会》,刘成富、全志钢译,南京:南京大学出版社,2001年,第90—91页。

一石二鸟:通过将青年规定为特殊范畴以避免叛逆向全社会扩散,并且此范畴由于被控制在一个特殊角色即叛逆之中而被中和。"①在此意义上,在欧洲的消费、休闲空间中打造自我的杰克、勃莱特们,在美国本土模仿杰克、勃莱特们的另类穿着和谈吐的年轻人,还有后来的嬉皮士、雅皮士,不过是美国商业消费社会中追逐时尚前卫的消费个性的象征性或形式化叛逆者而已。在现实的生产——消费的社会机制中,这些象征性的叛逆者却在为资本主义经济发展推波助澜。

考利曾经指出:"流放在国外的艺术家也是贸易上的传教士,他们使国外对自来水笔、长统丝袜、柚子和手提打字机的需求增加。艺术家们引来接踵而至的旅游者入侵大军,这样就使轮船公司和旅行社的赢利大增。所有一切和这幅商业的画面接合得天衣无缝。"②因此,将《太阳照常升起》放回到它得以生产出来的消费文化语境中,我们也可以说,海明威自我流放到远离美国商业文化的巴黎寻求艺术拯救,他的成名作却成了牵动 20 年代美国年轻人的个性化消费行为的文化符码。

第二节 身份焦虑与现代性价值悖论

显而易见,海明威写作《太阳照常升起》的目的毕竟不是为美国的工商业发展促销消费伦理。他更关心的是,在美国由传统的清教文化向现代的消费文化转型的历史进程中,年轻一代在建构自我时所遭遇的价值冲突、身份焦虑,以及由一系列矛盾冲突而导致的现代性价值悖论。

20 世纪 60 年代,在反社会、反文化、反政治的青年运动中,美国激进的年轻人一度把《太阳照常升起》看作是一部拒绝一切来自传统的虚伪价值观念的小说。迈克尔·雷诺兹指出,那些将这部小说看作是享乐主义者放纵夜生活和两性关系的生活指南的年轻读者,如同海明威的母亲在 1926 年对小说中流

---

① [法]让·波德里亚:《消费社会》,刘成富、全志钢译,南京:南京大学出版社,2001 年,第 151 页。
② [美]马尔科姆·考利:《流放者的归来——二十年代的文学流浪生涯》,张承谟译,上海:上海外语教育出版社,1996 年,第 55—56 页。

露出来的不道德倾向的指责一样,都是误读了这部小说。① 实际上,仔细倾听小说中流露出来的多重声音就会发现,海明威在处理美国现代化进程中的劳动与消费、个体价值与社会认同、传统道德与感性自由等问题时,其价值取舍态度并非简单地弃传统取现代,而是呈现出一种由传统向现代转型时期的矛盾复杂性。

一

在劳动与消费问题上,海明威在展示美国年轻人在欧洲的休闲、消费生活的同时,并没有完全抛弃老一辈新教徒所信奉的劳动美德。从小说的叙述者杰克认真敬业的工作态度中,我们可以看到传统的劳动美德在像杰克一样的年轻人身上得以保留下来。作为一名新闻记者,杰克总是在尽职尽责地完成自己的工作任务后才去休闲、娱乐。小说中,杰克先后有四次叙述了自己的工作情况:第二章,杰克在编辑部紧张地工作了两个多小时,将所有的稿件都发走后,才与一直等候着他的科恩去喝酒;第四章,勃莱特在清晨四点半来找杰克一起去吃早饭,并且有著名的德国穆默酒佐餐,杰克说,"上午我还得工作","跟你比,我太落后了,追不上了,和你们玩不到一块去";第五章,清晨,杰克步行去编辑部上班。一路上,行人都是上班去的,杰克觉得"上班是件令人愉快的事情";第八章,勃莱特去圣塞瓦斯蒂安度假,科恩也不再来打搅,杰克为了能在六月末去西班牙度假旅游,每天勤奋工作,并且经常到写字间加班。事实上,海明威本人并不认同塞纳河左岸那些反传统、行为放荡的伪艺术家的生活方式。此时的他正处在为当一名作家而努力习艺的阶段。在小说第十二章,比尔模仿当时美国国内某些流行话语对杰克说:"你是一名流亡者。你已经和土地失去了联系。你变得矫揉造作。冒牌的欧洲道德观念把你毁了。你嗜酒如命。你头脑里摆脱不了性的问题。你不务实事,整天消磨在高谈阔论之中。你是一名流亡者,明白吗?你在各家咖啡馆来回转悠。"② 有很多研究者引用这段话证明杰克是一个无所事事的"迷惘者"。但是,持这种观点的人却忽视

---

① Michael S. Reynolds, *The Sun Also Rises: A Novel of the Twenties*, Boston: Twayne Publishers, 1988, p. 59.

② [美]海明威:《太阳照常升起》,赵静男译,上海:上海译文出版社,2000年,第125页。

了这段话在文本中的上下文语境。在小说中,杰克和比尔到西班牙的布尔戈特去钓鱼。清晨醒来,两个人互相说一些俏皮又怜悯的话。杰克称比尔关于流亡者的一番话是一套胡言乱语,并回应他说,"照你这么说,这种生活倒蛮舒服嘛","那么我在什么时候工作?"①杰克的言外之意是他并不把自己归入无所事事的流放者之列。

虽然海明威将叙述人杰克与无所事事的塞纳河左岸流放者区别开来,但是他所坚守的劳动伦理与老一辈新教徒的观念已明显不同。老一辈资产者的劳动观念与清教信仰密不可分,"一方面,他必须为了上帝的荣耀而竭力劳作,谦卑地接受从中获得的财富,然而在另一方面他又继续将这个世界仅仅看作是一个痛苦和眼泪的峡谷,是每个走向天堂的获罪者的唯一必经之路"②。但是,20世纪初,工业化的高速发展已经把受苦流泪的现世峡谷变成了生活用品丰富多样的俗世温床。康马杰称,在这个时期,美国人"从曾经耗尽他们祖先精力的繁重体力劳动中解放了出来。工作时间从每周60小时减为40小时,年休假从一周延长为一个月和一个多月"。"自有史以来,如何安排空闲时间第一次成了大问题"。③ 在这样的历史语境中,一方面,在新教徒的劳动伦理中注入休闲、消费的现代性内容是美国的现代化生产发展所需要的,另一方面,个人的休闲消费生活又处处打上了商业化的烙印。杰克在欧洲的生活就是这种历史性变化的反映。小说中提到了杰克的银行结账单。杰克的银行账户上余额为2432.60美元,扣除已经支出的费用,尚有存款1832.60美元。以海明威本人所提供的数据为参照,一个人每年花2500美金就可以在巴黎过很舒适的生活,杰克在巴黎过的是舒适的中产阶级小康生活。生活舒适的中产阶级,是美国经济现代化的产物。作为中产阶级的一员,杰克在勤奋工作的同时,对个人的生活经济运营十分在行。他已经悟出了一套现代商品交换社会中的生活哲学:"享受生活的乐趣就是学会把钱花得合算,而且明白什么时候花得合算。你能够把钱花得很合算。世界是个很好的市场,可供你购买。这

---

① [美]海明威:《太阳照常升起》,赵静男译,上海:上海译文出版社,2000年,第125页。
② [美]罗德·霍顿、赫伯特·爱德华兹:《美国文学思想背景》,房炜、孟昭庆译,北京:人民文学出版社,1991年,第49页。
③ [美]康马杰:《美国精神》,南木等译,北京:光明日报出版社,1988年,第621页。

似乎是一种很出色的哲学理论。"①在巴黎,杰克知道在哪家咖啡馆可以享用价格适宜的美酒美食。去西班牙旅游,他了解哪里可以找到舒适便宜的旅馆。甚至包括给不同服务行当的侍者付多少小费购买多少服务热情,杰克都应对自如。结构主义马克思主义理论家阿尔都塞曾经指出:"艺术之所以是艺术,是因为它脱离开意识形态,同时暗指着意识形态。"②在此意义上,海明威虽然鄙视商业主义,但我们从他的小说中还是看到了20年代美国人生活的商业化表征。

二

在处理道德与责任的关系问题时,《太阳照常升起》同样显示出一种社会转型时期的现代性价值悖论。海明威在以保守的中产阶级为主的橡树园镇上长大。清教徒严格的宗教意识和种种清规戒律在小镇上拥有绝对的权威地位。海明威的父母都是恪守清教规则的新教徒。他的父亲完全按照清教徒的道德准则来管教孩子。海明威虽然成年之后离开了橡树园,但是来自橡树园的宗教道德传统却在他的内心深处留下了深刻的烙印。在《太阳照常升起》中,他将美国青年杰克等人安排在欧洲,在与橡树园拉开距离的现代生活场景中重新审视其宗教道德传统的价值,在传统观念与现代价值的冲突和整合中建构自我的主体生命意义。具体说来,传统与现代的价值冲突集中在小说人物对待饮酒、两性关系、主体价值的取舍态度上。一方面,海明威内心深处的传统观念积淀决定了他的小说人物与传统之间有割舍不断的内在牵连,另一方面,他们又试图挣脱清教传统的束缚,追求个体的生命自由和感性解放。这两方面的价值冲突构成了小说人物的内心困惑,有时候,这种困惑表现为一种无奈的伤感,甚至是意义漂浮的虚无感。

首先,在饮酒问题上,绝大多数美国的中产阶级白人把禁酒看作是一场伟大的道德运动。早在19世纪末期,美国就成立了各种禁酒团体。其中,成立于1895年的反酒吧社提出,酒吧会助长社会的腐化之风,使工人走向堕落,影

---

① [美]海明威:《太阳照常升起》,赵静男译,上海:上海译文出版社,2000年,第163页。
② [英]拉曼·塞尔登编:《文学批评理论——从柏拉图到现在》,刘象愚、陈永国等译,北京:北京大学出版社,2000年,第498页。

响工作效率。因此,他们一边在教堂和公共选举中向大众倡导禁酒节制,一边在家里的私人酒吧中继续饮酒,丝毫不认为这是假道学。同样的情形也出现在海明威的故乡橡树园镇。1919 年,美国 36 个州通过了《第十八条宪法修正案》,使销售和批发含酒精饮料在全国范围内成为非法行为。作为一场崇高的拯救道德的试验,禁酒法案一开始实施,那些曾出于道德原因而拥护禁酒的人便后悔地意识到,他们为了拯救美国人的道德,却丧失了喝酒的权利。事实上,美国的饮酒人数并没有因为禁酒令的实施而有所减少。相反,由于饮酒行为由中央政府来进行裁决,各个州政府对私下里的饮酒行为视而不见,结果是,酒走私商以杂货商、药商、各种帮会专职代理人的身份倒卖私酒,年轻人则视随身携带小酒壶、饮酒酗酒为时髦之举。在菲茨杰拉德出版于 1925 年的小说《了不起的盖茨比》中,主人公盖茨比就是靠贩卖私酒发家致富的。在盖茨比府上,相识不相识的人们夜夜聚在一起饮酒作乐。到 20 年代末,即使是最坚定的理想主义者也开始承认,这一场伟大的禁酒运动已经失败。1933 年,罗斯福上台后,美国国会废除了禁酒令。姑且将海明威本人与酒精的亲密关系撇开,把《太阳照常升起》与这场旨在拯救道德的禁酒运动联系起来,我们就不难理解为什么美国国内的道德理想主义者喜欢以小说人物的饮酒行为为把柄,来质疑海明威的道德立场,也可以理解为什么社会上的放浪青年将模仿海明威的人物饮酒视作时髦的叛逆自由举动。也就是说,20 年代正身处在禁酒运动实施进程中的美国大众,在对《太阳照常升起》的接受问题上也存在着两种倾向性,一种将饮酒看作是年轻人道德上的堕落,另一种则将饮酒看作是抵制不合理的清教束缚、追求自由的标志。

其次,就两性关系问题来说,在小说的整个叙事进程中,杰克和勃莱特始终面对着自己的生理性别和社会性别角色困惑。他们的困惑折射出 20 年代美国中产阶级白人男性和女性在经历性别角色转换时的身份焦虑。在这个问题上,有的批评者只看到了杰克的招妓女和勃莱特的性放纵行为,就由此断定小说中的青年一代在处理两性关系时放荡成性,没有道德责任感。比如说美国的海明威研究者马克·斯毕尔卡认为,在《太阳照常升起》中,两性间的传统爱情已经死亡。"所有这些男男女女都是飘零子弟,他们脱离了传统社会,把巴黎当成了永久的游乐场。"①英国批评家兰·乌斯比也指出:"全书充满玩世不恭和对固有价值幻灭的情调。"②国内与上述见解相类的观点也十分普遍。该小说中文译者在中译本的序言里也表示了相似的看法:"(海明威)客观上讴歌的是醇酒和美女、狂欢和遁世,所肯定是人生无常、及时行乐的思想。"③笔者认为,这种批评过于简单和武断,没有将 20 年代青年人正在经历的自我性别角色转换这一复杂的时代因素考虑在内。从小说中所呈现出来的杰克和勃莱特的性别角色表征来看,两个人的性角色内涵皆趋向于复杂多样性。黛布拉在《阅读欲望:追寻海明威》一书中指出:"海明威的小说将人物的生理性别和社会性别置于不断变换的状态中。尽管现代社会试图将男性的或女性的外表和表达方式,以及同性恋、异性恋或双性恋的欲望等范畴固定下来,但是,到目前为止,将人的欲望和行为划类定型仍是难以做到的。在《太阳照常升起》中,人物的行为、外表和欲望已经超出了'正常的'身份和身份认同的边界,原有的男性和女性的生理性别和社会性别范畴被动摇,并且互相交织在一起。"④黛布拉的著作是在 1999 年出版的,从中不难看出 20 世纪 90 年代美国的性别批评理论在她的海明威研究中的回响。

20 世纪最后十年,朱迪斯·巴特勒的性别批评理论在美国文学与社会学研究领域产生了重要影响。"她对性别'自然性'的质疑之辩改变了我们思考自然性别、伦理和言语行为的方式"⑤。巴特勒重新诠释了作为社会规范的性别,并在甄别无法规约的他者基础上提出了性别表演论(gender performativity)。她在《性别麻烦》一书中指出:"主体的政治建构是以某些合法性以及排除为基础,并被政治话语以'自然化'为由有效地遮掩了。"⑥巴特勒之后,性别成了一个麻烦"问题",也为我们跳出传统的两性道德评价标准制囿,深入剖析《太阳照常升起》中杰克和勃莱特的内心困惑提供了有益的启示。在此意义上,将杰

---

① 董衡巽编选:《海明威研究》(增订本),北京:中国社会科学出版社,1985 年,第 207 页。
② [英]兰·乌斯比:《美国小说五十讲》,肖安溥、李郊译,成都:四川人民出版社,1985 年,第 275 页。
③ [美]海明威:《太阳照常升起》,赵静男译,上海:上海译文出版社,2000 年,"前言"第 2 页。
④ Debra A. Moddelmog, *Reading Desire: In Pursuit of Ernest Hemingway*, Ithaca: Cornell University Press, 1999, p.99.
⑤ 王楠:《美国性别批评理论研究》,北京:北京大学出版社,2015 年,第 10 页。
⑥ [美]朱迪斯·巴特勒:《性别麻烦》,宋素风译,上海:三联书店,2009 年,第 3 页。

克的性机能创伤与勃莱特的爱情创伤置于20年代美国社会正在经历着的现代化进程中来考察,就不会将他们的角色困惑和焦虑仅仅归咎于战争。

当然,勃莱特和杰克的自我性别角色转变并非战后两性关系领域里出现的突然裂变,而是在战前美国社会性别政治语境中的性别角色结构基础上逐渐演变而来的。

第一次世界大战以前,美国社会的主流文化传统在很多方面都是在英国主流文化传统的基础上形成的,在男性和女性的角色认同问题上也不例外。依照传统的性别角色规定,男性和女性分别属于社会公众空间和婚姻家庭空间这两个不同的活动领域。但是,在一战以后,男性和女性角色空间之间的界限不再是绝对不可逾越的。一方面,一战的灾难导致"神圣""光荣""牺牲"等主流社会评价标准的权威性丧失,男性对由少数政治家和大财团操纵的社会价值体系生出一种幻灭感,对自己在社会公众空间里的角色自信大打折扣。这种社会共同意识的幻灭感和男性主体自信的退缩在《太阳照常升起》中表现在杰克身心两方面的伤痛中。在《太阳照常升起》出版三年后问世的《永别了,武器》(1929)中,社会共同意识的幻灭感则通过亨利表达出来:

> 我一言不发。神圣的、光荣的和牺牲等等这些字眼,以及徒劳无益的豪言壮语常常使我困惑。我们听到过这些字眼,有时站在雨中,在耳朵几乎听不见的地方,以致传来的只是那些大声喊叫出来的字眼,我们也曾在张贴布告的人漫不经心地一张叠一张地张贴的公告上读到过这些字眼。如今经过一段很长的时间,我没有见到过任何神圣的东西,光荣的东西并不光荣,牺牲像芝加哥屠宰场的牲畜围场,要是肉无法处理只有把它埋掉了事。[①]

一战后,男性的权威地位和主体自信丧失的同时,女性却向传统的社会角色规定发起了挑战,具体表现为她们的社会角色开始向公众空间渗透。1920年,美国的妇女获得了选举权。这标志着妇女开始以合法的身份参与到社会公众活动中来。妇女社会角色的这种变化不仅发生在美国,在欧洲,女性的角色也发生了相应的变化。像巴黎的西尔维亚·比奇,就是现代主义文学艺术

---

① [美]海明威:《永别了,武器》,汤永宽译,杭州:浙江文艺出版社,1992年,第158页。

发展史上的重要人物。她经营的莎士比亚书店在巴黎的图书出版界和文学界都享有盛名。经典的意识流名著,乔伊斯的《尤利西斯》就是由西尔维亚最先出版发行的。在伦敦,弗吉尼亚·沃尔夫也是当时伦敦的文学艺术精英小团体"布卢姆斯伯里团体"的成员。[①] 1917 年,她与她的丈夫还开设了霍加斯书局。一战结束后,介入到公众空间活动中来的女性不仅限于像西尔维亚和沃尔夫这样的杰出女性,而是一种普遍的社会发展趋势。而在美国国内,因连载乔伊斯的《尤利西斯》而被告上道德审判法庭的《小评论》杂志创刊人,也是一位赞助先锋文学的杰出女性玛格丽特·安德森。不管是在美国,还是在巴黎,都有越来越多的妇女走出家门,参与到公众活动中来。这种女性争取民主权利的女权意识在 20 年代早期的巴黎尤其突出。那时巴黎有 80 多个女权主义团体,共有六万多成员。由于社会公共空间在传统上是属于男人的活动领域,妇女常常被视为闯入者而不配受到尊重和保护,所以离家的妇女很自然地就被看作是名誉不好的,或者是危险的。也就是说,介入公众空间中的女性不再受制于传统的性别角色制囿,做纯洁、温柔、顺从的天使,而是不断地争取自由、自我表现和在公共生活中的发言权,反抗男权社会那种根深蒂固的社会性别规定。因此,在 20 年代,走出家门的妇女被看作是时髦的、放荡的、对既有社会秩序构成威胁的女性。她们在告别家庭的同时,也失去了既有的、稳定的生活庇护,显得脆弱、敏感,甚至会伴有因自我焦虑而导致的歇斯底里症状。《太阳照常升起》中的勃莱特就是这些走出家门的女性之一。

从上述 20 年代女性的角色变化可知,像勃莱特一样留短发、抽烟、喝酒、谈恋爱的"放浪女子"并非个别现象。在美国,这种情况也十分普遍,海明威的姐姐玛斯琳也剪了短发。温迪·马丁在《勃莱特·阿施利:〈太阳照常升起〉中的新女性》中援引了这样一则消息来说明当时美国女性的着装开放程度。在 1925 年的春天,《纽约时报》报道了一则有趣的消息,一位妇女穿了一件袖子

[①] 大约在 1910—1940 年间,伦敦的一些作家和艺术家经常在弗吉尼亚·沃尔夫的布卢姆斯伯里住宅聚会,一起探讨文艺和哲学问题。虽然他们否认自成一派,但是在创作中表现出来的反传统的审美观却是一致的。由此形成了一个文学艺术团体。这个团体的成员都在文学艺术界享有盛名,其中包括弗吉尼亚、小说家福斯特、哲学家罗素、经济学家凯恩斯等。参见上海外国语学院、外国语言文学研究所编译:《当代英国文学词典》,南京:江苏人民出版社,1985 年,第 35 页。

是透明的衣服，竟在伦敦引起了很大的骚动。当这个妇女因过分暴露和扰乱社会秩序的罪名而被捕时，她抗议说这种衣服是纽约流行的样式。同样的，当勃莱特在潘普洛纳裸露着双肩走进蒙托亚的酒吧时，也大大地触怒了蒙托亚，因为她暴露的皮肤让人觉得她是一个堕落的女人。温迪从女权主义的批评立场出发，将勃莱特看作是 20 年代新女性的代表。她指出："从勃莱特·阿施利身上可以看到新女性对传统社会秩序的激烈挑战。她已经走出房门并开始漫游世界。她毫无愧色地进出公共领域，敢于经常出入从前限制她出入的地方，如酒吧和斗牛场，再也不穿长裙和那些带着裙撑并将腰身束紧的服装了，而是科科·夏奈尔和埃尔特为便于女性活动而专门设计的新式服装：短裙子，轻柔的质地，这种女式服装的新款式简直令传统主义者震惊不已。"①但是，不应忽视的历史事实是，20 年代的新女性都是从像娜拉（易卜生的《玩偶之家》）一样没有自我的历史中离家出走的。在勃莱特已有的婚姻生活经验中，她的丈夫阿施利总是叫她睡在地板上，睡觉时身边总是放一把装有实弹的左轮手枪，总是说要杀死她。这样一种男性霸权的暴力压制，给勃莱特留下了痛苦的记忆。在她的历史经验中，长发、端庄、顺从的女性化气质是与被压制、丧失自我的痛苦与恐惧联系在一起的。因此，我们看到，走出阿施利的家门，以新女性姿态出现在现代生活中的勃莱特在外表装束和行为方式上都偏离了传统的女性气质，并已经在某种程度上跨越了传统的男性、女性的社会性别两分界线。她留着短发，戴着一顶男式毡帽，不穿长筒袜，一手夹着香烟，一手端着酒杯，与不同类型的男子约会，出入于各种公众休闲娱乐场所。通过这一系列偏离传统的女性性别角色的表达方式，勃莱特独立的自我形象得以建构起来。评论者则分别以传统或现代的评价标准为参照，给勃莱特贴上"放浪女子"或解放了的"新女性"标签。笔者认为，在勃莱特的"放浪"或"解放"行为背后，深藏着一种越界后的自我性别身份确认的焦虑。她总是徘徊于自我克制与自我放纵之间，显得摇摆不定。她同她前任丈夫以及迈克尔、科恩，甚至和杰克的关系都充满了矛盾的情感，既渴望他们却又常常疏远他们。这种变幻不定的情感状

---

① Wendy Martin, "Brett Ashley as New Woman in *The Sun Also Rises*," See Linda Wagner-Martin, ed., *Ernest Hemingway's The Sun Also Rises*, New York: Oxford University Press, 2002, p.50.

态皆缘自她在社会性别角色转型过程中重建自我时的身份焦虑。具体看来,这种身份焦虑表现在两个方面:

其一,勃莱特虽然走出了阿施利的家门,但仍然生活在男权政治控制下的社会结构中。她那跨越传统淑女界限的个性化着装、饮酒、抽烟、看斗牛等时尚消费,仍然要由阿施利之外的某个男人为她付账。小说中还提到,如果没有男人的陪伴,勃莱特一个人还不能进入这些越界的自我表达空间中。也就是说,在20年代的美国和巴黎,像勃莱特这样的新女性,其叛逆和解放的触角还只能在男权社会允准的空间中伸展。在此意义上,没有独立的经济支付能力的勃莱特,其社会性别角色实则是传统的家庭妇女与现代高级交际花的混合体。

其二,勃莱特在追求性爱快乐的同时,又怀有一种异性恋恐惧心理。从勃莱特的性爱表达方式来看,她已经偏离了传统女性被动接受的性角色界定,她的性欲求也不再局限于唯一的性伴侣。为了满足自己的身体欲望,勃莱特可以与自己不爱的科恩去圣塞瓦斯蒂安约会。她与斗牛士罗梅罗的私奔事件也是由她本人的主体欲望牵动的。她毫不掩饰地将自己对罗梅罗那富有阳刚魅力的身体的爱欲表达出来,但是她又惧怕在罗梅罗的男性力量面前重新沦为没有自我的"女性化"角色。因此,当罗梅罗要求她为了自己留长发,变得更女性化一些时,她就离开了罗梅罗。勃莱特的异性恐惧还不仅限于此,在勃莱特那曾经被男性文化霸权殖民过的内心深处,还有一种红颜祸水的道德罪感。离开罗梅罗后,勃莱特对杰克说:"我不愿当一个糟蹋年轻人的坏女人。""我现在感到很好。我感到很坦然。"①但是,她在做出如此表白的同时,却又在杰克怀抱里哭泣。从勃莱特的异性恋恐惧心理中,我们可以看到20年代的新女性在建构自我的主体性时普遍存在的性别身份焦虑。也许,正是因为内心深处的异性恋恐惧,勃莱特才总是在最痛苦的时候选择与丧失了阳具霸权能力的杰克在一起。

同杰克在一起的时候,勃莱特有一种安全感。也正因为如此,在勃莱特之后,更激进的新女性才选择了彻底与男性霸权决裂的性爱姿态——同性恋。

---

① [美]海明威:《太阳照常升起》,赵静男译,上海:上海译文出版社,2000年,第265页。

问题是,勃莱特在与杰克相拥的同时,对男性的爱欲又在她的体内涌动。在勃莱特看来,压制对异性的爱欲"是人间地狱般的痛苦"。据此来看,勃莱特的性别欲望取向实在是复杂多样,也只有20世纪末期朱迪斯·巴特勒的性别操演论能为她提供身份认同的理论依据。而在20年代的美国,勃莱特的未婚夫盎格鲁·撒克逊种族的有闲阶层成员迈克尔警告她说:"她要是跟犹太人和斗牛士这号人一起招摇过市,她准会碰到麻烦。"①在小说的最后,勃莱特还是选择回到迈克尔身边。因为在她看来,"他是那么可亲,又那么可畏。他正是我要求的那种人"②。海明威给深陷性别角色认同焦虑中的勃莱特安排了一个英国未婚夫,似乎是在回应受困于英国维多利亚时期性道德观束缚的美国女性的身份焦虑问题。但他又给勃莱特设计了另一个诉求,她对杰克说:"我们要能在一起该多好。"③此时,海明威安排一个警察在勃莱特和杰克坐的出租车前面举起了警棍。警察和警棍是否暗指主流社会的道德律令?海明威向来追求只在文本中说出八分之一,勃莱特的性别身份认同最终指向哪里,依然是暧昧不明。

迈克尔·雷诺兹仔细研究了保存在肯尼迪图书馆中的小说手稿,他发现原稿中有这样一段在正式出版时被删掉了:"至于说以前发生的事情对勃莱特产生了怎样的影响,勃莱特感觉如何,我不是心理分析学家,我只是把她做的和说的记录下来,由你自己去思考这一切。"④这段话表明,作为一个正致力于建构自己小说技艺的年轻作家,海明威既不能算作是与传统两性道德彻底决裂的新道德斗士,也无意于对新女性的解放行为挥动主流文化的律令警棍,他只是以自己选择的八分之一为读者解读包括性别政治在内的20年代美国文化,提供了一幅着色不一的文化拼图。

如果说我们透过勃莱特的快乐、困惑、痛苦,可以洞察20年代新女性的性别身份焦虑,那么,我们同样不能忽视杰克的性机能创伤所具有的时代文化符

---

① [美]海明威:《太阳照常升起》,赵静男译,上海:上海译文出版社,2000年,第222页。
② 同上书,第266页。
③ 同上书,第270页。
④ Michael S. Reynolds, *The Sun Also Rises: A Novel of the Twenties*, Boston: Twayne Publishers, 1988, p.23.

码隐喻意义。在此意义上,杰克的性机能创伤不仅是第一次世界大战的灾难性后果的实证,而且更是工业化时代中产阶级白人男性权威衰落的危机感的表现。

其一,从工业化时代的两性关系来看,新女性的解放自由与新男性阳具霸权的受挫是相伴而行的。在海明威的短篇小说《我躺下》(Now I Lay Me)中,尼克回忆起他们在祖父去世后搬进母亲设计的新房中去的情境。尼克的父亲收集了一些印第安制品,放在地下室里。母亲趁父亲外出打猎期间,将医生收集的印第安制品都当作废弃不用的东西烧毁了。父亲打猎归来后,从灰烬中又拣出了石斧、剥兽皮的石刀、做箭头的工具等残片,并小心地包裹起来。这个细节与杰克的性机能创伤的隐喻意义是一致的。时代不同了,受过教育的母亲自己不仅能够设计住房,而且敢于公开挑战父亲的男性权威。美国的海明威研究专家彼特指出,印第安制品"代表着一种文化,也许是一种以阳具崇拜为标志的男性气概。他的妻子将他的印第安制品烧毁,标志着她对印第安人,尼克的父亲,他的个人兴趣,他的财产都缺乏崇敬之情"[①]。同样的,在《太阳照常升起》中,科恩一心一意要扮演一个守护在美人身边的浪漫骑士。结果是,在新女性勃莱特的自主意识面前,他那英雄救美的责任感连同他大学时代练就的一身好拳技,统统都废于一旦。与科恩不同的是,杰克在小说的叙事进程中,自始至终都要直面自己阳具受挫的现实。他的性无能意味着男性力量、男性权威以及男性进行社会控制权利的丧失。对这一点杰克具有清醒的认识。他一方面为自己的男性权威丧失而感到痛苦,另一方面,正是由于白人男性文化霸权意识的缺席,杰克对勃莱特的欲望、科恩的犹太身份才都能够同情并包容。也许,正是因为这一点,黛布拉才在杰克身上辨认出了与后现代社会中的酷儿相类的特性。

其二,从中产阶级白人男性在美国文化现代化进程中的角色变化来看,杰克的创伤传达出他们在社会转型时期追求自我认同时的失意和伤感情绪。在工业化、都市化的现代社会中,与经济生活中的组织化管理和整体性操控相一

[①] Peter L. Hays, "Hemingway's Use of a Natural Resource: Indians", See Robert E. Fleming, ed., *Hemingway and the Natural World*, Moscow: University of Idaho Press, 1999, p.4.

致的标准美国公民形象是刘易斯塑造的只有商业头脑而没有个性的巴比特。从永远憧憬着未来的商业利益,但又永远木然平庸的巴必特们身上,我们可以看到美国现代社会生活的同一性、同质化发展趋向与个体自由、自我理想之间的矛盾。在此意义上,杰克无法恢复的性机能创伤即是来自主流社会的同一性操控对个体生命自由的压制和异化。

三

在主体价值和自我生命意义的终极归属问题上,《太阳照常升起》透视出一种与美国"爵士时代"的价值追寻相一致的世俗化道德取向和终极归属的虚无感。这种世俗化道德与指向来世拯救的清教道德不同,是以现世的、现时的、个体的感觉为价值判断标准的。正如海明威在《死在午后》中所说的:"关于道德问题,我只知道所谓道德的就是你事后感觉好的,所谓不道德的就是你事后感觉坏的。"①以个体在特定情境下的感受作为评判道德与否的依据,这是一种相对主义的情境伦理。这种个人主义、相对主义的价值观和道德观与美国社会由农业社会向消费社会转型过程中的道德需求是一致的。发生在美国社会的价值观和道德观方面的这种变化突出体现在学校的道德教育理念中。学校的道德教育经历了一个从服务宗教到服务世俗生活的转变。这一时期,道德教育的主要特征是强调进步、发展,强调道德教育的个人目的,重视教育对个人需要的满足。具体来说,杜威的教育思想在美国的道德教育中占据了主导地位。他认为:"一切都是变化、发展的,根本不存在绝对的、固定不变的道德真理,任何道德准则都随社会文化的发展而变化。所以道德实质上是一种解决问题的过程,而不是某种固定观念和习惯。"②这种道德教育思想与战后消费生活实践中出现的反清教压抑的自主性、现时性、相对性道德取向是一致的。

在《太阳照常升起》中,上述反清教传统的自主性道德态度既体现在伯爵和迈克尔沉浸于其中的完全世俗化了的享乐主义生活方式中,也渗透在杰克和勃莱特的自我感性解放行动中。

---

① [美]海明威:《死在午后》,金绍禹译,上海:上海译文出版社,1999年,第4页。
② 鲁洁、王逢贤主编:《德育新论》,南京:江苏教育出版社,2000年,第594页。

在小说中,伯爵和迈克尔分别出现在书的第一部、第二部和第三部。他们是两个完全适应并投身于消费社会的享乐生活中的人物。因此,对于他们来说,传统道德的困扰已经不复存在。伯爵的身体也留有战时的伤疤,但是,他的伤疤与杰克的性机能创伤不可相提并论。杰克在战争中经历了神圣、光荣、牺牲等传统价值信念受创的痛苦,而伯爵早已经完成了由与旧秩序同在的贵族身份向与金钱同在的现代商业社会中掌握资本的商人角色的转变。他的伤疤是在战时做买卖时留下来的。伯爵声称,在现代社会中,"必须对生活价值形成一套看法"。伯爵的看法就是在生活中尽情享乐。名牌白兰地、香槟酒、葡萄酒,巴黎上等饭店里的美食,收集一屋子既能装点生活又有投资价值的古董,经常跟美女谈恋爱,这就是伯爵的日常生活实践。勃莱特说:"你没有任何对生活价值的看法。你已经死去了,如此而已。"①我国的海明威研究者也大多采用了与勃莱特一致的判断来评价伯爵这个人物。但是,应该指出的是,勃莱特之所以认为伯爵已经死去,是因为她在伯爵身上看不到任何与传统观念相联系的价值取向。实际上,在现代商业消费社会中,伯爵是一个与现代资本主义的物化文化完全对接合拍的资产者、消费者。除了他的头衔以外,伯爵与旧时的等级秩序已经毫无瓜葛。作为一个有贵族头衔的资产者,伯爵在经商的各个行当都有朋友,他本人在美国开了好多家糖果连锁店。他还在艺术界投资,资助一个叫做齐齐的希腊画家,因为他认定他将来会很有出息。这有点像资助乔伊斯的西尔维亚·比奇,看好的是现代艺术的市场升值潜力。由此来看,以商业生产、消费社会的逻辑来推断,伯爵才是一个与资本主义社会的发展节奏合拍的人物,只不过在这类人物的价值准则中,传统的道德关怀、永恒的意义追问都被现时的个体享乐、资本的商业利润所取代了。

与伯爵相比较,迈克尔则是一个地道的现代都市生活中的消费者。他的生活内容完全是在现时快乐牵引下的一系列消费行为。波德里亚在《消费社会》一书中概括了这样一个消费神话:"一个人具有需求,需求促使他走向给予他满足的物。由于人毕竟永远无法得到满足,因此,同样的故事便能够无限制

---

① [美]海明威:《太阳照常升起》,赵静男译,上海:上海译文出版社,2000年,第69页。

地重复出现,当然同时也伴随着旧寓言的消亡。"①在《太阳照常升起》中,海明威安排迈克尔给在潘普洛那过狂欢节日的一行年轻人讲了一个勋章的故事。迈克尔讲述的故事与波德里亚概括的消费神话有异曲同工之处。有一次,迈克尔应邀参加一个有王子出席的盛大宴会,请柬上写明赴宴者要佩戴勋章。但是,迈克没有勋章。于是,他就与他的裁缝做了一笔交易。他出钱,裁缝给他弄来了一盒子勋章。结果,宴会那天,由于临时变故,王室的人没有到场,所以与会的人就没有佩戴勋章,戴上的也都摘了下来。迈克尔花钱租来的勋章装在衣服口袋里,始终没有拿出来。后来,他感到宴会极端无聊,就提前离开到夜总会去找姑娘寻开心。在夜总会里,迈克将一盒子勋章都散发给了姑娘们,感到自己十分威风。更令他感到滑稽的是,此后,裁缝连续几个月写信向他讨要勋章,因为这些勋章的主人是一个身经百战的军人,勋章就是他的命根子。迈克讲述的故事将一群年轻人逗得哈哈大笑。在他们的笑声中,传统的价值体系被他们的现时快乐消解掉了。

迈克的勋章故事出自海明威在1923年12月8日发表在《多伦多星报周刊》上的一篇通讯。通讯的题目是《战时奖章贱卖》。这则通讯通过战时各种奖章在巴黎贱卖的报道,说明战时表彰的"英勇"其时已经是一钱不值。通讯的开篇写道:

> 现在英勇在市场上卖多少钱?在阿得雷德街上一家奖章与硬币铺子里,一个店员说:"我们不收购奖章。没有人要。"②

在通讯的结尾处,海明威在考察过巴黎的许多店铺后得出结论:在20年代的巴黎,"破闹钟卖得掉,可是'十字勋章'卖不掉"。在这则通讯中,还渗透着一种旧时荣誉贬值的悲哀和对待战争的复杂态度。可是,在《太阳照常升起》中,当迈克讲述勋章的故事时,在他的现时享乐感受中,旧时荣誉不再的悲哀之情已荡然无存。值得注意的是,迈克的享乐生活是靠借债来维持的。以此来看,迈克已经成为一个抛弃了一切传统价值观念、道德责任,只关注个体的现时享受的消费者。

---

① [法]让·波德里亚:《消费社会》,刘成富、全志钢译,南京:南京大学出版社,2001年,第57页。
② 董衡巽编选:《海明威谈创作》,北京:生活·读书·新知三联书店,1986年,第58页。

在伯爵和迈克的现时个人享乐主义道德观念中,透露出一种上帝、永恒、终极关怀不在场的虚无感。与伯爵和迈克相比,勃莱特和杰克虽然也追求个人自由和感性解放,但是,传统和永恒的价值观在他们的心灵中却依然魂魄不散。正因为如此,勃莱特才会说完全舍弃传统和永恒的伯爵已经死去,才会一边追求自主的性欲望表达,一边在放纵的罪感中向往着一种灵与肉和谐交融的理想化爱情。同样地,橡树园的道德责任和宗教拯救意义也始终纠缠于杰克的内心深处:其一,杰克在认同金钱购买消费快乐的同时,又为商业化消费时代通行的交易关系所带来的人性的物化表达而失意伤感。因此,我们看到,在小说中,杰克既具备商业算计的精明头脑,有一套购买、享乐的交换理论,同时,又会仅仅出于温情和某种责任感而掏腰包——出钱帮助潦倒的穷艺术家,与朋友、同事吃饭时总是主动扮演埋单者,为勃莱特付账单等;其二,杰克在追求个体的感性自由的同时,又不时地陷入个体享乐价值观与社会共同的责任担当之间的内心冲突中。在勃莱特与罗梅罗的两性关系问题上,杰克一方面将勃莱特的行为理解为她摆脱被剥夺被压抑的痛苦过去的感性解放需求,因而做了撮合二人的"皮条纤",另一方面,他又觉得此举不仅背叛了自己的爱情,也出卖了西班牙的斗牛事业,无法正视斗牛迷们带有谴责意味的目光;其三,杰克不是一个继承了橡树园的新教传统的虔诚教徒,但他却自称是一个天主教徒,超越世俗价值的永恒和拯救问题还在困扰着他。在海明威的生活中,他的父母都是虔诚的新教徒,也按照新教教规来约束子女。但是,海明威在与保琳结婚前却接受了天主教的洗礼。目前,还没有令人信服的实证材料说明海明威选择天主教是出于虔诚的信仰,依照贝克在海明威传记中提供的材料来看,海明威是为了与保琳结婚才接受了天主教的洗礼。他还对牧师说,前妻哈德莉根本不信教,所以他们在美国的教堂里举行的婚礼不算数。此后,海明威就成了一个"名义上的天主教徒"①。如同海明威本人有争议的天主教信仰一样,《太阳照常升起》中的杰克也不是一个虔诚的天主教徒。他很少进教堂,他在教堂里的祈祷内容也与来世的拯救无关:

  我跪下开始祈祷,为我能想起来的所有人祈祷,为勃莱特、迈克、比

---

① [美]贝克:《迷惘者的一生——海明威传》(上),林基海译,长沙:湖南文艺出版社,1992年,第328页。

尔、罗伯特·科恩和我自己,为所有的斗牛士,对我爱慕的斗牛士单独一一为之祈祷,其余的就一股脑儿地放在一起,然后为自己又祈祷了一遍,但在我为自己祈祷的时候,我发现自己昏昏欲睡,所以我就祈求这几场斗牛会是很精彩,这次节期很出色,保佑我们能钓几次鱼。我琢磨着还有什么别的事要祈祷的,想起了我需要点钱,所以我祈求能发一笔大财,接着我开始去想该怎样去挣……想到自己在祈祷,就感到有点害臊,为自己是一个糟糕透顶的天主教徒而懊悔,但是意识到我自己对此毫无办法,至少在这一阵,或许永远,不过,怎么说天主教还是种伟大的宗教,但愿我有虔敬之心,或许下次来时我会有的。①

从杰克祈祷的内容来看,杰克的这段内心独白透视出海明威本人对终极信仰问题的矛盾态度:一方面追求与现世的、现时的、个体的世俗化享乐主义道德同在的主体自由和个体生命的感性解放,另一方面,传统宗教信仰的积淀又使他趋向一种超越世俗层面的永恒意义。但是,经历过一战的挫伤后,海明威已经不再信任包括宗教在内的传统价值体系的永恒拯救意义,与许多现代艺术家一样,在上帝不在场的现代商业消费社会中,他试图创造一种不会衰败的艺术话语,来承载超越和拯救的永恒意义。正如迈克尔·贝尔所指出的:"美学在那个时代承担着某种伟大的重负。"②

第三节 现代性与美学现代性

海明威在一次访谈中提到,他在 1925 年 7 月 21 日,他的生日那天开始写作《太阳照常升起》。当时,他正在西班牙看斗牛。他和妻子哈德莉一早出发去瓦伦西亚,想买 7 月 24 日节庆期间看斗牛的好座位。他对采访者说:

> 当时每个和我同辈的人都写了一部小说,而我连憋出一整段都困难。所以我在生日当天开始写作,早上在床上从节庆开始写到结束,然后出发去马德里,在那儿继续写……在酒店街角的阿尔瓦雷斯巷里有一间啤酒

---

① [美]海明威:《太阳照常升起》,赵静男译,上海:上海译文出版社,2000 年,第 105—106 页。
② [美]迈克尔·莱文森编:《现代主义》,田智译,沈阳:辽宁教育出版社,2002 年,第 36 页。

屋,我也去那儿写。最后越来越热,没法继续写了,我们就去了昂代伊。那儿有一家便宜的小旅馆,就在那片又长又宽阔的美丽沙滩边,我在那里的进度非常不错。然后我们前往巴黎,我在田园圣母院街113号锯木厂楼上的公寓里完成了初稿。①

小说家内森·阿施看过《太阳照常升起》的初稿后,对海明威说:"海姆,你写的这是本游记。"②海明威对初稿进行了修改,但还是保留了西班牙的钓鱼之旅和潘普洛纳看斗牛的情节。之后,海明威又写作了戏仿文学引路人安德森的《春潮》,成功跻身出版界豪门斯克里布纳出版公司的大门,获得天才编辑麦克斯·帕金斯的青睐,继而因《太阳照常升起》的出版而一夜封圣。《太阳照常升起》的生产过程可以作为一个现代性文学叙事展开的历史事件来解读,这一事件包裹着20年代美国现代性与海明威的艺术话语之间的张力。就像张德明先生指出的:"现代性与文学叙事之间的关系远不是亲密无间、水乳交融的。在两者的共生、共谋、互惠、互利背后,始终存在着某种张力、冲突和对抗。"③卡林内斯库谈到美学现代性时也指出:"美学现代性应被理解成一个包含三重辩证对立的危机概念——对于传统;对于资产阶级文明(及其理性、功利、进步理想)的现代性;对于它自身,因为它把自己设想为一种新的传统或权威。"④现代性与美学现代性之间的冲突与张力是理解海明威小说美学的一个重要维度。

一

针对20世纪20年代美国现代化进程中的商业文化所造成的平庸、同质化、男性权威衰退,海明威自我流放到巴黎,试图寻求一种指向超越和救赎的现代艺术话语。正是这样一种指向超越和拯救的意义召唤,奠定了海明威文

---

① [美]欧内斯特·米勒尔·海明威:《海明威:最后的访谈》,沈悠译,北京:中信出版社,2019年,第25页。
② 同上书,第25页。
③ 张德明:《西方文学与现代性叙事的展开》,上海:华东师范大学出版社,2018年,第5页。
④ [美]马泰·卡林内斯库:《现代性的五副面孔》,顾爱彬、李瑞华译,北京:商务印书馆,2003年,第16—17页。

学写作实践的精英立场和英雄主义姿态。1954 年,海明威获得诺贝尔文学奖委员会封圣。他在颁奖仪式上的书面发言再次申明他的精英写作立场。他写道:

  写作,在最成功的时候,是一种孤独的生涯。作家的组织固然可以排遣他们的孤独,但是我怀疑它们未必能够促进作家的创作。一个在稠人广众之中成长起来的作家,自然可以免除孤苦寂寥之虑,但他的作品往往流于平庸。而一个在岑寂中独自工作的作家,假若他确实不同凡响,就必须天天面对永恒的东西,或面对缺乏永恒的状况。

  对于一个真正的作家来说,每一部书都应该成为他继续探索那些尚未到达的领域的一个新起点。他应该永远尝试去做那些从来没有人做过或者他人没有做成的事。这样他就有幸会获得成功。

  ……我们的前辈大师们留下了伟大的业绩,正因为如此,一个普通作家常被他们逼人的光辉驱赶到远离他可能到达的地方,陷入孤立无助的境地。①

海明威的发言表明:其一,他理解的作家身份是超越于大众之上的、孤独的文学英雄;其二,艺术的使命是探索未知领域,建构一种独树一帜的艺术话语;其三,与自己之前的传统作家相比较,海明威已经意识到,在现代社会中,要想在精英艺术与大众艺术之间划定一条不可逾越的疆界已经越来越困难。1925 年,海明威通过写作《太阳照常升起》,奠定了贯穿他创作生涯的一种海明威式艺术话语——一种生活方式,一种男性修辞,一种海明威独有的小说技艺。

二

  自我流放、旅居现代艺术之都巴黎、去西班牙看斗牛、钓鱼、写作一部形式上对接这一系列生活内容的小说,这一过程就像是某种现代行为艺术,而海明威践行这一现代行为艺术的时代背景板是美国的大众旅游文化。在《太阳照

---

① [美]海明威:《在诺贝尔文学奖金授奖仪式上的书面发言》,象愚译,参见董衡巽编选:《海明威谈创作》,北京:生活·读书·新知三联书店,1986 年,第 25—26 页。

常升起》第二章,杰克与科恩讨论,在这个时代,怎样才算真正地活着。科恩的建议是去南美洲旅行,杰克认为去南美洲花钱太多。他向往两种真正有活力的人生形态,一种是当西班牙斗牛士,一种是去英属东非追猎。后来,海明威将《太阳照常升起》中探讨的三种精彩生活形态都缝合进自己的人生和文学书写中,而在《太阳照常升起》中,他的叙述人杰克在斗牛士罗梅罗身上找到了理想的人生形态。杰克对科恩说:"除了斗牛士,没有一个人的人生算得上精彩。"①在小说的第二部分,海明威不厌其详地描绘了罗梅罗斗牛的每一个细节,让他的阳刚魅力在直面公牛的危险中,在从容优雅的一招一式中放电闪光:

> 罗梅罗从不故意扭摆身躯,他的动作总是那么直截了当、干净利落、从容自然。另外两位把身子像螺丝钻那样扭着,抬起胳膊肘,等牛角擦过去以后才挨着牛的腹部,给人一种虚而不实的惊险印象。这种虚假的动作后来变得越来越糟,使人感觉很不愉快。罗梅罗的斗牛使人真正动情,因为他的动作保持绝对洗练,每次总是沉着冷静地让牛角紧靠身边擦过去……自从何塞利托去世之后,斗牛士都逐渐形成一套技巧,表面上故作惊险,以期造成扣人心弦的虚假效果,而实际上他们并不担风险。罗梅罗表演的是传统的技巧,就是通过身躯最大限度地暴露在牛面前来保持洗练的动作,他就是这样把牛控制住,使它觉得他是难以接近的,同时做好准备,给他以致命的一击。②

在海明威看来,西班牙斗牛士罗梅罗是一个将男性身体的力量、个人意志与传统斗牛技艺完美对接的现代英雄。海明威还设计了罗梅罗拒绝美国大使的宴请,不在公众空间中说英语等细节。如此一来,罗梅罗就成了拒绝一切现代化世界的权力诱惑,不受美国操控,坚守永不衰败也不被败坏的主体准则的化身。但是,海明威在张扬罗梅罗不被现代社会败坏的阳刚生命力的同时,我们还是看到了斗牛士与现代性对接过程中的裂隙。在杰克、勃莱特、罗梅罗三个人物的个体欲望与主体价值准则之间的微妙铰接纠缠中,英美旅游小团体

---

① Hemingway, Ernest, *Fiesta: The Sun Also Rises*, London: Arrow Books, 1994, p.9.
② [美]海明威:《太阳照常升起》,赵静男译,上海:上海译文出版社,2000年,第184页。

与西班牙斗牛士、斗牛迷的跨文化接触中,充满现代性叙事的张力。就像菲利普·扬教授指出的,杰克是一个有准则的"准则英雄"。海明威在1954年接受《巴黎评论》采访时还专门强调,在一战中身体受伤的杰克"拥有一个男人所拥有的一切正常感情,只是没法圆房。重要的区别在于,他伤在生理而非心理,他也没有被阉割"①。但是,这个外来的美国观光客进入西班牙,当英美青年小团体成员勃莱特迷上罗梅罗时,杰克做了为二人牵线搭桥的"皮条纤"。对于蒙托亚旅馆里忠诚的斗牛迷来说,杰克背叛了他们的民族文化传统,蒙托亚不再信任他;对于誓要谈一场浪漫恋爱的科恩来说,杰克伤害了他想象中的完美爱情,他对他大打出手。而勃莱特之于罗梅罗来说,她终究是个说英语,不愿为自己留长发,并且不愿意嫁给自己的外国女性,与他的斗牛士身份不般配,是一个让他在斗牛士同行面前丢脸的时髦女郎。在这个事件中,以杰克为表征的主体准则在青年文化小团体内部,以罗梅罗为表征的男性气概和西班牙的民族文化共同体信念在跨文化接触地带(contact zone),都遭遇到背叛和伤害。那么,在现代旅游经济的冲击下,斗牛士的斗牛技艺能否永远留住西班牙古老民俗的文化本真意义?伴随着世界经济的现代化发展进程,旅游业也越来越发达。伴随着越来越发达的旅游业,有越来越多的游人涌进西班牙观看斗牛这一古老的文化奇观。问题是,当斗牛士的斗牛技艺成为牵动旅游工业的文化奇观时,他是捍卫民族文化本真意义的文化英雄,还是以被看的他者身份换取经济利益的商业化民俗表演者?抑或两者兼而有之?而对于在旅行或旅居中书写的海明威来说,他能否在跨文化接触地带续写罗梅罗式的男子汉气概,成为挑战他小说技艺的一个叙事难题。

如前文所述,自从《太阳照常升起》使海明威成为欧美文坛上的著名作家后,他行走在美国之外的边缘异域空间中,猎猛兽、钓大鱼、看斗牛、上战场、谈恋爱,并在文学书写中打造罗梅罗式的硬汉英雄。然而,由于他太迷恋硬汉的男性光晕,在他后来以硬汉为主人公的叙事文本中,硬汉身后原本复杂厚重的现实在硬汉光晕的照耀下却越来越稀薄(詹姆逊称之为 downthin)了。詹姆

---

① [美]欧内斯特·米勒尔·海明威:《海明威:最后的访谈》,沈悠译,北京:中信出版社,2019年,第23页。

逊在评价海明威时指出,海明威的男性主人公所从事的打猎、斗牛、钓鱼、战争等技艺"投射出关于人类主动地和无所不包地在技术上参与外部世界的总体意象。关于技术的这种意识形态,清楚地反映出更为普遍的美国劳动状况,在这种状况中,处于疆界开放和阶级结构模糊的语境下的美国男性,从传统上说是按照他所从事不同职业和他拥有技艺的多寡来进行评价的。海明威对男性气概(machismo)的崇拜,正是同美国在第一次世界大战后巨大工业变革相妥协的那种企图:它满足了新教的劳动伦理,同时又颂扬了闲暇;他使趋向于整体性的最深刻、最能赋予生命力的冲动,同只有运动才能使你感到生气勃勃、没有受到伤害的现状调和起来"[1]。也就是说,海明威在自己的文学文本中,通过塑造在压力下以现代技艺赋予自己的生命以主体意义的硬汉英雄,弥合了传统的男性权威与现代工业化社会对个体生命的异化之间的裂痕。但是,在美国社会的现代化历史进程中,经由海明威的文学文本弥合起来的裂隙却始终存在。具体表现为:

其一,个体生命的主体自由与工业化社会中劳动的异化之间的冲突是现代社会内部固有的张力,在此意义上,身处这一张力中的海明威式主体英雄总是要面对现代世界中"胜者无所得"[2]的苍凉与无奈。一战后,美国资本主义经济的现代化已经渗透到社会生活实践的各个领域。伴随着经济领域的现代化发展进程,出于技术上和经济上的需要,社会生活越来越趋向于组织化管理与控制。在这样的现代生存语境中,每一个现代人施展个人技艺的职业空间都被纳入资本主义经济的生产管理机制和市场运行机制的支配、控制范围之内,由此形成了社会的统一性操控与个体自由、主体意义之间的现代性悖论。也许,正是因为无力改写这种现代化与人的主体性之间的悖论,海明威才始终与美国主流社会的操控保持疏离姿态,安排他的硬汉英雄在边缘或异域的空间中凭借个人技艺和意志,建构主体生命的尊严和意义。

其二,海明威式英雄的个人技艺与新教徒的劳动技艺的意义指向是不同的。在前工业化时代,新教徒在新大陆上创造财富的劳动与他们对上帝的信

---

[1] [美]詹姆逊:《马克思主义与形式》,李自修译,天津:百花州文艺出版社,1997年,第349—350页。
[2] 1933年,海明威出版了一部短篇小说集,题名为《胜者无所得》。

仰是和谐的。他们相信,现实的勤俭劳动与永恒意义的获得是一致的。他们劳动的目的是增加财富,置办产业,获得永恒的拯救。因此,传统的劳动伦理指向的是一种趋向上帝的永恒意义。然而,在现代商业消费社会中,除了战争以外,海明威的硬汉英雄赖以建构主体生命意义的传统技艺,诸如钓鱼、打猎、拳击、斗牛等活动,已经转换为日常消费实践中的休闲运动。当现代人释放被压抑的感性生命冲动的自由解放必须借助钓鱼、打猎、拳击、斗牛、旅游等休闲运动来表达时,个体的感性自由和解放就又被收编到资本主义的市场、消费运转机制中去了。因此,在海明威的文学文本中,海明威式英雄总是在重压下凭借自己的传统技艺和不屈不挠的斗争来建构自我的主体意义;在文本之外的现实生活实践中,海明威本人则是一个凭借个人声誉和财富(海明威与第二任妻子保琳结婚后即成为富有的文化名人),游走在不同的个人运动冒险空间中打造自我形象的美国消费文化英雄。在此意义上,大众对海明威文本中的硬汉英雄的接受与现实生活中海明威本人的休闲运动和冒险体验是联系在一起的。阳刚气质、冒险运动,这一切都是摆脱资本主义同一性操控的感性解放文化符码。如此一来,在大众的接受活动中,海明威的硬汉英雄在重压下通过不妥协地抗争建构起来的主体生命意义,转换成了美国大众体验感性快乐的休闲消费运动;硬汉英雄与主流商业社会保持的疏离姿态,转换成了被资本主义的生产—消费逻辑收编的文化工业。实际上,对杰克和勃莱特等人的个性化时髦消费行为的模仿,与对硬汉们富有阳刚气质的运动形式的模仿,在其共同的大众文化属性上,没有什么根本的差异,区别仅在于感性解放形式和消费领域的不同。正因为如此,即使是在海明威去世后,他仍然是商家促销旅游文化、餐饮文化、体育休闲运动文化时的广告明星。

从20世纪美国小说创作整体来看,海明威的小说打通了大众文化和精英文学的壁垒,兼具商业价值和艺术价值。海明威将个体的流放—旅游—书写一体化,既圣又俗,既传统又现代,在现代性的断裂处以文学书写构建了一个对话性的阈限空间。

三

毋庸置疑,海明威的艺术话语是一种伟大的艺术创造。实际上,对于一战后集聚在巴黎的现代艺术家来说,赋予艺术以某种神圣的拯救意义,以对抗资本主义的物化现实和人性异化,此乃他们的共同追求。正是在此意义上,阿多诺给现代艺术下了一个著名的定义:"艺术是对社会的否定的认识。"也就是说,"艺术既是自律的整体又是社会的事实"。① 阿多诺所谓艺术的自律性是指艺术日益独立于社会的特性,所谓艺术的社会性是指艺术站在社会的对立面,保持批判的立场。他认为,艺术只有走向一种反艺术的艺术,才能反抗资本主义的同一性对人性的异化。因此,阿多诺特别推崇由外部世界转向内心世界,风格破碎、陌生、艰涩、审丑的现代主义艺术,为现代主义艺术辩护。在异化成为普遍现象的现代工业社会中,现代艺术存在的使命即担当起拯救的使命。因此,现代主义艺术家堪称现代社会中最后一批具有英雄主义精神气质的艺术家。但是,当他们将自己定位为反资本主义现代化、反工具理性的现代启蒙英雄,并以形式荒诞、破碎、陌生、艰涩、审丑的现代主义艺术对被文化工业操控、欺骗的大众启蒙时,他们的拯救意图却很难为大众接受。像阿多诺所推崇的卡夫卡、乔伊斯、勋伯格等现代主义艺术家的艺术影响仅局限在一个文化精英的小圈子里。

海明威的艺术话语与现代主义艺术有很多相通之处。比如,与工业化社会疏离的写作立场,宗教般虔诚的艺术态度等。但是,与文本世界向内转、艺术风格艰涩难懂的现代主义作家不同的是,海明威的艺术话语既没有艾略特、乔伊斯的渊博学识,普鲁斯特、弗吉尼亚的细腻、微妙的诗性传达,也没有卡夫卡式的荒诞想象,正如伯吉斯所指出的:"他把叙事散文打造成剃去知性和空想的具体媒介,适合承载所谓的海明威英雄——强悍、坚毅、受苦,展现出海明威式的勇气,那种'压力下的风范'。"② 伯吉斯的评价道出了海明威文学话语的双重性。一方面,海明威的叙事风格是一种伟大的艺术创造,另一方面这种伟大的艺术独创又是一种反知性、反空想的艺术媒介,长于表现硬汉子的行动技艺和外部生活体验,拙于装载现代生活的复杂构成和人性的丰富多样性。正是在此意义上,詹姆逊称海明威的文学文本中"最深刻的题材只是书写某种

---

① [德]阿多诺:《美学理论》,王柯平译,成都:四川人民出版社,1998年,第385页。
② [英]安东尼·伯吉斯:《海明威》,余光照译,上海:百家出版社,2001年,第1页。

类型的语句,只是某种确定文体的实践"①。董衡巽先生也认为:"海明威是一个重复自己的小说家。他笔下的版图不小,从美国写到法国、意大利,从南美洲写到非洲,然而他的世界却不大,他始终没有超越自己的精神经历。他每一部作品几乎都是拔高了的自传。他新颖的小说作法,包括最有特色的对话,一经固定,就成了风格化的模式。"②因此,海明威越是以宗教般的虔诚来坚守他自己的艺术话语,他的艺术话语与越来越趋向于变幻复杂的现实世界之间的裂隙也越来越大。最后,在写作了一部寓言式的《老人与海》后,他就只有靠撰写回忆录《流动的圣节》来修补完善自己的伟大艺术家形象了。当他再也无力从事他的艺术拯救事业时,一声响亮的告别,也许是海明威所能找到的最后的、唯一的艺术修辞。正如英国人保罗·约翰逊指出的:"海明威是一个被自己的艺术杀死的人,而他的一生所留下的教训,所有的知识分子都值得借鉴:仅有艺术是不够的。"③或许,还可以说,对于错综复杂的现代性,甚至后现代性而言,仅有一种艺术的话语、权力的话语、知识的话语、伦理的话语,等等,都是不够的。

---

① [美]詹姆逊:《马克思主义与形式》,李自修译,天津:百花州文艺出版社,1997年,第347页。
② 董衡巽:《海明威的启示》,参见[美]海明威:《永别了,武器》附录,汤永宽译,杭州:浙江文艺出版社,1992年,第438页。
③ [英]保罗·约翰逊:《知识分子》,杨正润等译,南京:江苏人民出版社,2000年,第219页。

第 五 章

《非洲的青山》:狩猎文学与生态伦理

在海明威的文学创作生涯中,他于1933—1934年、1953—1954年先后两次到非洲打猎,并写作了两部记录他的游猎生活的狩猎作品。一部是1935年出版的《非洲的青山》,另一部是在1999年海明威100周年诞辰之际由其次子整理出版的《曙光示真》。此外,海明威还创作过几部以非洲为叙事空间的短篇小说,像《乞力马扎罗的雪》《弗朗西斯·麦康伯短促的幸福生活》《一个非洲故事》等。在《非洲的青山》第一章,海明威叙述了他与一位奥地利人康迪斯基的对话。康迪斯基问海明威:"人们为什么要打捻呢?你,一个有才智的人,一位诗人,居然打捻。""杀死一头捻到底有什么意思呀?""你们为什么不对土人更感兴趣呢?"[①]在某种程度上,康迪斯基的发问立场与今天的生态文学批评所关心的生态伦理不谋而合。在此意义上,以生态批评在人与自然、人类的主体欲望书写与整体的生态系统协调等问题上的深层生态伦理关怀为参照,将康迪斯基的发问继续深究下去,著名作家海明威为什么要到非洲去打猎?他的非洲书写意义何在?

海明威的狩猎地区是英属东非殖民地。在这些地区,原本生活着非洲世代以打猎为生活方式的土著部落。殖民地时期,白人殖民者陆续在这些地区建立狩猎保护区,将他们对非洲自然资源的占有以保护自然之名合法化,限制土著部落对自然资源的使用。狩猎保护区将世世代代以狩猎为生的非洲土著

---

① [美]海明威:《非洲的青山》,张建平译,上海:上海译文出版社,1999年,第11—13页。

驱逐出他们生活的草原,破坏了他们的传统生活方式和传统文化。20世纪60年代,东非殖民地先后摆脱英国殖民统治成立独立国家,在肯尼亚、乌干达、坦桑尼亚境内,殖民者对狩猎保护区的主宰权力由政府和国际保护机构接管。然而,就像关注非洲殖民问题研究的法国学者纪尧姆·布兰克(Guillaume Blanc)所指出的:"在后殖民时代的非洲,与殖民地时期同样的殖民与被殖民活动依然在进行。正是这些全球化时代的非洲遭遇,解释了为什么绿色殖民主义仍然对现在产生影响。"[①]直到今天,在海明威曾经去狩猎的地区,对草原和动物种群的国家公园保护、向外国人开放的狩猎旅游、对当地人狩猎的限制,这一系列保护与管控措施背后的绿色殖民与环境保护、经济发展与生态伦理等现代性问题,在历史与当下、本土与全球化的重叠中更加复杂。将经典作家海明威的非洲狩猎文学书写置于上述历史与当下的语境中重新审视,依然有十分重要的现实意义。

第一节 狩猎传统与狩猎文学

早在1926年出版的《太阳照常升起》中,海明威就借叙述人杰克之口表达了想去东非打猎的愿望。1933年,正值美国经济大萧条时期,海明威和他的第二任妻子保琳一起前往非洲兑现夙愿。保琳的叔叔为这次非洲游猎提供了2.5万美元费用。根据卡洛斯·贝克的海明威传记中的记载,海明威狩猎队的成员还包括:海明威的好友查尔斯·汤普森,白人职业猎手菲利普·帕西瓦尔。帕西瓦尔绝非等闲之辈,他是来自英国的白人,曾经陪同英国首相丘吉尔和美国总统罗斯福打猎。海明威去东非打猎时,帕西瓦尔拥有自己的农场,很少陪游客打猎。海明威的狩猎队伍中还有当地导游、追猎手、脚夫等。除了从当地雇佣职业或非职业的随队服务人员,海明威还带了21件行李,包括7套打猎套装,枪支弹药若干等。[②]12月20日,海明威一行人和帕西瓦尔会合,开

[①] Guillaume Blanc, *The Invention of Green Colonialism*, Helen Morrison trans., Cambridge: Polity Press, 2022, p.5.

[②] Seán Hemingway, Introduction, See Ernest Hemingway, *Green Hills of Africa*, New York: Charles Scribner's Sons, 2015, xⅲ.

始在今天的坦桑尼亚境内追猎捻、大羚羊、犀牛、狮子、斑马等大型动物。这次游猎历时72天。游猎结束后,海明威将自己的非洲游猎生活记录下来,出版了《非洲的青山》一书。上述海明威东非游猎队伍中的成员都出现在《非洲的青山》中。保琳是小说中的 P. O. M.,帕西瓦尔是菲利普上校(Colonel Phillips),又称老爹(Pop),汤普森是卡尔。当地的导游、追猎手和脚夫或有名字,或有绰号。海明威在卷首语中写道:

> 与许多小说不同,本书的所有人物和事件都不是凭空想象的。任何一位读者在阅读本书时,如发现其中有趣的爱情成分不足,他或她尽可以把自己彼时彼刻可能怀有的任何有趣的爱情成分添加进去。作者试图写出一本绝对真实的书,为的是看看一个地区的形态和一个月的狩猎行动,如果得到真实再现的话,能不能与一部虚构的作品媲美。①

从卷首语来看,海明威将《非洲的青山》与依靠虚构和想象创作的小说区分开来,同时,又将它的叙事文类与白人殖民者记录非洲大陆某一个地区的风景、人文和狩猎过程的英语狩猎文学传统相对接。狩猎文学的历史背景是西方殖民者在非洲的动物资源博物学考察、游猎冒险、掠夺自然资源的绿色殖民活动。

一

将自己的非洲大陆追猎行程记录下来,海明威既算不上是第一人,也不是最后一个。海明威的狩猎活动范围是在东部非洲,而这里曾经是英属殖民地。早在维多利亚时代,英国的白人冒险家就为他们的同胞留下了很多记录他们的非洲之行的故事。到了20世纪初,有钱的美国人也加入记录非洲游猎探险经历的书写队伍中来,由此形成了一个英语狩猎文学传统。为了研究海明威的非洲狩猎作品,劳伦斯·马丁梳理了保存在肯尼迪图书馆中的海明威藏书目录。在海明威的个人藏书中,属于英语狩猎文学的作品有:英国人弗雷德里克·卡特宁·塞罗斯(Frederick Courteney Selous,1851—1917)的《一个猎人

---

① Ernest Hemingway, "Author's Note", See *Green Hills of Africa*, New York: Charles Scribner's Sons, 2015.

的非洲游猎记》(*A Hunter's Wanderings in Africa*,1881),昌西·休·斯蒂甘德(Chauncey Hugh Stigand,1877—1919)的《英属东非的狩猎游戏》(*The Game of British East Africa*,1909)和《在非洲猎象》(*Hunting the Elephant in Africa*,1913);美国人西奥多·罗斯福(Theodore Rosevelt,1858—1919)的《非洲游猎行踪记》(*African Game Trails*,1910)等。[①] 很显然,海明威在到非洲打猎和写作非洲游猎故事之前,已经读过很多狩猎作品。劳伦斯认为:"上述白人书写者的经验和观点,理所当然地影响了海明威看待非洲大陆、非洲人以及打猎活动的态度。而且,也是他们教会了他如何运用这种文体类型的传统技巧来写作一部游猎作品,尽管他以自己的叙述方式对这种文体进行了改进。"[②]

维多利亚晚期和20世纪初期的白人游猎作品拥有共同的主题,并形成了一些写作套路。早期游猎作品的作者都来自英国的富裕阶层,身体强健,是技艺过人的猎人和射手,对非洲生活充满了好奇心。他们或者是受过良好教育的博学之士,或者是渴望战场之外的冒险刺激的军人。在他们眼里,广袤的非洲是再合适不过的大猎场。于是,他们怀着对新大陆的渴望和对非凡生活体验的向往,前往英属殖民地肯尼亚和坦噶尼喀探险、游猎。他们都号称博物学家,拥有从学校里学习或自修来的丰富的动物种群和植物群知识,有的甚至是动物学和植物学方面的博物学专家。在这些作者中,那些身份优越的博物学家似乎通晓科学、文学、历史、语言、地理等方面的知识。他们将自己所了解到的远方异域的土地、惊人的冒险、奇异的风俗记录下来,以满足他们同胞的猎奇心理。总体来看,这些白人游猎记的共同特点是:第一,描述神秘的非洲土地、山川、河流、热带大草原、野生动物、植物等异域奇观;第二,描写土著人的生活,其书写内容不外乎是以下两个方面:其一,他们是生活风俗奇异、未开化的野蛮种族;其二,他们常常会拥有一种白人不具备的古老又诡异的土地和动物方面的知识,这些知识与这块未开化的大陆一样充满了神秘色彩;第三,对

---

① Lawrence H. Martin, "Hemingway's Constructed Africa: *Green Hills of Africa* and the Conventions of Colonial Sporting Books", See Robert E. Fleming, ed., *Hemingway and the Natural World*, Moscow: University of Idaho Press, 1999, p. 88.

② Ibid.

追猎冒险细节的描写过分冗长,使用的是那种有些呆板枯燥的散文文体。从上述特点来看,传统的狩猎文学与白人殖民历史的产物,是在白人殖民者的主体扩张欲望牵引下书写出来的。正是通过这样一种异域书写,在新发现的"他们"居住的土地上,"我们"的主体身份得以合法化地确立下来。非洲大陆风景成为"帝国之眼"发现的有观看价值的风景,而野蛮的土著则成为被观赏、被统治、被拯救的"他者"。

在《非洲的青山》的第三部第十章,海明威与老爹谈起过英语狩猎文学。他认为大多数写狩猎的书都是枯燥乏味透顶的。实际上,细读海明威的游猎文本就会发现,他本人的非洲游猎记录,从叙述的基本内容到基本的书写立场,却都延续了白人狩猎文学的传统。首先,就文本的叙述内容来看,原始草原、茂密森林、奇异动物、惊险刺激的追猎场面等都是传统游猎记中常见的非洲景观;其次,就海明威的书写立场来看,也未能跨越白人殖民者面对非洲土著时的主体身份。在《非洲的青山》临近结尾处,海明威写道:

> 我会重回非洲去,但不会去靠它生活。我可以靠两支铅笔和几百张最便宜的纸头为生。
>
> ……
>
> 我见到一个好地方时就能辨别出来。这里有猎物,很多鸟儿,而且我喜欢这些土人。我能在这里射猎,捕鱼。这些,再加上写作,阅读,看电影,就是我最想做的事情。
>
> ……
>
> 最后我们得走了,我们把空的啤酒瓶、瓶上的标签,连同姆科拉从地上捡起来的瓶盖,分发给大家后就开走,把喇叭按得妇女们痴迷,孩子们惊慌,武士们欣喜。①

这几段文字表明,对于海明威来说,非洲不过是他喜欢的一个"他者"。他之所以喜欢到非洲去,是因为它是一个理想的被观看、被消费、被书写的"他者"。在他者的土地上,海明威获得了猎杀和审美的消费满足,而他留在这块土地上的是酒瓶、商品标签等现代商业文明垃圾。

---

① [美]海明威:《非洲的青山》,张建平译,上海:上海译文出版社,1999年,第243—244页。

二

在写作《非洲的青山》时，海明威一心要超越他的狩猎文学前辈。因此，在这部作品的卷首语中，他就声明要写一本可以与虚构的小说媲美的"绝对真实的书"，书的内容是他对一个地区的形态的考察和描述，以及他一个月狩猎活动的记录。在2015年斯克里布纳又出了《非洲的青山》新版本，书后有4个附录，其中，附录一是斯坦福大学档案馆里收藏的海明威第二任妻子保琳写的55篇狩猎日志。附录二是波士顿肯尼迪图书馆收藏的海明威在1933年11月6日写给《时尚先生》编辑J.F.曼雷先生的一封信，12月14—28日在肯尼亚和乌干达地区打鸟和普通动物的狩猎笔记，还有一份猎杀大型猛兽狮子、犀牛、大羚羊、斑马等的战利品清单。附录三是海明威应邀给《时尚先生》写的3篇名之曰坦噶尼喀来信的特稿。附录四是18个《非洲的青山》定稿前的修改片段。[①] 将这些附录的文献资料与《非洲的青山》进行文本内外对读，就可以看出，海明威与东非殖民地时期的英语狩猎文学传统有内在的一致性。

从出版界和评论界对《非洲的青山》的反映来看，海明威本人预期的文学成功似乎并没有兑现。他本来期望该书稿能给他带来一万美元的收入，甚至是一万五或两万。但几经协商，最后结果是，斯克里布纳出版公司以预付款4800美元买下了他的书稿。因销售情况一般，实际结算时海明威的收入是4781.7美元。[②] 海明威研究专家杰弗里·迈耶斯于1982年出版了他编辑整理的《海明威批评遗产》。该书共收入了4篇于1935—1936年间发表的对《非洲的青山》的评论文章，而这4篇文章的作者都是评论界颇有影响的人物。他们对海明威游猎记的文学成就都不看好。伯纳德·迪瓦图在发表于《星期六文学评论》上的评论文章中指出，海明威在游猎记中过分专注于自己的猎杀激情和行动力量，并将这种属己的感觉付诸一种与之相合的散文技巧，使得书中那些描写打猎场景和射杀技艺的部分冗长、混乱、枯燥、描写过度。至于书中

[①] Hemingway, Ernest, *Green Hills of Africa*, New York: Charles Scribner's Sons, 2015, pp. 203—276.

[②] See Robrt W. Trogdon, *The Lousy Racket: Hemingway, Scribners, and the Business of Literature*, Kent: The Kent State University Press, 2007, p. 259.

那20%讨论文学写作的章节,也是一种自我宣传。①最早对海明威的创作作出肯定性评价的埃德蒙·威尔逊,在发表于《新共和》上的批评文章中也说,海明威的这本新书让他感到无比失望。"在这里,海明威的文学个性显得有几分荒谬。他将自己的散文风格最大可能地用来传达他个人的自信。由于这种运用是海明威的一种自觉追求,那么,以海明威式散文文体为评价标准来看,毫无疑问,海明威写出了他生命中非常糟糕的篇章。"②

上述批评的共同之处是,他们都指责海明威不合时宜地将独创的散文风格用于书写自己的猎杀体验。笔者认为,海明威遭到指责的根本原因就在于他的非洲书写立场。就像他本人在卷首语中宣称的那样,他要让自己的书写绝对地忠于自己的非洲游猎体验。问题是,海明威的非洲游猎生活的意义指向何在?在书中,海明威多次谈到自己的打猎之道。他声称,"打猎之道在于,只要那里有一头这样那样的动物在,你就得在那里待下去",自己"不喜欢为捕杀而捕杀,只有当你不杀就无法让自己甘心的时候才捕杀,只有当捕杀到那头猎物才足以使他成为同行中第一名的时候才捕杀","除非它很棒,否则我不愿杀它"。③可见,海明威东非狩猎书写的基本立场与英语世界到非洲考察自然、猎杀猛兽的白人精英立场是一致的。

第二节 猎杀动物与生态伦理

今天,以生态整体主义的立场来重读海明威的东非狩猎非虚构小说《非洲的青山》,其中对猎杀快乐的描述和价值取舍上的伦理趋向,都应该予以重新审视。

一

海明威贯穿在《非洲的青山》中的猎杀之道,令笔者想起了与他生活在同

---

① Bernard De Voto, *Saturday of Literature*, 26 October 1935, See Jeffrey Meyers, ed., *Hemingway: The Critical Heritage*, Boston: Routledge & Kegan Paul Ltd, 1982, p.211.

② Edmund Wilson, *New Republic*, 11 December 1935, See Jeffrey Meyers, ed., *Hemingway: The Critical Heritage*, Boston: Routledge & Kegan Paul Ltd, 1982, pp.216—217.

③ [美]海明威:《非洲的青山》,张建平译,上海:上海译文出版社,1999年,第17页。

一时代的阿尔伯特·史怀泽和雷切尔·卡森。阿尔伯特·史怀泽(Albert Schweitzer,1875—1965)是一位对现代西方人的伦理意识产生了重大影响的思想家,他在《敬畏生命》一书中写道:

> 在小时候,我就感到有同情动物的必要。当时,我们的晚祷只为人类祈祷,这使尚未就学的我感到迷惑不解。①
>
> 有两次,我和其他小孩一块去钓鱼。后来,由于厌恶和害怕虐待鱼饵和撕裂上钩之鱼的嘴,我不再去钓鱼了。我甚至有了阻止别人钓鱼的勇气……正是从震撼我的心灵并经常使我惭愧的经历中,我逐渐形成了不可动摇的信念:只有在不可避免的必然条件下,我们才可以给其他生命带来死亡和痛苦。②

当海明威在非洲体验猎杀的快乐时,在美国一边钓鱼一边书写他的游猎体验时,史怀泽正在非洲的丛林里艰难维持他的丛林诊所,书写他的"敬畏生命"的伦理学。

雷切尔·卡森(Rachel Carson,1907—1964)是海明威的女同胞,美国现代环保运动、生态伦理的奠基人。儿时的卡森曾与哥哥大闹一场,原因是哥哥打野兔。哥哥不许卡森干涉他的乐趣,而卡森的回答是:"可是兔子没有乐趣!"结果,全家都介入到打猎的讨论中,最后形成的决议是:不许打猎。因为打猎是现代人的耻辱。卡森终生都痛恨打猎,特别是以体育活动和休闲为名义的打猎。③

同样是20世纪上半叶西方世界的公众人物,史怀泽和卡森反对一切以人的主体快乐为前提的猎杀活动,海明威却宣称自己喜欢猎杀的快乐,并借助自己的文学书写将其进一步扩张开来,这样的文学书写凸显出一个伟大的美国作家极不光彩的一面。下面这段描写就是其中一例:

> 鬣狗那种可憎地跳跃的样子十分滑稽,在平原上的大白天里,肚皮完全贴着地慢慢地挪动,如果从后面朝它开枪,它就会朝前拼命奔跑,然后

---

① [法]阿尔贝特·史怀泽:《敬畏生命》,陈泽环译上海:上海社会科学出版社,1995年,第1页。
② 同上书,第53页。
③ 参见王诺:《欧美生态文学》,北京:北京大学出版社,2003年,第126页。

一头栽倒。鬣狗真能逗人乐,它跑出了射程,在一个碱性湖前停下,回头张望,如果它胸部中弹,就会仰面倒下,四脚和肚子朝天。最让人开心的事莫过于看到那三角头的鬣狗在十码处中了弹,突然从陡岸干沟旁高高的草丛里蹿出来,散发着臭气,急急忙忙地兜上三个越来越小的圈子,好像要咬住自己的尾巴似的,然后死去。……子弹啪地一声响,鬣狗发现死神钻进体内而表现出的狂躁不安的惊讶,都令人发笑。更有趣的是看见一头鬣狗在远处被击中,就在平原上闪烁的热浪中,看着它仰面倒下,看着它开始疯狂地兜圈子,看着它那风驰电掣般的速度,表明它在追逐体内那颗致命的小小镀镍铅弹。……关于鬣狗的绝顶幽默的事儿,乃是那鬣狗,那典型的鬣狗,在奔跑时被击中了下身,它就会发疯似地兜圈子,撕咬自己,直到把自己的肠子拉出来,然后就站在那里,拼命将肠子往外拉,津津有味地吃下去。①

读过这段不厌其详、津津有味地描写鬣狗中弹、受难、死亡的文字后,我们不得不怀疑它的书写者海明威的伦理价值取向。英国批评家安东尼·伯吉斯指出,海明威的非洲狩猎之旅不只是出于对黑暗大陆的好奇,"他已经开始发展出一套做英雄的哲学,需要在行动中加以验证。美国的边疆都已被征服,拓荒者的年代已经过去,又没有办法随时来场大战测试勇气和枪法。斗牛虽然是一种英勇的行为,但他又不是斗牛士,不能真正地沉浸其中,所以,他必须去一趟非洲杀一些狮子"②。在此意义上,在非洲追猎雄狮、巨捻、犀牛的海明威,酣畅淋漓地体验射杀快乐的海明威,其猎杀业绩必得位居第一才有主体自豪感的海明威,在生命的价值取向上,与后来创作的《老人与海》中那位必得杀死一条漂亮、高贵又有尊严的大鱼以凸显其"大写的渔夫"③形象的圣地亚哥是一致的。而这样一种通过猎杀来张扬的英雄品格,其伦理态度与强调敬畏生命的生态伦理是相悖的。虽然海明威一再声称自己热爱自然,热爱生命,并两度去非洲寻求原始、自然的生活,但是,由于他执着于猎杀的快乐与自我扩

---

① [美]海明威:《非洲的青山》,张建平译,上海:上海译文出版社,1999年,第35页。
② [英]安东尼·伯吉斯:《海明威》,余光照译,上海:百家出版社,2001年,第63页。
③ 陆建德:《破旧思想体系的残编》,北京:北京大学出版社,2001年,第301页。

张的骄傲,这种以自己的生命意志为出发点的价值取向,使他不可能真正地亲近非洲的大自然,更谈不上对保护自然和谐的生态伦理责任担当。相反,他的猎杀行为暴露出了他的主体快乐道德的伦理残酷性。因此,以现代生态伦理关怀为参照,去非洲追逐猎杀快乐的海明威,与在海外殖民地进行种族政治、经济、文化扩张活动的老一辈白人殖民者的基本价值取向没有什么根本的区别。

二

在非洲的原野青山中,海明威不仅在猎杀非洲猛兽的过程中找到了生命快感和自我荣耀,在与非洲土著文化接触的过程中,他也找到了一种文化上的优越感。他在写到非洲土著时,使用的是"那些长相漂亮的野蛮人"这样的字眼。在《非洲的青山》中,海明威转述了康迪斯基生活在非洲土著中的感受:"事实上我在这里像个国王。这是非常令人愉快的。早晨醒来,我伸出一只脚,那小土人就替我把袜子穿上。然后我把另一只脚伸出去,他把另一只袜子套上。我在蚊帐下把腿儿伸进为我开着的长内裤。你不觉得这妙不可言吗?"①海明威认为这样的生活"的确妙不可言!"实际上,海明威不仅要在非洲享受国王般的生活快乐,他还要真正体验一次王者的权力快感。在《非洲的青山》中记载了一个海明威打猎凯旋回营地后与土著交流的细节:他先是向跟随自己的土著炫耀自己的六个弹壳,六颗子弹分别打死了狮子、狮子、犀牛、水牛、捻、捻,然后又拿出词典,借助词典向黑人男孩表述自己要与他的姐姐过社交生活的愿望,并为自己烤野生动物的腰子吃。捕猎英雄加非洲少女,再加雄性野生动物的腰子,这就是美国作家海明威到非洲文化中寻找的自我价值。这样一种自我价值追寻,充分暴露出海明威的主体心理结构中潜藏的极为狂妄的殖民征服意识和男性中心意识,令人联想起19世纪的欧洲白人在殖民地的文化霸权行为。

1953—1954年,海明威携第四任妻子玛丽再度到非洲打猎。1999年,在海明威100周年诞辰之际,他的儿子帕特里克·海明威将其第二次非洲之行

---

① [美]海明威:《非洲的青山》,张建平译,上海:上海译文出版社,1999年,第29页。

留下来的记录编辑出版,题名为《曙光示真》。在这部作品中,海明威叙述了他和玛丽带领助手和非洲土著猎杀一头在当地作恶多端的狮子、为非洲人民除害的故事。在故事的推进过程中,海明威引用了土著人所讲述的海明威夫妇的救难事迹:

> 人们怀着极大敬意认为老板疯了,认为老板是继承了圣人们的伟大传统。也有流言说如果尊贵的玛丽小姐夫人不能在圣婴耶稣的生日之前杀死那头掠夺成性的狮子,就会自焚而死。①

在这个故事中,海明威和玛丽俨然是出现在非洲土著苦难生活中的耶稣,而海明威本人尤其热衷于在这些贫穷苦难的土著人中创建自己的宗教王国。作为这个王国的"总督"和"老板",海明威自比为印第安人崇拜的具有超自然力的吉奇大神,其自我权力扩张欲望得到了空前的满足。而这种自我权力扩张欲望,与以救世主的身份到异质文化空间中去征服野蛮的异教徒的白人殖民者的殖民主体意识有着惊人的相似之处。海明威不仅凭借经济实力和权力意志在非洲土著中建立起以自己为中心的部落王国,他还为这个王国制定法律,像一个头人般的为自己征服了一个土著姑娘黛芭。在此意义上,不管我们是以生态伦理为参照,还是以文化多元主义为依据,远离美国的主流商业文明社会,反对物质主义,走向原始,走向大自然,走向异质文化,都不能表明海明威已经由此出发走向了一个敬畏大自然中的一切生命形式的生态主义者,或者是一个与异质文化共存并平等对话交流的文化多元主义者,相反,海明威的文化价值立场是典型的以主体自我为中心的美国式价值观念的体现。正是在此意义上,我们才能理解为什么海明威一生都选择在美国之外的异域文化空间或美国社会的边缘空间中生活和写作,但他却"自认为是最好的美国人之一",也可以理解为什么海明威自从以一部《太阳照常升起》成名后,一直是美国大众文化世界中的宠儿。

三

在基本的文化价值取向和生态伦理态度上,海明威虽然未能超越传统的

---

① [美]海明威:《非洲的青山》,张建平译,上海:上海译文出版社,1999年,第97页。

西方殖民文化观念的制囿,但也应该看到,在海明威的非洲游猎作品中,也的确已经存在着另一种试图超越自身的主体欲望、西方殖民文化、人类中心主义的意义召唤。正是这种超越的意图,在文本的深层结构中形成了一种逻辑悖论:一方面向往着回归自然,另一方面又热衷于享受征服自然、猎杀野生动物的生命快感;一方面寻找远离堕落的美国工业文明的质朴文化,另一方面又陶醉于自己的文化优越感。因此,在他的非洲游猎作品中,在处理人与自然、西方文化与土著文化、文明与原始、自我与他人等等的关系时,不时流露出自我冲突和困惑的态度。美国的海明威研究学者安·普特南(Ann Putnam)指出:"在海明威的作品中,总是呈现出一种自我分裂的趋向。与大自然融合为一体的田园冲动总是与征服自然的悲剧性冲动相冲突。"[①]海明威以非洲游猎经历为素材创作的短篇小说《一个非洲故事》,就充分体现出海明威内心深处的冲突和困惑。

《一个非洲故事》叙述美国少年戴维跟随父亲和一个非洲向导追杀一头老公象的故事。大约五年以前,土著人朱玛在树林里打死了老公象的伙伴,现在他们三个人在一起,开始追杀老公象。对于戴维来说,这次追猎活动将验证他是否已具备成人世界所赞赏的男子汉勇气和力量;对于戴维的爸爸来说,追猎的目的在于征服老公象,并得到那对每只都有两百磅的象牙。戴维为了向成人世界证明自己的勇气和力量,在大人休息时,趁着月色去追踪大象,并把大象的行踪汇报给爸爸。结果,爸爸和朱玛在戴维的引导下杀死了大象,取得了象牙。鼓声在古老的非洲草原上敲起来了,庆祝这次追猎所取得的辉煌胜利。此时,戴维却感到孤独和悲伤,他一直在为那只老公象难过。戴维之所以同情老公象,一方面是因为与自己是这个世界中力量弱小的少小者一样,老公象在体力上也已经是一个不再强大的衰老者,但更重要的一个原因是,与只关心象牙和猎杀快乐的成人相比,老公象对自己的伙伴和戴维都怀有温情。即使是被死亡追逐着,老公象仍然回到了多年前自己的同伴被打死的地方,看望死去的同伴。即使是死于人类的枪口下,老公象临死前仍然用满怀眷恋与爱意的

[①] Ann Putnam, "Memory, Grief, and the Terrain of Desire: Hemingway's *Green Hills of Africa*", See Robert E. Fleming, ed., *Hemingway and the Natural World*, Moscow: University of Idaho Press, 1999, p.99.

眼神凝望着小戴维。戴维目睹了那头气概尊贵威严、风度堂堂的老公象,在人类的贪婪和暴力面前,顷刻间化为了皱瘪瘪的一大堆皮肉,他感到十分悲伤绝望。爸爸并不是靠追杀大象求生存的,为什么还一定要杀死大象,敲下象牙?戴维对此困惑不解,爸爸却认为戴维的这些想法十分糊涂。因此,当追猎英雄们将庆祝胜利的恩格麦鼓擂得越来越响时,戴维的内心深处却感到无比孤独。

很显然,在对待人和自然、人和他者的关系问题上,《一个非洲故事》传达出两种不同的声音。掌握着话语控制权力的是爸爸代表的成人世界,他们在征服自然,猎杀野生动物的过程中实证了人类的智慧和力量,同时,也以暴力书写着人类的贪婪和人类中心主义的伦理残酷性。而在小戴维和老公象相互悲悯体恤的情感交流中,我们捕捉到了一种更具有包容性的意义召唤。这种意义召唤指向的是史怀泽所倡导的敬畏一切生命的伦理:"有思想的人体验到必须像敬畏自己的生命意志一样敬畏所有生命意志。他在自己的生命中体验到其他生命。……伦理与人对所有存在于他的范围之内的生命的行为有关。只有当人认为所有生命,包括人的生命和一切生物的生命都是神圣的时候,他才是伦理的。"①

在史怀泽看来,只涉及人的伦理学是不完整的,只有体验到对一切生命负有无限责任的伦理才是一种有深度、有活力、完整的伦理学。以此为参照,海明威的非洲游猎作品中的伦理困惑源自他本人的人类中心主义伦理思想的不完整性。尽管他也向往自然和原始,谴责美国式工业文明的破坏性,但是他的基本出发点和最终归宿仍然是自身的利益和需要。在强调生态整体主义利益的现代深层生态伦理学看来,这种为了人类自身的利益和需要而保护自然的观点仍然是一种有缺陷的现代人类中心主义伦理思想。在《非洲的青山》结尾处,海明威写道:

> 我们一旦到达一片大陆,这大陆就迅速变老。土著与之和谐地生活在一起。但是,外国人大肆破坏,砍下树木,抽干河水……土地对被开发感到厌倦。一个地区会迅速衰竭,除非人们把所有的残留物和所有的牲畜都还给它。等到人们放弃使用牲畜,改用机械时,土地就迅速打败了他

---

① [法]阿尔贝特·史怀泽:《敬畏生命》,陈泽环译,上海:上海社会科学出版社,1995年,第9页。

们。机械不可能再繁殖,也不可能使土壤肥沃,它吃的是人们所不能种植的。一个地区应该是我们发现它时的那个样子。我们是闯入者,等我们死后,我们也许已把它毁掉,但它仍然会在那里,而我们不知道接下来会有什么样的变化。我看他们的结局都会像蒙古那样。

……我们的祖先到美国去是因为当时那是值得去的地方。那里曾经是个好地方,但我们把它搞得一团糟了,所以现在,我要到别的地方去,因为我们永远有权利到别的地方去,而且我们也总是去的。你永远都可以回来。让那些不知道已经去得太晚的人到美国去吧。我们的祖先看到过它最辉煌的时候,并且在值得为之奋斗的时候为它奋斗过。现在我要到别的地方去了。从前我们常常到别的地方去,而且还是有些好地方可以去的。

我见到一个好地方时就能辨别出来。这里有猎物,很多鸟儿,而且我喜欢这些土人。我能在这里射猎,捕鱼。这些,再加上写作,阅读,看电影,这就是我最想做的事情。①

上面的文字表明,海明威在质疑和反思工业文明的生态破坏性与文化扩张性的同时,又为自己保留了不断地侵入更有生命活力的异域空间的权力。如此一来,在伦理道德关怀的层面上,海明威召唤自然原始的非洲书写就陷入了无法超越的价值悖论。这种价值悖论赋予海明威的文本以一种审美张力,也为读者提供了对其文本进行多向度解读的可能性。

---

① [美]海明威:《非洲的青山》,张建平译,上海:上海译文出版社,1999年,第242—243页。

第 六 章

《丧钟为谁而鸣》:西班牙风景、政治与人类共同体

  自从1921年告别美国的工业化大都市芝加哥,海明威一直在寻找一个未被美国的现代化文明败坏的"好地方",一个看得见瓦隆湖畔风景,一个可以钓鱼、打猎,活得精彩的"好地方"。对于海明威来说,这个远离家乡又看得见家乡风景的好地方就是西班牙。海明威在侨居期间,多次去西班牙看斗牛、钓鱼。在他生前写作的最后一部作品《危险的夏天》中,海明威声称:"除了我的祖国外,没有任何其他国家比这一个更叫我热爱了。"①1936年西班牙内战爆发,内战持续了4年。1940年,海明威出版了西班牙内战题材的长篇小说《丧钟为谁而鸣》(*For Whom the Bell Tolls*, 1940)。小说由43章构成,篇幅是海明威所有小说中最长的一部,情节却十分紧凑,讲述1937年5月底一个星期六下午到星期二上午三天内的故事。小说叙述西班牙共和国政府军发动的一次进攻之前,为了切断敌人的增援路线,派美国志愿者罗伯特·乔丹去敌后,与巴勃罗领导的游击队一起,炸毁一座铁桥。后来,巴勃罗为了保住自己的地盘平安,破坏炸桥。最后,乔丹在比拉尔等人帮助下,在星期二清晨及时完成了炸桥任务。在撤退途中,乔丹腿部受重伤,选择坦然面对敌人和死亡。

  在出版《丧钟为谁而鸣》之前,海明威写过一部以第一次世界大战为叙事

---

① [美]海明威:《危险的夏天》,主万译,上海:上海译文出版社,1999年,第3页。

背景的小说《永别了,武器》。在《丧钟为谁而鸣》中,他再次以文学叙事处理自我生命价值与重大政治事件之间的关系问题。两部小说有一个共同之处,男主人公都是介入欧洲战争的美国人,他们的命运在战事和爱情两个叙事空间中展开。《永别了,武器》中的亨利逃离战场,到没有战火的瑞士去构筑个人爱巢,最后以爱情的幻灭和意义的虚无结束叙事。亨利理解的自我意义与社会的、民族的、人类的共同体相分离,这种叙事设计与小说的反战主题一致。《丧钟为谁而鸣》中的罗伯特·乔丹完成炸桥任务撤退途中,腿部受伤,他告别了爱情,躺在他热爱的西班牙大地上,坦然面对法西斯敌人和死亡。他感叹:"世界是个美好的地方,值得为之战斗。"①很显然,海明威在写作《丧钟为谁而鸣》时,已经超越了《永别了,武器》中的个人迷惘和虚无感,他的文学叙事话语试图协调个人热爱的西班牙风景、爱情和政治责任、人类共同体的幸福之间的复杂关系。然而,当海明威将罗伯特·乔丹塑造成西班牙内战中的"准则英雄"时,炸桥任务要面对的政治责任与人类共同体幸福之间的关系准则却呈现出不确定性。海明威的叙事选择让乔丹专注于炸桥行动这一政治责任,但他兑现责任的意义不确定性却搁置不论,显示出他在处理个人和西班牙政治、人类共同体幸福之间复杂关系时的文本软弱,而这也是《丧钟为谁而鸣》出版后评论界争议不断的原因。评论家莱昂内尔·特里林(Lionel Triling)甚至认为,海明威的叙事艺术"完全服务于对经验的崇拜,结果是一部想歌颂人类共同体的小说,实际上却赞美了个人自我的孤独"②。可见,海明威的叙事艺术在应对西班牙内战这一重大历史、政治事件时,较以往的小说取得了巨大突破,但仍然有突不破的叙事话语制囿。

第一节　海明威的西班牙情结

　　海明威在异国叙事空间中塑造了一系列"准则英雄",《丧钟为谁而鸣》中的罗伯特·乔丹是唯一一个为异国的他者献出生命的男主人公。西班牙为什

---

① [美]海明威:《丧钟为谁而鸣(修订本)》,程中瑞译,上海:上海译文出版社,1997年,第579页。
② Jeffrey Meyers, ed., *Hemingway, The Critical Heritage*, Boston: Routledge & Kegan Paul, 1982, p.336.

么会对海明威有如此巨大的吸引力？其背后是海明威内心深处的西班牙情结。

一

为了更好地理解海明威的创作与西班牙文化之间的关系，我们不妨先把他个人生活与西班牙之间的密切关系做一个简要的梳理。1919 年 1 月，海明威从意大利归国途中经过西班牙南部，在那里曾稍事停留。1921 年 12 月，与哈德莉前往巴黎途中，海明威在西班牙西北部港口比戈逗留了数个小时。他看到硕大的金枪鱼成群地出没在港湾里，鳟鱼则在山间溪流中欢快地游来游去。一个人只需花一美元就可以入住最好的旅馆，一升葡萄酒则只需两个西班牙比塞塔。比戈的美丽风景和便宜的物价给他留下了美好的印象。1923 年 5 月至 6 月，海明威第一次去西班牙看斗牛。同年 7 月，他再次到西班牙过圣福明节并看斗牛。1924 年 6、7 两个月在西班牙看斗牛。1925 年 3 月，海明威带怀孕 5 个月的哈德莉去西班牙看斗牛，并以自己最喜欢的斗牛士的名字给儿子取名约翰·哈德莉·尼卡诺。1926 年，完成《太阳照常升起》后，海明威到西班牙度过了四个月。1927 年 7、8、9 三个月与保琳在西班牙看斗牛。1929 年 7、8、9 三个月也在西班牙度过。1931 年 5—9 月，海明威追随着西班牙斗牛士，写作有关西班牙斗牛的专著《死在午后》。1936 年 7 月，西班牙内战爆发。海明威不顾家人的反对，与北美报业联盟签订了合同，于 1937 年 2 月取道法国前往西班牙考察并报道内战的进展情况。1937 年 3 月，海明威到达马德里后，协助荷兰导演伊文思拍摄纪录片《西班牙大地》。拍摄此影片的预算经费是 1.8 万美元，海明威个人捐助了 4000 美元。[①] 他还为纪录片撰写了解说词，并亲自配音。在内战期间，海明威先后四次前往西班牙，支持共和政府和西班牙人民。1953 年，美国与西班牙的外交关系刚刚恢复，海明威立即与老朋友一起前往西班牙看斗牛。1954 年，海明威结束了非洲的追猎之行后再次到西班牙看斗牛。1956 年秋天海明威又一次到西班牙。1959 年，海明威去西班牙看斗牛，并接受《生活》杂志委托，写一篇旧地重游的随笔。1960

---

① 参见[荷]汉斯·舒茨：《伊文思传：危险地活着》，孙红云、黎松知译，北京：新星出版社，2018 年，第 136 页。

年,海明威开始写作《危险的夏天》。8月,海明威以需要核实斗牛细节为由再次回到西班牙,实际上,当时他正遭受着严重的精神沮丧之苦。第二年,海明威自杀身亡。

究竟是什么吸引着海明威一次又一次地前往西班牙?从他一生的生活来看,自从美国社会成功地实现了工业化、都市化的现代化转型后,瓦隆湖畔那自由、天真、与自然和谐共处的生活方式就变成了一去不复返的田园梦幻,因此,海明威在与现代都市保持疏离关系的同时,也一直在寻找一个能使他重温瓦隆湖畔与自然共在的生活方式的地理空间。就像美国致力于人文地理批评教学与研究的学者段义孚所指出的,"人们之所以会出现潜意识性质的却深沉的依恋是因为熟悉和放心,是因为抚育和安全的保证,是因为对声音和味道的回忆,是因为对随时间积累起来的公共活动和家庭欢乐的记忆。这种恬淡类型的依恋是难以阐释清楚的"①,而西班牙就是在此意义上成为召唤海明威一再归来的理想栖居地。这里有纯净美丽的自然风景:那苍翠的山峦,浓密的松林,蜿蜒曲折的林中小路,路边的野莓,寂静的山谷,清澈的河流,惬意的垂钓,开阔的田野,这一切使得海明威如同置身于少年时代的密歇根以北。也就是说,在海明威看来,战前的西班牙是与现代化的美国截然不同的一个自然和谐的世界,在西班牙的大自然中,他看到了密歇根以北的风景,闻到了橡树园镇、温德尔米湖畔的味道。

正是上述隐藏着故乡依恋的西班牙情结,具体化为海明威在《丧钟为谁而鸣》开篇和结尾处为他心爱的男主人公"准则英雄"乔丹描绘的生命意义展开和归属的自然背景:

> 他匍匐在树林里松针覆盖的褐色地面上(pine-needle floor of the forest),交叉的手臂支着下巴;高高的上空,风在松树树梢刮着。他俯卧着的山坡不太陡,但往下却很陡峭,他能看到那条柏油路黑黑的,蜿蜒穿过山口。
>
> ……他等待着这军官来到松林边第一排树木和绿茵茵的山坡接界的地方,那里照耀着阳光。他感觉到自己的心脏紧贴着树林里松针覆盖的

---

① [美]段义孚:《空间与地方》,王志标译,北京:中国人民大学出版社,2017年,第131页。

地面怦怦地跳着。①

故事的开篇,"准则英雄"乔丹身体紧贴着树林里松针覆盖的地面,叙述者的叙述聚焦于乔丹正在执行的炸桥政治任务;故事的结尾,乔丹完成炸桥任务,身体紧贴着树林里松针覆盖的地面迎接敌人和死亡的到来。而在海明威早期以尼克为自传式主人公的短篇小说《两代父子》(Fathers And Sons)中,尼克回忆起他和印第安姑娘特萝迪在印第安人营地后面的青松林里获得的第一次性经验时,他的肚子上粘着松针(hemlock needles stuck against your belly)。② 在西班牙内战战场上,为西班牙共和国而战并献出生命的乔丹,与瓦隆湖畔与印第安姑娘结合获得个体生命高峰体验的尼克,叙事的背景板是同样的"松林里铺满松针的地面",只是松树的树种不同而已。一片纯净又美丽的土地,让 38 岁的尼克仍难以忘怀,让乔丹不惜为之献出自己的爱情和生命。这样一种以个体情感体验、心理感受为重合依据的叙事背景设计,将海明威对前现代故乡的依恋,与对西班牙风景的热爱联系起来。但是,正是这样一种个体感性经验与西班牙内战期间的政治斗争、人类共同体信仰的叠加纠结,使得"准则英雄"乔丹形象在个体和共同体之间的意义归属问题上含混不清。或许,也正是在此意义上,在《丧钟为谁而鸣》结尾处,海明威只能以乔丹的"心脏紧贴着树林里松针覆盖的地面"给故事画上个句号,而乔丹生命在现实空间的归属却悬而未决。

二

最令海明威感到震撼的是西班牙的传统文化习俗斗牛。早在他的成名作《太阳照常升起》中,海明威就详细地描述了西班牙的文化习俗斗牛,并向读者展示了斗牛士罗梅罗的风采和魅力。1932 年,海明威又出版了一部关于西班牙斗牛的专著《死在午后》。在写作《死在午后》之前,他观看过三百多场斗牛,目睹过几千头公牛的刺杀。在这部著作中,海明威对西班牙斗牛过程中的每一个细节、每一个术语、西班牙著名的斗牛士、各地不同的斗牛风格都做出了

---

① Ernest Hemingway, *For Whom the Bell Tolls*, London: Arrow Books, 1994, p. 1, 504.
② Ernest Hemingway, *The First Forty-Nine Stories*, London: Arrow Books, 1993, p. 463.

极为详尽的介绍。在书后还附有包括585条斗牛术语的术语释义汇编。尽管这部著作十分枯燥,但在斗牛迷们的眼里它却是一部了解斗牛的《圣经》。

对于海明威来说,西班牙斗牛的意义何在？在《死在午后》的第一章,海明威写道:

> 战争结束了,现在你能看到生与死——即是说暴力造成的死——的惟一地方,就是斗牛场了,所以当时我非常想到西班牙去,到了那里我就可以对暴力造成的死加以研究。那时我在尝试学习写作,从最简单的问题着手写,而最简单的问题之一和最根本的问题即是暴力造成的死。①

这段话表明,对于海明威来说,与其说西班牙斗牛为他提供了文学创作的素材,毋宁说他从斗牛艺术中悟出了他独特的小说美学和人生信念。

海明威将西班牙斗牛艺术带给他的审美体验融会在小说创作中,建构起一种将男性气概与现代技艺融为一体的艺术话语。海明威十分崇尚西班牙斗牛士直面死亡的勇气和出色的技艺表演。他认为,"斗牛,是一门绝无仅有的艺术家身处生命危险的艺术,是一门表演的出色程度完全有赖于斗牛士自尊的艺术"②。斗牛士舞动着红色的穆莱塔,那一系列完整、连贯的手法,让人觉得"手法中有勇,有艺,有悟,尤其是有美,还有深深的情"③,"他在斗牛场上完成的是一件艺术品,他玩弄的是死,将死一步一步地引向自身,这死你知道就在牛角之间,因为你看到了在沙地上用帆布覆盖着的马的尸体,那便是明证。他给人以他永远不会死这么一种感觉,可是你若注视着他,这种感觉便成了你自己的了"④。因此,海明威认为,西班牙斗牛并非像有的人所想象的,是一种体育娱乐活动,而是一种希腊悲剧式的悲剧表演。不同的是,希腊悲剧通过演员在舞台上所表现出来的悲剧是抽象的象征意义上的悲剧,而斗牛场上公牛和斗牛士的生命搏杀却是一种直接诉诸观众的生死感觉的现实性悲剧。伴随着公牛强有力的奔跑脚步,斗牛士勇敢、机智、优雅的挑逗、刺杀动作,生命的

---

① [美]海明威:《死在午后》,金绍禹译,上海:上海译文出版社,1999年,第2—3页。
② 同上书,第91页。
③ 同上书,第209页。
④ 同上书,第215页。

鲜血洒在斗牛场上,使得斗牛场上生和死的气味都那么强烈。在此意义上,斗牛是一种生命的壮烈奇观,一种具有现世宗教意味的牺牲仪式和典礼,一种直接诉诸人们的生命感觉的人生艺术表演。很显然,海明威从斗牛士具有悲剧意味的现世生命艺术表演中,看到了美国前现代社会中白人男性的美德——一种男性气概和熟练的劳动技艺,而这也成为海明威进行自我建构和艺术建构的模仿对象。在他的个人生活中,凭借钓鱼、打猎、拳击、参战等活动中表现出来的勇气和技艺,打造出了一个又一个硬汉传奇故事;在文学创作活动中,他将写作比作拳击,声称"小说家得打满九局,即使这样会送掉他的命",并在人人都以为他才华枯竭时,打出了最漂亮的一击——《老人与海》,并因此获得了1954年的诺贝尔文学奖;在他的文学作品中,他总是安排他的男主人公直面孤独、伤痛、失败、死亡,不失优雅地将自己的生命勇气和某个方面的技艺表演得淋漓尽致,尽显"重压下的优雅(grace under pressure)"。也许,正是在此意义上,艾伦才将海明威的创作风格概括为"艺术和勇气"(art and valor)。

1927年,继《太阳照常升起》之后,海明威出版了短篇小说集《没有女人的男人》。这个集子收入了十四个短篇,其男主人公大都是具有男子气概的硬汉,最典型的当推《杀人者》和《不被打败的人》。在《杀人者》中,尼克得知有两个杀手在追杀拳击家奥利·安德烈森,便跑去给他通风报信。但是,奥利早已知道杀手在追杀自己,却不逃避,只是静静地等候杀手的到来。拳击家冷静地直面死亡,正是体现了海明威所推崇的勇气和尊严。

在《不被打败的人》中,上了年纪又多次受伤的斗牛士曼纽尔·加西亚明知道自己的身体已经处于劣势,但他却既不在乎金钱,也不畏惧失败和死亡,只是为了斗牛士的荣誉和尊严,勇敢地再次走进斗牛场。公牛将他挑了起来,又甩在沙地上,他站起来,继续挥动红布。观众向他扔坐垫、酒瓶,他毫不介意。牛角抵进了他的身体,抵进了他的腰部,他又一次站起来。他忍着粉身碎骨般的疼痛,最终将公牛杀死,并以自己的优雅和尊严,向观众挥手致意。当他躺在医院的手术台上时,他认为自己干得好,干得很出色。这就是海明威所说的"有勇""有艺""有悟""有美""有情"的现世生命艺术。在乔丹的炸桥行动中,在圣地亚哥与马林鱼、大鲨鱼的较量中,我们都可以看到这种艺术化了的硬汉搏杀描写。

对海明威来说,西班牙斗牛的魅力还在于它能唤起一种不同于美国的物质主义和消费主义价值的生命意义思考。海明威认为,正是富有现世悲剧意味的斗牛仪式,赋予西班牙人一种敢于直面死亡的单纯的生命价值观。在《死在午后》中,海明威赞美卡斯蒂利亚的农民。他们生活纯朴,不富裕,但热爱斗牛。

> 他们知道死是不可避免的现实,这是任何人都会明白的惟一的一件事;这是惟一有把握的事,这是超越一切现代舒适条件之外的,有了它,你就不会要求每一个美国家庭都要有浴盆,你有了浴盆也不会再要什么收音机了。关于死,他们考虑得很多,如果他们有信仰,那就是认为生命要比死短暂得多的信仰。有了这种感情之后,他们对于死的关注就非常地明智。①

海明威欣赏西班牙人能够理智地看待死亡,是因为他们对死亡感兴趣,不仅不逃避死亡,而且以一种不切实际的态度将其转化为一种浪漫的自豪、快乐和悲伤。在海明威看来,这种单纯的生死观念和浪漫激情,与美国人讲究实际的物质主义和商业主义文化截然不同。因此,他将西班牙看作是承载个人自由和生命激情的理想栖居地,一次又一次地回到西班牙去,回到斗牛场去。

第二节 政治责任与人类共同体意识

1936年,西班牙内战的爆发,给海明威提供了一个历史性契机,他得以以一个西班牙的保卫者的角色,而不是观看斗牛的美国人的角色,真正融入到他所热爱的西班牙大地和西班牙人民之中,构建自我的生命意义。在西班牙内战结束后出版的《丧钟为谁而鸣》中,海明威将主人公乔丹置于个体价值、政治责任和人类共同体意识之间的复杂关系中,其生命意义叩问的深度和审美情感、伦理关怀建构的境界,都远远超越了他此前小说中的"准则英雄"们。霍华德·M.约翰斯在《星期六评论》发表评论文章,将《太阳照常升起》《永别了,武器》和《丧钟为谁而鸣》三部小说进行比较,认为"《太阳照常升起》是一本引人

---

① [美]海明威:《死在午后》,金绍禹译,上海:上海译文出版社,1999年,第268页。

注目的书,但它有点噱头。《永别了,武器》是一本动人的书,但它有些伤感。《丧钟为谁而鸣》既没有噱头,也不伤感,相反地,它是海明威写过的最优秀、最丰富的长篇小说;它是当年最优秀的、最丰富的长篇小说之一,也许也是上十年最优秀的、最丰富的长篇小说之一"①。

一

在写作《丧钟为谁而鸣》之前,席卷美国和整个西方世界的经济危机对国际政治和美国国内社会矛盾都带来巨大冲击。但是,外部世界的政治、经济剧变,似乎并没有对海明威的个人生活造成太大影响。他先是于1933—1934年去非洲打猎。从非洲回来后,又购买了豪华游艇比拉尔号,经常去海上钓大鱼。而在此时期,华尔街的崩溃改变了从欧洲归来的流放者对美国社会的看法。眼前的事实证明,美国社会的发展动向是不同目的的社会集团之间相互斗争的结果,是各种社会力量互相起作用的结果。因此,从巴黎归来的流放者们结束了个人的流放冒险生涯,重新整合到美国社会中去。考利指出:"流放者们懂得斗争会影响每一个人的将来,包括他们自己的将来。当他们参加到斗争中去,参加这一边或那一边(但通常是参加自由派一边)时,当他们试图增强某些社会力量并使自己和这一或那一社会集团联合在一起时,他们就不再是流放者了。他们有了朋友和仇敌,在社会中有了目的,这样不管他们居住在美国的任何地方,他们都找到了家乡。"②相比之下,此时热衷于钓鱼、打猎、看斗牛的海明威,并没有将自己的精神家园安放在美国社会中,而总是与美国社会保持着疏离姿态,到非洲的原始草原上,到西班牙的美丽风景和斗牛场中,去寻求个人的生命激情和自由。因此,美国的左翼作家和评论家认为,像海明威这样一位有声望有地位的作家,在美国经济大萧条时期不加入他们的阵营,致力于解救世界的伟大事业,却醉心于斗牛、钓鱼、猎狮子以及到处游荡,理应受到谴责。对此,海明威做出了直接的回应。他说:

---

① 杨仁敬:《海明威:美国文学批评八十年》,上海:上海外语教育出版社,2012年,第106页。
② [美]马尔科姆·考利:《流放者的归来——二十年代的文学流浪生涯》,张承谟译,上海:上海外语教育出版社,1996年,第258页。

作家最困难的工作莫过于描写人物时要真实。要做到这一点,作家要十分熟悉自己所要描写的对象,其次必须懂得怎样写。光是这两点就够你学一辈子了。要是有人想从政治上找出路,那简直是自欺欺人。找出路是容易的,但要搞好创作那就很难很难了。……如果你读的那本书是一本真正的好书,那就让那些狗娘养的狂吠好了。[1]

稍后,海明威在回复苏联人伊凡·卡斯金的信中,进一步表明了自己对包括左派在内的社会政治的态度。卡斯金曾经将海明威的两篇短篇小说译成俄文。他在《欧内斯特·海明威:写作艺术的悲剧》一文中,对海明威提出了批评。卡斯金称海明威的内心充满了矛盾,精神上或心理上的失调,使他濒于毁灭,这是他在个人荣誉、成就、富裕生活中不能自拔的结果。他远离了普通美国人民的生活,远离了国内国际政治。与当时人们必须面对的现实问题相比,海明威的确是与美国的社会现实相隔太远了。海明威对卡斯金说:

我现在还不会加入共产党,因为我想自由自在地生活,不受到任何约束。首先我要自己照料自己,一心干我要做的工作。其次我要照料家庭。再其次我要帮助周围邻居。但对于政府我绝对不予关心。政府,对我来说,总是意味着不合理的语言……我对它丝毫没有感情。

作家就像吉普赛人,处在社会生活的外围……如果你是一个好作家,你就不会喜欢统治你的那个政府,甚至你会起来反对它……如果一个作家的天赋不好,那他就只有阶级的意识,而缺乏艺术的意识。如果他的天赋很高,那他的艺术才能就会为各阶级所接受。他从他们那里吸取创作的素材,他所创作出来的作品便成为他们共同的财富……真正好的艺术品是不朽的,不管它的政治色彩如何。[2]

上述言论表明,自从 20 年代自我流放到巴黎去追求艺术拯救和个体自由以来,海明威一直坚持自己的个体自由和艺术宗教立场,拒绝与任何形式的社会政治合作。但是,1935 年 9 月初,一场袭击了基韦斯特岛的大风暴使得海明威开始有所改变。风暴过去之后,海明威目睹了岛上大约一千名在建设营

---

[1] [美]贝克:《迷惘者的一生》(上),林基海译,长沙:湖南文艺出版社,1992 年,第 494 页。
[2] 同上书,第 495—496 页。

里工作的退伍老战士死于风暴的惨状,他感到无比震撼。他写信给他的编辑帕金斯说,那天他在现场看到的死亡人数大大超过了他在1918年见过的。他即刻接受了《新马萨斯》杂志的约请,执笔写了一篇两千八百字的文章,强烈谴责华盛顿当权老爷们的官僚作风。有一个读者看了该文章后,写信给海明威,赞扬他的批评立场和同情心,并希望他以后多写一些表现人与人之间的兄弟情谊、主人公与人们同呼吸共命运的作品,少写像《太阳照常升起》里的杰克、《永别了,武器》中的亨利那样离群索居的人物。海明威不仅十分亲切地给这位读者写了回信,而且表示愿意在今后的作品中注入人类兄弟般的情感。

1935年年底,海明威的非虚构小说《非洲的青山》出版后,再次遭到一些左翼评论家的批评。有位阿布纳格林先生在《美国的准则》上发表了一封致海明威的公开信。他先是对海明威的小说加以赞扬,接着对他在《时尚先生》杂志上连载的《非洲的青山》提出了批评。他极力暗示海明威,像他这样一位有影响力的美国作家,应该去寻找或发现有重要意义的主题,而不应去计较打了多少猎物,钓了多少鱼。海明威在回信中虽然继续坚持作家的责任就是搞好创作,但是,他的吉普赛式的主体自由中已经长出了一些社会团结的新意识。这种变化最先反映在此时写作的《有钱人和没钱人》中。一方面,小说的内容是大萧条时期穷苦人的艰难生活;另一方面,小说的主人公哈里·摩根虽然还是个重压下不低头的硬汉子,但是他在临终前已经悟出:"一个人独自个儿干不成的。现在没有人独自个儿干得成了。"[①]

二

有了上述经历和体验之后,对于海明威来说,西班牙内战的爆发可以说是为他提供了与他人、与社会、与大地共建意义的历史性契机。在西班牙内战中,海明威与荷兰导演伊文斯、摄影师菲尔诺一起拍摄了一部纪录片《西班牙大地》。为了真实地记录法西斯的罪行,海明威总是出现在枪弹最激烈的地方,真可谓是出生入死。有证据表明,在西班牙内战期间,海明威曾经参加过

[①] [美]海明威:《有钱人和没钱人》,鹿金译,上海:上海译文出版社,1999年,第205页。

一支秘密游击队的一次军事行动,炸毁特鲁埃尔北部的一座桥梁。① 1939 年 3 月,西班牙内战结束。1940 年 10 月,海明威即出版了以西班牙内战为素材的长篇小说《丧钟为谁而鸣》。

《丧钟为谁而鸣》的主人公罗伯特·乔丹是教西班牙语的大学教师,从美国来到西班牙参加反佛朗哥分子的战争。小说叙述他在一次军事行动中,受命去敌后炸毁一座具有战略意义的桥梁。乔丹来到敌后,与当地的一支游击队取得了联系。游击队长巴勃罗为保护自己的地盘,不惜进行破坏,阻挠乔丹炸桥。他的妻子比拉尔勇敢坚强,其他的游击队员都是善良朴实的农民,他们支持乔丹炸桥。聋子领导的另一支游击队也支持乔丹,主动要求去盗取撤退需要的马匹。不料,一场大雪过后,马蹄印将聋子的营地暴露给敌人,全体队员壮烈牺牲。最后,乔丹克服重重困难,成功地炸毁了桥梁,自己却身受重伤。他命令其他游击队员撤离,由他一个人在山坡上狙击敌人。

在《丧钟为谁而鸣》的卷首,海明威引用了约翰·堂恩的诗句:

> 谁都不是一座岛屿,自成一体;每个人都是欧洲大陆的一小块,那本土的一部分;如果一块泥巴被海浪冲掉,欧洲就小了一点,如果一座海岬,如果你朋友或你自己的庄园被冲掉,也是如此;任何人的死亡使我有所缺损,因为我与人类难解难分;所以千万不必去打听丧钟为谁而鸣;丧钟为你而鸣。②

这段卷首语表明,海明威在这部小说中叩问的是一种个人与他人、个体与群体、人类与大地共在的意义。在小说中,这种意义叩问围绕着乔丹与西班牙人民和西班牙大地的关系互动渐次推进,在小说结尾处,海明威展示了一个以乔丹的个体生命与他人、与西班牙大地相融合的画面。

美国明尼苏达州圣保罗市圣凯瑟琳学院的英语助理教授塞西莉亚 (Cecilia Konchar Farr)从生态女性主义的批评角度解读《丧钟为谁而鸣》时指出,寻求能够表达我们个性的风景,和在与风景和谐共存的过程中确立自我,

---

① Allen Josephs, "Hemingway's Spanish Sensibility", See Scott Donaldson, ed., *Ernest Hemingway*,上海:上海外语教育出版社,2000,p. 226.

② 参见[美]海明威:《丧钟为谁而鸣·卷首语》,程中瑞译,上海:上海译文出版社,2001 年。

这二者的意义指向是不同的。① 在《太阳照常升起》中,海明威叙述美国人杰克到西班牙的自然风景和文化景观斗牛中,去寻求不受制于清教压抑的自由快乐和不被现代文明败坏的男性气概。但是,当勃莱特的个体快乐需求与西班牙斗牛迷们的民族情感发生冲突时,杰克却站在个体快乐一边,帮助勃莱特得到了斗牛士罗梅罗的爱情,伤害了蒙托亚旅馆里的斗牛迷们。这个细节表明,在杰克的自我意识与真正的西班牙斗牛迷的民族情感之间,存在着一道难以弥合的裂痕。在《丧钟为谁而鸣》中,美国人乔丹与西班牙大地、西班牙人民的关系已经发生了深刻的变化。小说的叙事推进过程,也是乔丹逐渐融入西班牙人民、西班牙大地中去的一个过程。在小说的开篇,海明威描写主人公罗伯特·乔丹的身体"紧贴着树林里松针覆盖的褐色地面"。随后,他将军用地图在林地上摊开,俯视着山坡、河流、峡谷,确认他要炸毁的桥梁的位置。小说开篇的风景描写实际上是在两个层面上展开的,一面是美丽和谐的西班牙自然风景,一面是使风景遭到蹂躏的战争景观。正是出于对西班牙自然美景的热爱,乔丹自愿介入保卫共和国政府的战争中。到小说结尾处,乔丹受伤后还是躺在长满松树的山坡上,身下是铺满松针的土地,"他感觉到自己的心脏紧贴着松针覆盖的地面怦怦地跳着"。至此,甘愿为西班牙的美丽风景和西班牙人民的自由幸福献出生命的乔丹,已经完全融入西班牙大地之中,他的心脏合着西班牙大地的脉搏一起跳动。从整个小说的发展来看,促成乔丹与西班牙大地融合的因素有三:

第一,乔丹对西班牙人民的理解和认同。在与配合他炸桥的游击队员的接触过程中,乔丹对他们的个性、情感、命运、信仰的理解也越来越深入。游击队的女英雄比拉尔虽然外表粗硬,但在她的内心深处却涌动着最浪漫、最温柔的激情。战前,她曾经有一位了不起的爱人——斗牛士菲尼托。菲尼托虽然身材矮小,又患有肺病,在斗牛场内却像头狮子。他能把斗牛的绒布挥到最漂亮,并同时将利剑刺进牛肩隆的顶端。菲尼托逝去后,她又爱上了与法西斯勇敢战斗的巴勃罗。但是,当巴勃罗出于私心破坏炸桥行动时,她却毫不犹豫地

---

① Robert Fleming, ed., *Hemingway and the Natural World*, Moscow: University of Idaho Press, 1999, p. 153.

支持乔丹。为了共和国的整体利益,她甚至同意除掉巴勃罗。小说中还写到了一个被叫作聋子的游击队长。聋子是一个真正的西班牙硬汉。他为了配合乔丹炸桥去盗马,结果被佛朗哥分子发现。佛朗哥分子将他和他的队员包围在一个小山顶上,敌人的飞机也赶来投炸弹。聋子的腿上和胳膊上都受了伤。这时,他想起了一句西班牙俏皮话,"你应当像服用阿司匹林那样地接受死亡"[①]。正是从这样一些西班牙农民英雄身上,乔丹看到了西班牙人民为自由的共和国而战的理想主义激情。

令乔丹感动的西班牙人除了比拉尔和聋子以外,还有老向导安塞尔莫、玛丽亚、玛丽亚的父母等人。安塞尔莫是一个纯洁、质朴、善良的西班牙老人。内战之前,他是一个喜欢打猎的西班牙农民,一个虔诚的天主教徒。佛朗哥分子挑起的内战,使他失去了温暖的家,因此,他投入到保卫共和国的战斗中。但是,作为一个天主教徒,安塞尔莫在为共和国战斗的同时,却认为杀人是一种罪过,即使是杀那些非杀不可的法西斯分子。透过安塞尔莫的内心不安,乔丹感受到了战争的伦理残酷性。

接下来,比拉尔和玛丽亚分别对乔丹讲述了她们在残酷的政治斗争中的亲身经历和感受,更加深化了乔丹对西班牙人民和西班牙内战的认识。在小说的第十章,比拉尔对乔丹讲述了巴勃罗革命经历中的一个片段。巴勃罗率游击队攻击一个民防军控制的小镇。在战斗中,巴勃罗的表现十分勇敢,比拉尔为自己的丈夫感到自豪。但是,他却枪杀了被俘的四名俘虏,接下来,又精心安排了一场令比拉尔感到耻辱的斗牛游戏。巴勃罗亲自坐阵镇公所,将被逮捕的二十名当地的法西斯分子逐个放出来,让他们通过一条人墙夹道走向江边的峭壁。人墙中站着被复仇情绪聚合在一起的普通工人、农民、二流子和喝醉了酒的无政府主义者。他们手里拿着连枷、干草叉、镰钩、大镰刀、粗棍棒等农具,向逐个放出来的法西斯分子打去。排在江边的人负责把被打死或打至半死的法西斯分子扔到江里。在这二十个法西斯分子中,堂·吉列尔莫是镇上做连枷生意的小商人,他平时卖的连枷价钱并不高。他当法西斯分子,一来是想谄上欺下,二来是因为爱老婆,便也"接受了她对法西斯的宗教般的虔

---

① [美]海明威:《丧钟为谁而鸣(修订本)》,程中瑞译,上海:上海译文出版社,1997年,第383页。

诚感情"。当丈夫走进人墙中时,这个女人尖声叫喊起来:"吉列尔莫。等一等,我要陪你一起去。"

与上面的复仇场景形成对照的是,在第三十一章,玛丽亚对乔丹讲述了佛朗哥分子报复参加土地革命的平民的野蛮暴行。玛丽亚的父亲、母亲和众多参与土地革命的群众被带到村里的屠宰场中枪杀。玛丽亚的母亲并不是共和党人,是个好天主教徒,只因为丈夫是共和党人就被一起枪杀了。父亲临刑前说,"共和国万岁",母亲则说,"我丈夫,本村前任村长万岁"。玛丽亚希望自己能和父母一起死,并打算说"共和国万岁,爹妈万岁"。[1] 玛丽亚虽未被枪杀,却被剃光了头发,遭到凌辱。透过这两个残酷的复仇场景,乔丹认识到,虽然内战将西班牙人划分为法西斯和共和国两个不同的政治阵营,但是,在这场残酷的政治冲突中,法西斯分子和共和国人民并不是一个绝对统一的、分别指向邪恶和正义的抽象概念。挑起内战的大地主、大主教、大资产阶级佛朗哥分子是邪恶的,但是,被卷入内战的农民安塞尔莫一家、守法经营的小商人吉列尔莫夫妇、玛丽亚一家等都是普通的西班牙人,他们追求的是纯朴、自由的生活,温暖的人伦情感,而不是践踏人伦温情的政治权力。就其意义召唤而言,吉列尔莫妻子的叫喊与玛丽亚母亲的就义口号具有共同的意义指向,那就是如何超越内战的残暴与野蛮,留住内战之前纯朴、和谐的生活和单纯美好的情感。在此意义上,乔丹对西班牙内战的认识,不仅仅限于民主与权力的现实政治层面,而更多的是在个体自由、人性尊严、博爱等伦理层面上展开的。有评论者因此诘难海明威在政治问题上的盲视。实际上,这种政治盲视与海明威一贯坚持的与政治保持疏离的自由主义立场是一致的,不同的是,乔丹召唤的自由已经不仅仅局限于知识分子的个体自由,而是一种包括所有的不同身份、不同信仰的西班牙人民在内的更普遍的人性自由和幸福。

第二,乔丹对自我生命意义的理性审视和对人类终极关怀问题的深层思考,使得他最终做出了将自我生命融入到西班牙人民、西班牙大地中去的意义抉择。乔丹对生命终极意义的思考实际上反映了此一时期海明威本人对个人与他人、个体与群体、生命与死亡等问题的认识。在乔丹之前,海明威笔下的

---

[1] [美]海明威,《丧钟为谁而鸣》,程中瑞译,上海:上海译文出版社,2001年,第436页。

尼克(《大双心河》)、杰克(《太阳照常升起》)、亨利(《永别了,武器》)等男主人公,总是在与社会群体疏离的空间中,追寻个体的生命自由和感性解放的快乐,不放弃个体的理性准则。但是,在他们的内心深处,却总是潜藏着一种由自我与他人、自我与社会、现时与永恒之间的价值冲突而带来的伤痛和焦虑。与这些内心伴随着伤痛和焦虑的早期主人公不同的是,乔丹虽然也清醒地意识到这个世界的混乱与邪恶:共和国内部的分裂,巴勃罗的自私狭隘,大雪给他的炸桥行动造成的困难,游击队员的军事素质匮乏等等,但是他仍然坚信:"你参与了一项你全心全意信仰的事业,和其他参与的人有一种极度的兄弟情谊。这种感情你以前从来不理解而现在体会到了,你对它那么重视,认为它是那么合理,以致你自己的死亡似乎完全无关紧要。"①乔丹对个体生命价值的这种认识表明,在经历了1935年的大风暴灾难和残酷的西班牙内战之后,海明威在对待作家与社会群体责任之间的关系问题时已经有所改变。反映在《丧钟为谁而鸣》中,乔丹在面对炸桥的种种困难时对自己说:"别管它,要承认它。这就是苦杯。"乔丹所说的"苦杯",引自《圣经·路加福音》第二十二章第四十一至第四十四节和《圣经·约翰福音》第十八章第十一节。耶稣得知自己要被钉上十字架,曾向上帝祷告,是否可以让他不喝这一杯苦酒。他说:"父啊,你若愿意,就把这杯撤去,然而,不要成就我的意思,只要成就你的意思。"有一位天使从天上显现,加添他的力量。耶稣极其伤悲,祷告更加恳切,汗珠如大血点,滴在地上。②耶稣被捕时,门徒彼得将来捉拿耶稣的大祭司的仆人砍了一刀,耶稣对彼得说:"收刀入鞘吧!我父所给我的那杯,我岂可不喝呢?"③海明威在乔丹面对困难时引入耶稣的苦杯之说,其用意似乎是要暗示,乔丹已经选择了对他人、对人类的责任担当,将自我生命融入到人类共同体为实现自由、平等、博爱而斗争的伟大事业中去。

第三,在与玛丽亚相爱的过程中,乔丹获得了自我生命与女性、他人、大自然相融合的情感的、伦理的、审美的高峰体验。与《太阳照常升起》和《永别了,武器》中的爱情描写不同的是,海明威将乔丹与玛丽亚的相爱场景安置在广阔

---

① [美]海明威:《丧钟为谁而鸣》,程中瑞译,上海:上海译文出版社,2001年,第295页。
② 《圣经·新约》,中国基督教协会出版发行,2009年,第99页。
③ 同上书,第127页。

的大自然中,或者是在神秘的星空下,或者是在阳光灿烂的山坡上。在早期的短篇小说《两代父子》中,尼克人到中年时,也曾经回忆起他和印第安姑娘特萝迪在暮色苍茫的青松林里获得的第一次性经验。但是,尼克在沐浴着天光、紧贴着铺满松针的大地、体验到两性结合的快乐之后,他的心理感觉却是一片空无,就像眼看着一只大鸟在暮色中消失一样。通过尼克置身于大自然中获得的感性快乐,海明威召唤的是一种在现代社会中不能再现的个人的审美理想。乔丹与玛丽亚相爱的意义指向已经超越了这种属于个体的感性自由和审美召唤。起初,玛丽亚也是从海明威个人的爱情白日梦中走进乔丹的现实体验中来的。在小说的第十一章,海明威描写乔丹凝视着阳光下的玛丽亚,对他们之间的爱情浮想联翩:"也许正像你过去的那些梦,梦中,你在电影里看到的有一位夜里来到你的床上,那么亲切,那么可爱。他在床上熟睡的时候,和她们都那么睡过。他还能记得嘉宝,还有哈罗。是啊,有好多次是哈罗。这一回也许就像那些梦。"①乔丹称玛丽亚是自己的"小兔子"。但是,玛丽亚与以往那些出现在海明威小说中美丽、纯洁、善良、温柔的女性不同的是,玛丽亚的身体曾经遭到法西斯分子的蹂躏。在此,玛丽亚受难的身体具有一种象征意味。她既承载着女性共同的遭受男权压制和剥夺的历史,也承载着西班牙人民正在经受的苦难,还是遭受人类的占有欲摧残的大地的象征。在此意义上,乔丹对玛丽亚的理解和爱恋,与玛丽亚身心交融的结合,也意味着乔丹对女性的痛苦历史、西班牙的现实苦难、大自然和谐的恢复等伦理责任的担当。正是由于敢于直面广博的伦理责任,属于尼克、杰克、亨利们的个体身份焦虑和意义裂痕消失了。

  由于她的掌心贴着他的掌心,由于他俩的手指扣在一起,由于她的手腕和他的手腕交叠在一起,就有一种奇异的感觉从她的手、手指和手腕传到他的手、手指和手腕,这种感觉那么清新,就像海上向你飘来初起的轻风,微微吹皱那平静如镜的海面,又那么轻柔,就像一根羽毛擦过唇边,或者风息全无时飘下一片落叶;那么轻柔,只能由他俩手指的接触才能感觉到,然而这种感觉又由于他俩使劲相扣的手指、紧贴在一起的掌心和手腕

---

① [美]海明威:《丧钟为谁而鸣》,程中瑞译,上海:上海译文出版社,2001年,第169页。

而变得那么强烈,那么紧张,那么迫切,那么痛楚,那么有力……①

在阳光灿烂、长满石楠的山坡上,乔丹和玛丽亚结合在一起。他们的身体紧贴着大地,大地在他们的身体下移动。此时此刻,男性与女性、自我与他人、人类与大地实现了情感的、伦理的、审美的完美交融。从这个场景描写中,塞西莉亚读出了反对男权暴力、反对战争、反对人类对大自然的暴力,追求多元的整体和谐的生态女性主义意义内涵。

在小说的结尾处,受伤后的乔丹躺在西班牙大地上。他清醒地意识到,死亡就在眼前,但他却一点也不觉得遗憾。他对自己说:"世界是个美好的地方,值得为之战斗,""凭着这最后的几天,你度过的一生比谁的都不差。"②当生命临近终结时,乔丹与周围的风景完全融合在一起了。海明威的原文是这样的:

He was completely integrated now and he took a good long look at everything. Then he looked up at the sky. There were big white clouds in it. He touched the palm of his hand against the pine needles where he lay and he touched the bark of the pine trunk that he lay behind. ③

程中瑞先生的中文译本将这段描写译作:"这时他全神贯注,对这一切望了好一会儿。他然后抬头望着天空。天上有大块大块的白云。他用手掌摸摸身边的松针地,摸摸身前那棵松树的树皮。"④

笔者认为,将"He was completely integrated now and he took a good long look at everything."译作"这时他全神贯注,对这一切望了好一会儿",未能将原文中隐含的意义召唤充分表达出来。"completely integrated"的字面意义是完全融合的意思。海明威一向喜欢只在文中写出冰上的八分之一,笔者揣摩那冰下的八分之七似乎是指乔丹为之献出生命的西班牙大地。"everything"的字面意思是指"每件事物""一切",这里暗示乔丹是在向他热爱的西班牙大地告别,"everything"包括西班牙世界的一切。从海明威的描写顺

---

① [美]海明威:《丧钟为谁而鸣》,程中瑞译,上海:上海译文出版社,2001年,第197页。
② 同上书,第579页。
③ Ernest Hemingway, *For Whom the Bell Tolls*, London: Arrow Books, 1994, pp.503—504.
④ [美]海明威:《丧钟为谁而鸣》,程中瑞译,上海:上海译文出版社,2001年,第584页。

序来看,是从"everything"到天空,再到乔丹身下的松针覆盖的地面、眼前的松树树皮。因此,笔者以为,海明威的这段描写是要表达乔丹告别西班牙大地前的内心情感,可以译为:

> 现在,他与大地完全融合为一体了。他先是深深地凝视着周围的一切。然后,他抬头望望天空。天上有大朵大朵的白云。他又用手掌轻轻地触摸地上的松针,再摸摸身边那棵松树的树皮。

这段描写与小说的最后一句"他感觉到自己的心脏紧贴着松针覆盖的地面怦怦地跳着"充分表明,海明威从巴黎开始的自我意义建构和审美理想建构,无论是从其伦理关怀的深度,还是从其审美感觉的境界来看,在乔丹这个人物身上都达到了一个相当的高度。海明威在20世纪40年代以后直至去世前的创作中,再也没有塑造出一个伦理关怀的深度和审美和谐的境界能够超越乔丹的人物。

三

乔丹所代表的伦理深度和审美和谐也是海明威的自我建构和审美追求中最理想的一面。不可忽视的是,是西班牙内战这个特殊的语境为乔丹的自我价值与共和国的意义指向提供了相互交融的历史机遇,也为海明威追求的男子汉勇气和文学审美理想提供了一个与社会群体结合的历史性契机。但是,这种融合更多的是在文学理想召唤层面上建构起来的,并不代表海明威已经自觉地将自我融入到具体的、复杂的包括政治权力在内的现实社会结构中。实际上,即使是在《丧钟为谁而鸣》中,海明威在试图对西班牙的社会革命、西班牙人的复杂情感和个性心理做出更具体的描绘时,每每就显示出海明威在把握这些内容时的力不从心。因此,我们看到,在小说中,海明威在处理个体情感、政治斗争和人类共同体意识的纠缠细节时,三者之间很难达成叙事平衡,总是暴露出一种明显的价值撕裂感。在小说中,共和国和佛朗哥法西斯分子彰显政治权力的方式都有极端的一面。在共和国一边,苦大仇深的西班牙农民巴勃罗在土地革命中,将政治斗争演绎成了一场最残酷、最丑陋的斗牛表演。小商人吉列尔莫因为爱老婆而站边法西斯分子,老婆因为爱丈夫选择一起被共和国一边的巴勃罗处死。在佛朗哥分子一边,玛丽亚的父亲作为共和国一方的村长被处死,他的妻子,一个虔诚的天主教徒也一同赴死。这一系列叙事失衡的细节表明,在海明威的政治观念和人类共同体意识之间,始终存在着一种难以平衡的叙述张力。正是在此意义上,在小说出版后,西班牙文学批评家阿图罗·巴雷亚才称该小说表现的"不是西班牙,而是海明威"[①]。他指出:"说到西班牙,海明威能够真实地、艺术地描绘他从外部看到的一切,但是他想作进一步的描绘。他希望分担西班牙的斗争。由于他和西班牙人没有共同的信念、共同的生活和共同的痛苦,他就只能根据他所熟悉的西班牙形象,在他的想象中把这一切塑造出来。他过去对暴力的迷恋把他推上了一条道路,使他更加无法投身到那个新的仍然混乱的西班牙生活里,反而越走越远。"海明威"在文学创作中反映西班牙战争的失败——是由于他虽然想当一个参与者,并以参与者身份来写作,他却一直是个旁观者。然而,旁观是不够的:要真实地写作就必须生活,而且必须感受到你所生活的内容"[②]。

阿图罗的批评虽然带有维护本民族形象的倾向性,但他也的确触及到了海明威本人的价值理念与西班牙的本土文化、西班牙的复杂社会现实之间,海明威的政治观念与人类共同体意识之间的内在裂隙。即使是坦然为西班牙献身的乔丹,他对政治责任和人类共同体信仰之间的关系理解,也局限于完成炸桥任务的行动准则和自我献身的理想主义激情。在炸桥任务之外,西班牙内战期间国际政治的复杂性,西班牙共和国内部多种政治力量的合作与协调混乱,西班牙内战中法西斯的暴行和个别游击队员的极端复仇,天主教徒宗教信仰层面的善恶观念与现实世界的人类共同体信念……海明威还没有找到一种在叙事进程中历史地协调西班牙内战中的各种力量的政治责任与个体自由幸福、人类共同体的福祉之间的叙事策略。因此,我们看到小说中的细节描述往往以个人的情感来应对残酷现实,像乔丹和玛丽亚的爱情、玛丽亚父母的爱情、吉列尔莫夫妻的爱情、比拉尔和巴勃罗的爱情。小说以情感叙述打动读者,避开对现实政治多元复杂性的合理呈现。正因为海明威在《丧钟为谁而鸣》中处理政治责任和共同体意识多元复杂关系时的情感化失衡处理,或者是

[①] [西班牙]阿图罗·巴雷亚:《不是西班牙,而是海明威》,文美慧译,参见董衡巽编选:《海明威研究》(增订本),北京:中国社会科学出版社,1985年,第298页。

[②] 同上书,第311页。

无力组织复杂多元的叙事,詹姆斯·L.卡斯特里(James L. Kastely)尖锐地指出:"意识到人物所生活的世界是作家的文学叙事制造出来的结果,意味着这个人物要对这个世界负责,不能简单地在这个世界变得荒谬或不人道时离开,就像弗雷德里克·亨利在《永别了,武器》中离开战争一样。因此,《丧钟为谁而鸣》中的伦理—政治情境是内在矛盾的。"[①]詹姆斯的评论切中海明威的文学叙事技艺始终无力应对复杂政治现实的软肋。

[①] Linda Wagner-Martin, ed. *Hemingway: Seven Decades of Criticism*, East Lansing: Michigan State University Press, 1998, p. 200.

第 七 章

《老人与海》:身份认同与审美乌托邦

《老人与海》(*The Old Man and the Sea*,1952)是海明威的代表作,叙述古巴老渔夫圣地亚哥[①]经历84天钓不到鱼的失败后,第85天钓到大鱼后又失去大鱼的悲壮故事。一般读者感动于圣地亚哥败而不馁钓大鱼、失去大鱼仍不失人的尊严的硬汉精神,少有人追问:古巴老渔夫圣地亚哥的故乡在哪里?为何他每天晚上都在做同一个梦,梦乡都在西北非海岸?作家海明威本人与老渔夫捕鱼为生的古巴、他的故乡西班牙加那利群岛、西北非海岸之间又有一番怎样的深层纠缠?笔者翻遍《老人与海》文本内外的相关叙述细节、书信、传记、史料,发现古巴和西北非海岸两个叙事空间一实一虚,彰显出西班牙移民圣地亚哥的身份认同复杂多重性,也透视出海明威本人在前现代与现代、"美国性"与"他者性"之间身份认同的多元复杂性。圣地亚哥梦中的西北非海岸,是海明威通过文学书写建构的审美乌托邦,借以寓托他内心深处对前现代世界的眷恋,抵制美国现代化、都市化对个体的同一性操控和异化。

[①] 《老人与海》的不同中译本对主人公老渔夫的名字有不同译法。香港中一出版社1952年版范思平(张爱玲笔名)译本译作"山蒂埃戈",《译文》1956年12期海观译本译作"桑提亚哥",台湾重光文艺出版社1957年余光中译本译作"桑地雅哥",天津人民出版社2013年版李继宏译本译作"圣迭戈",商务印书馆2015年张炽恒译本译作"桑地亚哥"。考虑到小说的叙事空间为西班牙语国家,英文中的男子名Santiago源自西班牙语,笔者根据新华通讯社译名室编的《西班牙语姓名译名手册》(商务印书馆2015年版,第378页),在行文中取其西班牙语译名"圣地亚哥",中译本引文则采用该译本的译名。

第一节　圣地亚哥的西班牙移民身份

在美国学者于连·沃尔夫莱《批评关键词：文学与文化理论》一书中，关于身份的关键词是以"我/身份（I/DENTITY）"做标题的。沃尔夫莱以"我"和"身份"之间插入的斜杠表明，身份是一个复杂的集合体，"包括个人和非个人的历史、文本、话语、信仰、文化前提和意识形态的召唤"①。在沃尔夫莱看来，身份从来都不是自治完整的，"是一个流动的过程，但却又有无数的踪迹令人感到身份是稳定的……一个人的身份并不是每天都发生巨大的变化，所以必然有一个变化缓慢的包裹，包含着（而且抑制着）交替变化的自律。这个包裹就是叙事。身份叙事的出现需要独特身份的记号和踪迹的某些重复"②。以沃尔夫莱的身份建构性特质和身份叙事理论为进路，重新阅读海明威的经典文本《老人与海》，笔者以为，圣地亚哥的身份叙事与海明威本人身份认同之间的关系绝非止于钓鱼"冠军"与文学"冠军"的身份重合，而是有着更为复杂的个人与历史、时代、文化、政治、信仰等意识形态话语之间的多重纠缠。只有潜入海明威关于钓鱼冠军圣地亚哥 84 天钓不到鱼——第 85 天钓到大鱼——第 87 天失去大鱼的故事深处，才能洞见那停留在文本表层不易察觉的八分之七深意，③即古巴渔夫圣地亚哥的西班牙移民身份、海明威的身份认同以及二者之间的复杂关联。

一

《老人与海》于 1952 年 9 月出版后大获成功。1953 年 2 月 20 日，海明威在从古巴哈瓦那附近的瞭望山庄写给《纽约客》记者莉莲·罗斯（Lillian Ross，1918—2017）的信中特意提到圣地亚哥的身份问题："在我的小说中，老

---

① ［美］于连·沃尔夫莱：《批评关键词：文学与文化理论》，陈永国译，北京：北京大学出版社，2015年，第 122 页。
② 同上书，第 125 页。
③ 海明威称自己根据冰山原理去写作，只有八分之一露出水面，八分之七是藏在水面之下的。参见［美］海明威：《死在午后》，金绍禹译，上海：上海译文出版社，1999年，第 193 页。

人是个出生在加那利群岛中的兰扎罗塔岛的天主教徒。当然,除了天主教,他还相信很多别的东西。我认为,福克纳并没有读懂我的书。老人说话时像一个改换了信仰的人,或者说像一个惧怕死亡的人。"①海明威的信件涉及圣地亚哥的故乡、信仰,为笔者辨识圣地亚哥的身份记号、身份变化踪迹提供了线索。

与圣地亚哥身份有关的另一条线索是其主人公生活原型的西班牙移民身份。根据著名传记作家杰弗里·迈耶斯在《海明威传》中的叙述,《老人与海》中圣地亚哥的生活原型是古巴渔夫格雷戈里奥·富恩特斯。1930年,海明威出海钓鱼时遭遇风暴,困在德赖托图格斯附近的海域,遇上驾船技术了得的古巴渔夫格雷戈里奥,被搭救才幸免于难。之后,两人成为一生的朋友。1938年,海明威邀请他接替另一个古巴渔夫卡洛斯,做了"比拉尔号"船上的船长。而格雷戈里奥于1888年出生于加那利群岛的兰扎罗塔岛,与《老人与海》中圣地亚哥的家乡一致。②

对照上述两条线索,细读小说文本就会发现,海明威在多处细节中嵌入了圣地亚哥的身份记号和身份建构踪迹。比如,在《老人与海》开头,有一段关于圣地亚哥的外貌描写:

  他这人处处显老,唯独两只眼睛跟海水一个颜色,透出挺开朗,打不垮的神气。③

海明威特别强调圣地亚哥的眼睛是蓝色的,而蓝色眼睛的古巴人主要来自欧洲。接下来,在圣地亚哥与马诺林关于美国棒球职业联赛的对话中,海明威暗示读者,老渔夫22岁时离开故乡做了水手,跟着一艘船到了非洲海岸:

  "大球星西斯勒的爸爸从来都不穷,他爸爸像我这么大时就参加职业大联盟比赛了。"

---

① Carlos Baker, ed., *Ernest Hemingway: Selected Letters, 1917—1961*, New York: Charles Scribner's Sons, 1981, p. 807.
② [美]杰弗里·迈耶斯:《海明威传》,萧耀先等译,北京:中国卓越出版公司,1990年,第277页。
③ [美]海明威:《老人与海》,董衡巽译,天津:百花文艺出版社,2014年,第8页。本文《老人与海》中译本引文皆出自董衡巽译本,只在行文中加括号标注页码,不再一一作注。

"我像你这么大时当上了水手,跟着一艘横帆船到了非洲。傍晚时,我还看到了海滩上那些狮子。"①

19世纪中后期以来,棒球成为美国最受欢迎的体育运动,职业大联盟的大球星在美国更是家喻户晓。海明威依据冰山叙事原理,省略了他和读者都熟稔于心的棒球明星常识,以大明星的年龄暗示小说人物的年龄。上述对话中提到的"大球星西斯勒"是指狄克·西斯勒(Dick Sisler,1920—1998),他的爸爸是乔治·哈罗德·西斯勒(George Harold Sisler,1893—1973),父子都是美国棒球运动史上著名的大球星。1915年,美国圣路易斯联盟队的老板巴尼·德莱弗斯(Barney Dreyfuss,1865—1932)以700美元的月薪与乔治·西斯勒签约,由此开启他的职业大联盟运动生涯。② 这一年,乔治·西斯勒的年龄是22岁。据此来推演,在《老人与海》中,马诺林的年龄是22岁,圣地亚哥则是在22岁时离开故乡做了水手。他先是跟一艘船到了非洲,后又到中美洲尼加拉瓜东海岸的莫斯基托(Mosquito)捉了很多年海龟(英文插图本p.16),之后才移民并定居古巴以打鱼为生。

海明威还以重复手段先后三次叙述圣地亚哥的梦,描述他第一次离开故乡乘船到达西北非海岸时所见到的情景。而在小说开头部分,第一次写圣地亚哥的梦境时,就提到"他梦见加那利群岛那些港口和锚地"(英文插图本p.29),暗示他的故乡正是与西北非海岸隔海相望的西班牙加那利群岛。海明威虽然没有明确交代圣地亚哥具体是哪一年移民到古巴做了渔夫,但是,上述记号和痕迹足以表明老人是22岁成年后移民古巴的西班牙裔古巴人。巧合的是,海明威告别美国赴法国巴黎追求文学梦时的年龄也是22岁。为何小说主人公圣地亚哥与作家本人告别故乡时的年龄完全一致,这一设计想必是一种别有用心的身份缝合。

---

① Ernest Hemingway, *The Old Man and the Sea*, Illustrated Edition. New York: Charles Scribner's Sons, 1952, p.25. 本文《老人与海》英文本引文皆出自斯克里布纳出版公司1952年插图本,只在行文中加括号标注页码,不再一一作注。

② Rick Huhn, *The Sizzler: George Sisler, Baseball's Forgotten Great*. Columbia: University of Missouri Press, 2004. pp.45,46.

二

20世纪20年代,从第一次世界大战中获利的美国进入工商业繁华兴盛的"爵士时代"。商业消费风尚导致包括艺术在内的美国文化也染上了商业化色彩。尽管参战作家在欧洲培养起了与消费时尚相合的消费道德,但他们鄙视庸俗的、没有灵魂的商业文化。再加上他们快乐的消费自由总是受到清教徒父母的束缚,于是,他们在失意和伤感中,做出了个性化反叛和艺术拯救的选择。马尔科姆·考利在《流放者的归来》一书中对20世纪20年代美国知识青年的巴黎流放寻梦之旅做出了解释。他说,在那个时代,知识分子普遍认为,"艺术家只要离开本国,去住在巴黎、卡普里岛和法国南部,就能打碎清教主义的枷锁,就能畅饮,就能自由地生活,就能充满创造力"①。正是在这样的背景下,22岁的海明威于1921年12月告别芝加哥附近的家乡橡树园,奔赴艺术之都巴黎,开启了他的文学追梦之旅。

海明威与第一任妻子哈德莉旅居巴黎期间,曾多次去西班牙看斗牛、钓鱼,并爱上了西班牙,甚至以自己喜欢的斗牛士名字来给自己的儿子取名约翰·哈德莉·尼卡诺。在他看来,内战之前的西班牙与现代化的美国是截然不同的世界。这里有原始美丽的自然风光,有将生与死完美地融为一体的生命艺术——斗牛,他声称:"除了我的祖国外,没有任何其他国家比这一个更叫我热爱了。"②海明威将他对西班牙风景、西班牙斗牛的热爱写进了包括成名作《太阳照常升起》(1926)在内的多部小说中,还出版过一部有关西班牙斗牛的专著《死在午后》(1932)。1936年7月,西班牙内战爆发后,海明威前往西班牙报道内战进展情况,支持共和政府和西班牙人民。1939年4月,西班牙内战以佛朗哥军事独裁统治告终,海明威连续15年没有进入西班牙。直到1953年美国和西班牙恢复外交关系,他才得以再赴西班牙看斗牛。1951年,海明威在西班牙前殖民地古巴开始写作《老人与海》时,西班牙正是他内心深处魂牵梦绕的诗意栖居地,是他回不去的文学乡愁。或许,正是缘于这一西班

---

① [美]马尔科姆·考利:《流放者的归来——二十年代的文学流浪生涯》,张承谟译,上海:上海外语教育出版社,1996年,第54页。

② [美]海明威:《危险的夏天》,主万译,上海:上海译文出版社,1999年,第3页。

牙情结,海明威才在文本的世界中安排圣地亚哥在 22 岁时告别家乡西班牙加那利群岛,跨过大西洋到前西班牙殖民地古巴打造自己的"冠军"形象。① 而在文本外的现实世界中,海明威本人自从 22 岁告别家乡橡树园,始终选择与现代化、商业化的美国保持距离,在异国他乡或美国大都市以外的边缘空间中生活和写作,并将自己富有传奇色彩的生活经历转化为文学作品。

第二节 圣地亚哥的身份认同

致力于日裔美国移民文学研究的日本学者日比嘉高曾经指出:"从跨越国界时开始,跨越者的身份认同也逐渐开始发生变化。在迁出国的社会文化中所构建的身份认同在异国他乡的社会文化中开始重组。""移民并非完全是从旧关系跨越到新关系的行为。相反移民是在以某种形式保留了旧关系的基础上叠加了新的关系。"②圣地亚哥成年后移民古巴,在职业生存、文化认同、信仰等多个层面都陷入与西班牙、古巴、美国不同程度的或认同或疏离或无奈甚至幻灭的铰接纠缠中,身份归属呈现出复杂的多重性叠加与内部撕裂特质。圣地亚哥身份认同的复杂多重性背后是古巴与西班牙、与美国关系的历史与现实。

一

从古巴的历史来看,1511 年西班牙殖民者进入古巴,随后,古巴成为西班牙殖民地,西班牙语成为古巴的官方语言,天主教也进入古巴。从地理位置来看,古巴与美国隔海相望,扼守加勒比海门户,是美国从大西洋经由巴拿马运河进入太平洋的必经之路。在资本主义经济羽翼未丰时,美国宁愿让古巴继续留在西班牙的海外殖民地版图上,而不愿让英法占领古巴。伴随着美国经济、军事力量的上升,侵吞古巴成为美国全球扩张战略的重要一环。1823 年 4

---

① 圣地亚哥与大马林鱼在海上相持较量的第二个夜晚,回忆起他与黑人大汉扳手腕相持一天一夜获胜的情景,从此以后,人人都叫他"冠军"。见英文插图本 pp.77—78.
② [日]日比嘉高:《日裔美国移民日语文学研究的现状与课题》,魏晨译,《日语学习与研究》2022 年第 2 期,第 1 页。

月23日,美国国务卿约翰·昆西·亚当斯(John Quincy Adams)在写给美国驻马德里公使休·尼尔森(Hugh Nelson)的信中,毫不掩饰地明确了美国取代西班牙占领古巴的霸权扩张目标:"在该岛和我们这个国家的利益之间,无论是地理的、商业的、道德的和政治的关系都是自然形成的,历经了一段时间,现在趋于成熟。毋庸置疑的是,大约再有半个世纪的时间,吞并古巴就会成为联邦继续发展和维持完整性的必要措施……这里,政治上的规律和现实的吸引力同时存在。如果一个苹果被暴风雨从它原来的树上打下来,它别无选择,只能落地。古巴通过武力脱离它同西班牙并非天然的关系,是无法自立的,只能投向北美联邦,因为按照同样的自然规律,古巴也无法摆脱它赖以生存的空间。"① 这就是美国侵吞古巴依据的所谓"熟果论"出处。1898 年美西战争之后,美国取得对古巴的控制权。1901 年 3 月,美国总统麦金莱签署通过了"普拉特修正案"(Platt Amendment),② 把古巴变成了美国的保护国。同一年 6 月,古巴政府被迫通过该修正案,并将其作为附录写入古巴宪法。1934 年,罗斯福总统虽然废止了"普拉特修正案",根据该法案租借的关塔那摩却一直是美国的军事基地。1901 年美国操纵古巴选举并扶持傀儡组织政府。1902 年,古巴在美国扶植下成立共和国。古巴共和国的第一任总统是埃斯特拉达·帕尔马(Estrada Palma,1835—1908),一个在美国生活达 30 年的美籍古巴人。此后,美国一直保留对古巴内政的干涉权,直到 1959 年卡斯特罗率领革命军在古巴建立社会主义政权。将《老人与海》置于上述古巴、西班牙和美国的关系史中,就会理解西班牙移民圣地亚哥到古巴以后身份认同的复杂性、多重性和孤独感。

二

圣地亚哥的渔夫职业角色与 20 世纪 50 年代古巴的政治经济现实密切相关。从现实政治经济层面看,关于圣地亚哥的钓鱼职业叙事在两个维度展开,一个是深陷贫困的钓鱼生计,另一个是凸显男子汉英雄气概的钓大鱼竞技。在美国现代化工业经济、旅游产业全面操控古巴的现实语境中,很显然,这两

---

① [英]理查德·戈特:《古巴史》,徐家玲译,北京:中国大百科全书出版社,2013 年,第 441—442 页。
② 参见徐世澄、贺钦编著:《古巴》,北京:社会科学文献出版社,2018 年,第 63—64 页。

种钓鱼活动本应分属于两个不同的阶层。据史料记载,在 20 世纪 50 年代,美国"控制了古巴蔗糖业的 40%,铁路的 50%,电力的 90%,外贸的 70%,100%的镍矿和 90%铁矿"①。除此之外,包括金融、电话、烟草、罐头等工业也都在美国资本的掌控下。美国游客也纷纷到古巴休闲度假,成为旅游产业的支撑。上述背景折射在《老人与海》有关圣地亚哥的钓鱼职业叙事中,呈现为两种截然不同的钓鱼境遇。

圣地亚哥的钓鱼生计无法与美国资本操控的现代化经济产业对接,只能在社会边缘处艰难求生。根据小说中提到的餐馆名称 Terrace,圣地亚哥居住的村子就是海明威居住在古巴时经常光顾的渔村柯希玛尔(Cojimar),他的渔船"比拉尔号"就停泊在那里。在海明威写作《老人与海》的 20 世纪 50 年代初期,柯希玛尔渔村处处可见美国经济的影响。小说开篇写道:

> 他是独个儿摇只小船在湾流打鱼的老汉,已经八十四天没钓着一条鱼了。头四十天,有个男孩跟他一块儿。可是过了四十天一条鱼都没捞着,孩子的爸妈便对他说,老汉现在准是彻底 Salao,就是说倒霉透了,所以孩子照爸妈吩咐跟了另外一只船,它第一个星期就捉了三条好鱼。……他的船帆用面口袋补过,看上去像一面老打败仗的旗子。(中译本第 7 页)

与圣地亚哥的钓鱼困境截然不同,那些捕捞顺利的渔民们捕鱼用汽艇和现代化浮标。他们捕到的大马林鱼由现代化的冷藏运输车运到哈瓦那市场,鲨鱼则运到现代化鲨鱼加工厂。他们的生计之顺利令笔者联想到美国资本操控下的罐头加工厂和鱼油产业。相比之下,坚持以传统钓鱼方式讨生计的圣地亚哥却生活得越来越贫困。他的住处是简陋的小屋,只有一张床、一张桌子、一把椅子,泥地上有个用炭火烧饭的地方,晚上没有灯。他每天都跟马诺林重复的食物"一锅黄米饭就鱼吃"是虚构的:

> "您有什么吃的呢?"孩子问。
> "一锅黄米饭就鱼吃,给你来点儿好吗?"

---

① 徐世澄:《美国和古巴关系史》,北京:中国社会科学出版社,2021 年,第 3 页。

"不用,我回家吃。要不要我生火?"

"不用,回头我来生,不然我吃冷饭也行。"

"我可以用一下快网吗?"

"当然可以。"

"其实根本没有什么快网,孩子还记得他们俩是几时卖了网的呢。但两人天天都要这么胡诌一遍。什么一锅黄米饭啦,鱼啦,其实都没有,孩子也知道。"(中译本第12—13页)

小说中还提到,圣地亚哥的衬衣就像他那缀满补丁的船帆,缝补次数已经数不清,风吹日晒,补丁的颜色也看不清。美国北卡罗来纳大学的帕特里夏·邓拉维·瓦伦蒂教授(Patricia Dunlavy Valenti)在《〈老人与海〉解读》(Understanding The Old Man and the Sea)一书中,引用了她对阿林·穆勒(Arlyn Moeller)医生的一段访谈来讨论圣地亚哥的贫困生活和身体状况之间的关系。穆勒是一名专治老年病的内科医生,他本人不仅在加勒比海和墨西哥湾流中钓过鱼,还阅读过海明威的《老人与海》。他以医生检查病人身体病症的眼光来审视小说中圣地亚哥的身体状况。穆勒指出,根据小说中对圣地亚哥身体的描述,可以做出这样的判断,他是一位因长期食物摄入不足而营养不良的老年人。他在海上与大马林鱼相持期间的身体不良反应,像左手剧烈抽筋,是因为严重缺钙。到第三天,在大马林鱼浮出水面后,圣地亚哥眼前发黑,一再眩晕。他调动全身力气叉死大鱼后,更是晕得难受,眼睛看不清东西。穆勒医生认为,这是身体脱水症状。[①] 因此,瓦伦蒂教授质疑:一个营养不良的老人,在海上没有任何人帮助他,也没有任何遮阳措施(时值九月份),只带了一瓶水,吞吃难以下咽的生鱼补充体能,他的身体能与大马林鱼相持三天,还是他早就昏迷过去了,哪一种说法更令人信服?穆勒医生对瓦伦蒂教授的质疑做出的医学解答是,圣地亚哥只是在肾上腺素的冲劲作用下短暂发力,但不可能连续用力。看到鲨鱼吃掉他的大马林鱼肉后,他的真实感受应该是愤怒、沮丧和崩溃。小说结尾处,完全虚脱的他回到窝棚中,除了昏睡,再也没

---

① [美]帕特里夏·邓拉维·瓦伦蒂:《〈老人与海〉解读》(Understanding The Old Man and the Sea),北京:中国人民大学出版社,2008年,pp.64—65。

有力气做任何事情。医生认为,如果是在真实的生活中,此时的圣地亚哥应该输液治疗。但是,在小说中,古巴渔夫圣地亚哥醒来后,只有马诺林为他送上放了足够多牛奶和糖的一罐热咖啡。回顾小说开头,圣地亚哥连续84天没有钓到一条鱼,也是马诺林为他送来黑豆、米饭、炸香蕉、炖菜和两瓶啤酒,还说只要他在就不能让他饿着肚子出海钓鱼。问题是,一位经常食物匮乏、身体营养不良的穷困渔夫,以何来维系他屡败困境中钓鱼技艺过人的自信?以何来支持他独自征服一条足够大、足够漂亮、足够高尚的马林鱼的自豪感?以超出常人的钓鱼技艺征服大马林鱼的骄傲自豪感觉,叠加在一位吃不饱、穿不暖、连续84天没有钓到一条鱼、身体状况糟糕的古巴老渔夫身上,两种钓鱼感受的现实错位不言而喻。前者是穷苦的钓鱼生计,后者是海洋上钓大鱼的酷炫快乐竞技。海明威以缝合政治经济现实差异的文学叙事,将存在难以弥合裂隙的两种钓鱼境遇整合在一个"老人"与"大海"的文学文本中,打造出一个屡败不馁、技艺过人、意志坚韧的圣地亚哥形象。

但是,笔者细读文本,发现海明威对贫困的钓鱼生计与自豪的海上钓鱼竞技的叙事篇幅分配是极不均衡的,他把绝大部分笔墨分给了后者。以1952年斯克里布纳出版公司的第一版为统计依据,[1]全书总计140页,其中,第30—133页叙述圣地亚哥独自一人在海上钓大马林鱼的过程,总计104个页码。这种篇幅分配充分表明,海明威更关注圣地亚哥在海上钓大鱼、斗鲨鱼的过程,无意以文学叙事深度介入古巴贫穷渔夫艰难的钓鱼讨生计日常生活细节。海明威对圣地亚哥钓大鱼故事生活素材的文学加工和典型化过程也证明了这一点。

在海明威研究领域卓有建树的董衡巽先生于1980年编选出版了一本资料汇编《海明威研究》(1985年出增订本),他为第一篇译文《海明威的生平》加了一条注释,介绍《老人与海》中圣地亚哥钓大鱼故事的素材:

> 一个老人独自在加巴尼斯港口外的海面上打鱼,他钓到一条马林鱼,那条鱼拽着沉重的钓丝把小船拖到很远的海上。两天以后,渔民们在朝东方向六十哩的地方找到了这个老人,马林鱼的头和上半身被绑在船边

---

[1] Ernest Hemingway, *The Old Man and the Sea*, New York: Charles Scribner's Sons, 1952.

上。剩下的鱼肉还不到一半,有八百磅重。鱼在深水里游,拖着船,老人跟着它一天、一夜、又一天、又一夜。鱼泛到海面上,老人驾船过去钩住它。鲨鱼游到船边袭击那条鱼,老人一个人在湾流的小船上对付鲨鱼,用桨打、戳、刺,累得他精疲力尽,鲨鱼却把能吃到的鱼肉统统吃掉。渔民们找到他的时候,老人正在船上哭,损失了鱼,他快气疯了,鲨鱼还在船的周围打转。①

在董衡巽先生编选的《海明威研究》出版后,国内众多研究者一致认为,海明威在《老人与海》中将通讯中钓大鱼的普通老渔夫塑造成了一个打不垮的硬汉形象。笔者利用知网数据库高级搜索中的句子搜索功能,将"《老人与海》"和"硬汉"设定为同一段话中同时出现的关键词,搜索结果显示1981—2022年间有3976篇文章、13本图书讨论《老人与海》中的硬汉形象、硬汉精神或硬汉性格等问题。② 有别于学界和一般读者对圣地亚哥硬汉形象的肯定和赞美,陆建德先生在《大写的渔夫与"做作的男子气概"——读海明威的〈老人与海〉》一文中对硬汉形象持不同观点。他指出:"现实生活中的渔夫与小说中的主人公圣地亚哥是截然不同的人物。""通讯中的渔夫以捕鱼为业……当这故事被海明威提炼成小说后,捕鱼的谋生目的已经淡出。""圣地亚哥一贫如洗,海明威却让他生活在比通讯中的渔夫高得多的层面上。"③陆建德认为,从现实中的普通渔夫到小说中带有"做作的男子气概"(self-conscious virility)④的"大写的渔夫",其中奥秘是海明威式英雄的自信与骄傲。其实,如果将《老人与海》中圣地亚哥的钓鱼活动追溯到董衡巽先生注释中提到的那篇通讯全文,而非限定在从一篇长文中摘出的一小段文字,再联系海明威本人从20世纪30年代直至《老人与海》发表之前的生活与写作状况,就能理解"硬汉形象""大写的渔夫"的生活原型另有阶层归属,而非古巴现实社会中钓鱼讨生计的贫困

---

① 董衡巽编选:《海明威研究》(增订本),北京:中国社会科学出版社,1985年,第14页。
② https://yc10.sdnu.edu.cn/s/net/cnki/kns/G.https/kns8/AdvSearch,2022年5月4日检索。
③ 陆建德:《大写的渔夫与"做作的男子气概"——读海明威的〈老人与海〉》,《英美文学研究论丛》,2001年7月,第123页。
④ Virginia Woolf, *New York Herald Tribune Books*. 9 October 1927, From Jeffrey Meyers, ed., *Hemingway: The Critical Heritage*, London: Routledge & Kegan Paul Ltd, 1982, p.105.

渔夫。

　　董先生注释中提到的通讯《在蓝色的大海上》("On the Blue Water")于1936年4月1日发表在美国杂志《时尚先生》(*Esquire*)上。《时尚先生》预设的读者群体是成熟男人。根据该期杂志封面底端的文字，所设栏目主要包括"小说""体育""幽默""服装""艺术""漫画"等。除了虚构性的"小说"，其余内容都是成熟男人感兴趣的时尚话题，在文类划分上大多归入"articles"，接近我国新闻界所说的特稿。1934年至1936年间，海明威除了在该杂志上发表过小说，还发表了23篇叙述、谈论狩猎和钓鱼的特稿，《在蓝色的大海上》就是其中的一篇。① 这篇特稿有一个副标题"一封墨西哥湾流来信"，全文有3424个单词，叙述老渔夫钓到大鱼失去大鱼而哭泣的那一段只有185个单词。这篇文章的主题是海明威与朋友谈论在墨西哥湾流中钓大鱼的海上冒险征服之乐，而非贫穷渔夫的钓鱼生计。文章以海明威的朋友谈论在非洲追猎大象的冒险刺激之乐切入话题，继而，海明威本人谈论为何由非洲猎大象转场到墨西哥湾流深海处钓大鱼。他写道：

> 因为墨西哥湾流是一片尚未开发的海域，渔民只在靠近海岸线区域捕鱼，而在数千英里的洋流中至少有十几处水域，没有人知道那里生活着什么鱼，它们有多大，甚至不知道在不同深度生活着什么样的鱼和海洋生物。当你漂流在看不见陆地的大海上，投下六十英寻、八十英寻、一百英寻和一百五十英寻四根钓绳，在七百英寻深的水下，你永远不知道会是什么来咬住你的金枪鱼钓饵。……在大海上，在一条大鱼未知的野性中，潜藏着一种巨大的快乐；在一个小时内，大鱼的生死由你的力量所掌控。大鱼统治着它生活的海洋，征服大鱼的过程有一种满足感。②

　　在这篇文章中，还插入了海明威与他的比拉尔号船长古巴渔夫卡洛斯·古铁雷斯的对话：

　　　　"渔夫总是很穷。"
　　　　"不。看看你。你很有钱。"

---

① 董衡巽编选：《海明威研究》（增订本），北京：中国社会科学出版社，1985年，第10页。
② https://classic.esquire.com/article/1936/4/1/on-the-blue-water/，2022年5月4日检索。

"见鬼,"你说,"我钓鱼的时间越长,我就越穷。我最终会和你一起划一艘小船去钓鱼卖鱼为生。"①

通读全文就会发现,海明威的特稿《在蓝色的大海上》提到了两类钓鱼活动:第一类是有钱的绅士到人迹罕至的深海处征服大鱼的竞技之乐,就像他们到非洲去追猎大象的冒险之乐一样。第二类是以钓鱼讨生计。而以钓鱼讨生计的渔夫也分为两类,一类是因钓鱼技艺高超而受雇于有钱人的古巴渔夫卡洛斯们,他们给享受消遣性钓鱼之乐的美国人当船长,并向他们传授钓鱼技巧。海明威于1934年5月购买了一艘专门为深海钓鱼设计的渔船"比拉尔号",先是雇用古巴渔夫卡洛斯做船长,1938年后由格雷戈里奥·富恩特斯接替。卡洛斯、富恩特斯受雇于享受钓鱼征服之乐的美国人后,再也不必靠钓鱼讨生计过穷日子。在美国操控古巴政治经济的二十世纪上半叶,古巴成为美国人度假休闲的天堂,卡洛斯、富恩特斯们也得以跻身旅游服务行业而摆脱贫困。富恩特斯更是因邂逅海明威,先是受聘为"比拉尔号"船长,后又在海明威离开古巴后管理瞭望山庄,直至104岁去世。② 另一类完全靠钓鱼卖鱼讨生计的古巴渔夫,他们是生活在社会底层的穷人,钓到大鱼失去大鱼后会沮丧地哭泣。

以上述目标迥异的钓鱼活动为参照,再来读《老人与海》,对小说中的两种钓鱼叙事就会有不一样的理解。独自驾小船到看不到陆地的大海深处,"寻求大鱼,寻求征服,寻求自我"③的圣地亚哥,更像是热衷于在墨西哥湾流深海水域追逐征服大鱼之乐的海明威及其美国朋友们的文学代言人。他们到深海处钓鱼无关生计,而是专注于征服大鱼的冒险娱乐和满足感。只有跟足够大的大鱼较量,才能凸显圣地亚哥的男性气概。"兄弟,我从来没见过什么东西比你更大、更漂亮、更沉着、更高尚了,快来弄死我吧。究竟是谁弄死谁,我不在乎。"(中译本第63页)在这段独白之后,圣地亚哥叉死大马林鱼的胜利才显得

---

① https://classic.esquire.com/article/1936/4/1/on-the-blue-water/,2022年5月4日检索。
② [美]希拉里·海明威、卡伦娜·布伦南:《海明威在古巴》,王增澄、唐孝先译,银川:宁夏人民出版社,2008年,第159—161页。
③ 陆建德:《大写的渔夫与"做作的男子气概"——读海明威的〈老人与海〉》,《英美文学研究论丛》,2001年7月,第125页。

英雄气概十足。

  总之,从现实政治经济维度来读《老人与海》,在美国操控下的古巴现代化捕鱼产业、旅游产业背景中,西班牙移民老渔夫圣地亚哥无法融入古巴主流生活,独居于渔村柯希玛尔村头,其社会身份是一个极度贫困的底层人。海明威将在墨西哥湾流深海处钓大鱼、征服大鱼、与大鲨鱼搏斗终失去大鱼仍不失"重压下的优雅"(grace under pressure)风度的英雄与贫穷的底层人圣地亚哥缝合在同一个渔夫形象中,两者现实身份难以弥合的阶层裂隙注定了人物身份的内部撕裂及其文学叙事细微处的生拉硬扯、做作矫情。比如,关于圣地亚哥年轻时与身体最棒的黑人码头工扳手腕的叙述就过度夸张。比赛从星期天早上开始,到星期一早上才决出胜负。比赛进行了8个小时之后,每隔4个小时就换一个裁判,好让裁判睡觉,而两个扳手腕者却一直彼此盯着对方的手和前臂,连手指甲都出了血,最终结果是圣地亚哥为自己赢得了"冠军"称号。在这次一天一夜的大战之后,圣地亚哥"拿稳只要他真的想胜,不管是谁他都能打败"。(中译本第49页)如此打不败的男性气概,由一个衣食无着的穷困渔夫来承载,其身份内部的撕裂与夸张矫情不言而喻。

三

  就小说中与圣地亚哥的文化认同相关的叙述来看,也隐含着移民跨界重构过程中的文化身份复杂性。耐人寻味的是,海明威对圣地亚哥移民身份的交代极为模糊,整个文本中只有一次提到他"梦见群岛上那些白色山峰宛然拔海而起,又梦见加那利群岛的大小港口和锚地"(英文本 p. 29),至于说他对家乡加那利群岛有哪些文化记忆,小说中只字未提。圣地亚哥在古巴的家庭关系叙事则压缩进妻子的遗物——一幅耶稣圣心的彩图和一幅科夫雷童贞圣母像,以及棚屋角落里一张搁在架子上的妻子的照片。他与村子里其他人的交往叙事仅限于与马诺林的对话,而他们交流最多的话题是棒球。

  何以美国的棒球文化会成为圣地亚哥与古巴年轻人马诺林之间的共同话题?笔者在前文提到,19世纪中后期以来,棒球成为美国最受欢迎的体育运动。而在西班牙殖民地古巴,则盛行斗牛运动。据说,在古巴反抗西班牙殖民者的独立运动中,一位领导人认为斗牛太血腥,且与西班牙殖民历史有密切关联,力主以美国的棒球运动取而代之。在古巴脱离西班牙殖民统治斗争的历史进程中,来自美国的棒球运动与美国的军事、政治、经济干预力量几乎是一同进入古巴的。古巴人对棒球的热情与反抗西班牙殖民者的民族激情是合体的,而古巴的棒球文化与美国对古巴的操控也难脱干系。在《老人与海》中,圣地亚哥和马诺林聊起美国棒球队、棒球明星、棒球教练如数家珍,他们在聊天中提到洋基队、底特律的猛虎队、克利夫兰的印第安人队、辛辛那提的红队、芝加哥的白短袜队,大球星狄马吉欧、狄克·西斯勒、约翰·J.麦格罗,著名棒球教练德洛歇、卢克、迈克·贡萨雷斯等人。两人谈及大球星时更是表现出一种粉丝对偶像的崇拜之情:

"你还记得有一阵子他(狄克·西斯勒)常上餐馆来吗? 当时我很想陪他去打鱼,可是我胆子小,不敢开口。后来我让你去邀他,你也怕生。"

"我知道。那可太错啦。他本来或许会跟咱们一起去的。那咱们就会一辈子记得了。"

"我很想陪大明星狄马吉欧去打鱼,"老汉说,"人家讲他爹是个打鱼的,说不定他从前跟咱们一样穷,所以会懂得咱们的。"(中译本第17、18页)

圣地亚哥和马诺林崇拜的狄马吉欧更是美国的棒球巨星,其棒球生涯中三次荣膺MVP。1952年,狄马吉欧退休一年后与好莱坞明星梦露一见钟情,并于1954年缔结了一段维系9个月的婚姻。狄马吉欧对梦露的爱情终生未改。1962年梦露去世后,狄马吉欧以前夫身份主持葬礼。海明威让美国体育文化巨星狄马吉欧作为精神榜样深度介入圣地亚哥的文化身份认同中,以至于他在海上与马林鱼较量的艰难孤独中呼唤狄马吉欧给自己鼓劲,他叉死大马林鱼后,想到的第一个人也是狄马吉欧:"大棒球明星狄马吉欧今儿想必会为我得意的。"(中译本第67页)这些细节表明,在强势的美国文化面前,西班牙移民圣地亚哥不过是一个以美国文化为身份归化参照的他者,而文本中的这些细节出处则是海明威的美国性文化立场。

如果说海明威与他塑造的人物圣地亚哥在政治经济、文化维度的身份认同存在着不同程度的体认错位,那么,在职业劳动信仰的维度,二者却高度契合。在小说开头,马诺林到海滩上来迎接连续84天没有钓到鱼的圣地亚哥,他们两人之间有这样一段对话:

"还记得吧,你曾经连续 87 天没有钓到一条鱼,接下来,咱们俩一连三个星期,天天都钓到大鱼。"

"我记着呢,"老人说,"我知道你不是因为怀疑我(doubted)离开的。"

"是爸爸让我离开的,我还年轻,得服从他。"

"我知道,"老人说,"这很正常。"

"他不太有信念(faith)。"

"是的,"老人说,"但是,我们有。是吗?"(英文插图本 pp.12,13)

海明威在圣地亚哥与马诺林的对话中使用了"faith"和"doubted"这两个词,将圣地亚哥和普通人对渔夫职业的理解区分开来。普通人关注捕鱼的世俗收益,圣地亚哥对渔夫职业的理解关乎信仰,且不容怀疑。他对渔夫职业劳动的理解契合马克斯·韦伯阐述的"天职"劳动救赎观念。韦伯在《新教伦理与资本主义精神》中讨论路德的"职业"概念时指出,"在英语的 calling(职业、神召)一词中,至少含有一个宗教的概念:上帝安排的任务","上帝应许的惟一生存方式,不是要人们以苦修的禁欲主义超越世俗道德,而是要人完成个人在现世里所处地位所赋予他的任务和义务。这是他的天职"[①]。以韦伯讨论的"天职"劳动观念为依据来审视圣地亚哥对渔夫职业的坚守,就会发现,他对自己的渔夫角色责任的理解,与美国前现代社会中新教徒恪守的劳动救赎伦理有内在的一致性。正是在此意义上,圣地亚哥钓鱼的最终目的不在于世俗利益的获得还是失去,而是信仰维度的劳动救赎。无论是遭遇连续 87 天钓不到一条鱼还是连续 84 天钓不到一条鱼,无论是钓到大马林鱼还是大马林鱼被鲨鱼吃掉,圣地亚哥的渔夫职业劳动信仰都始终如一,从未动摇过。

在职业劳动信仰维度上,圣地亚哥与海明威此前小说中塑造的"准则英雄"(code hero)们观念一致。致力于海明威研究的美国学者菲利普·扬在评价海明威的成名作《太阳照常升起》时,以是否坚守新教劳动伦理准则为依据来评估、划分小说中男性形象的类属。他认为,小说中的美国记者杰克·巴恩斯和西班牙斗牛士罗梅罗是有准则的人,"他们懂得有些事情要遵循既有的准

[①] [德]马克斯·韦伯:《新教伦理与资本主义精神》,于晓、陈维纲等译,北京:生活·读书·新知三联书店,1996 年,第 58—59 页。

则,也有一些事情的准则还没有固定下来。是否懂得这个道理,是区分小说人物类属的依据"①。扬教授把遵循既有准则的男性形象称作"准则英雄"(code hero),他们对职业角色责任的理解,与新教徒应神召尽"天职"的劳动美德是一致的。也就是说,一般读者认定的海明威小说男主人公的所谓硬汉精神,其内核正是前现代美国社会中新教徒信奉的职业劳动伦理。海明威自从1921年告别现代化大都市芝加哥附近的橡树园,一直旅居在美国主流社会以外的异域或边缘,并以异域或边缘为叙事空间,通过颂扬某一种前现代职业技艺(skill)了得、忠于职业角色责任的"准则英雄",对抗现代技术(technique)所导致的劳动异化,找回被现代化、都市化淹没的劳动愉悦和指向救赎的心灵宁静。

圣地亚哥虽然延续了海明威此前小说中的"准则英雄"特质,但是,与《太阳照常升起》中在巴黎做记者、到西班牙看斗牛找到心灵净土的杰克不同,与斗牛技艺高超、内心意志坚定、为人民所喜爱的西班牙斗牛英雄罗梅罗不同,与《丧钟为谁而鸣》中为西班牙共和国完成炸桥任务并从容迎接死亡的美国志愿者乔丹不同,他们在远离美国现代化侵染的空间中坚守自己认同的职业角色责任,老渔夫圣地亚哥却生活在美国现代政治、经济、文化全面操控下的古巴。作为来自西班牙加那利群岛的移民,他对前现代特质的渔夫职业的坚守,在被美国式现代化操控下的古巴,注定是边缘化的、孤独的、失败的。马诺林说:"您还记得吧,您曾经连续87天没有钓到一条鱼,接下来,咱们俩一连三个星期,天天都钓到大鱼。"(英文插图本 p.12)但圣地亚哥却清楚,"那样的事不会有第二回的"。他在第85天钓到大鱼后,第87天又失去大鱼,无人见证他与大马林鱼相持较量终获胜的高超技艺。夜晚,他带着一条大鱼骨架返回港湾,村里人已经入睡,无人分担他与大鲨鱼艰苦搏斗终失去胜利果实的痛惜无奈。在小说的结尾处,渔民们丈量了大鱼骨架有十八英尺长后,对胜者无所得的老渔夫满怀同情。此时,一位美国女游客指着一堆垃圾中等待潮水冲走的大鱼骨架,问餐馆侍者:"那是什么?"侍者先是以西班牙语回答说"Tiburon",紧接着又用带古巴口音的英语说"Eshark",美国游客则用英语回应"我此前不

---

① Philip Young, *Ernest Hemingway*, Minneapolis: University of Minnesota Press, 1973, p.13.

知道 sharks 有这么漂亮、迷人的尾巴"。海明威在此处巧妙地运用"Tiburon""Eshark"和"sharks"①三种不同的词语形式来指代大马林鱼骨架,表明普通古巴人、美国游客都是观看者,圣地亚哥则是一个被看的陌生"他者"。他们不理解他的钓鱼方式、他的职业准则、他的钓大鱼斗鲨鱼故事。从结尾处的这段叙述来看,圣地亚哥在被美国操控下的古巴坚守前现代劳动"天职"信仰,不仅孤独、失败,而且有一种幻灭悲凉的色彩。

一直认定圣地亚哥是了不起的渔夫的,只有马诺林。在小说开篇时,马诺林说他5岁时就跟随圣地亚哥出海学习钓鱼技艺。推算下来,马诺林与老渔夫的师徒关系已经有17年了。但在小说的整个叙事进程中,这种师徒关系更倾向于一种心理层面的情感认同,既不能改写圣地亚哥职业生存现实中的孤独境遇,也不能传承发扬他在现代化世界中坚守的传统钓鱼技艺。就像小说开头,师徒二人谈论钓鱼职业信仰时,圣地亚哥先是说马诺林的爸爸没有,继而说"我们有"时,又追加了一个问号。圣地亚哥的疑问缘自他和古巴青年人马诺林缺少深层的"天职"劳动共识,他们之间的师徒关系十分脆弱。当圣地亚哥连续40天没有捕到一条鱼时,马诺林就顺从父母的命令(orders)离开了师傅,去追随另一条能捕到很多鱼的船。圣地亚哥在海上与大马林鱼相持过程中,海明威让他先后以虚拟语气重复念叨了9次"要是小伙子在这里就好了"(见英文插图本 pp.52,55,57,59,64,69,91)。这种重复出现了9次的殷殷召唤,更凸显出圣地亚哥的孤独。圣地亚哥失去大马林鱼回到岸上后,马诺林来看他。海明威在这段叙述中先后5次运用哭泣(cry, crying)来表达马诺林对老人的感情。尽管马诺林表示自己还要向他学习很多东西,还要和他一起去钓鱼,但他情感脆弱,哭哭啼啼,并非是能够传承圣地亚哥传统钓鱼技艺的好徒弟,更无力改写圣地亚哥的传统钓鱼技艺在美国操控下的古巴不再走运的现实。圣地亚哥的传统渔夫职业挫败困境和情感孤独,折射出海明威本人写作《老人与海》时盛名之下的身份焦虑。

---

① "Tiburon"是鲨鱼的西班牙语叫法,"Eshark"则是讲西班牙语的侍者说英语"shark"时,在前面加了一个"e"。美国女游客的回应将"shark"后加了一个"s",将此处被误解的这一条大马林鱼骨架泛化为普通鲨鱼骨架之一,而非圣地亚哥打不败的"重压下的优雅"精神气质的见证。

第三节　身份焦虑与审美乌托邦

海明威在写作《老人与海》之前,已经连续十年没有写出评论界认可的作品。一方面,他是美国大众追捧的偶像作家;另一方面,他继《丧钟为谁而鸣》取得成功后,1950 年出版的《过河入林》(*Across the River and into the Trees*,1950)遭到评论界的批评,因此陷入英雄迟暮、廉颇老矣的名作家身份焦虑中。

一

1939 年,海明威来到古巴哈瓦那,在那里开始写作西班牙内战题材的长篇小说《丧钟为谁而鸣》。1940 年 10 月,小说出版后销路非常好。同年 12 月,海明威买下哈瓦那郊区的瞭望山庄,在这里一直住到去世前一年。在出版《丧钟为谁而鸣》后,海明威连续 10 年没有发表作品。1950 年,《过河入林》出版。小说叙述经历过两次世界大战的美国陆军老上校坎特韦尔重访意大利,在威尼斯猎野鸭,对年轻美貌的干女儿伯爵小姐雷娜塔讲述自己在战争中的英勇经历。海明威借用美国内战时期著名的南方将军斯通沃尔·杰克逊临死前说的一句话"让我们蹚水过河,到树荫下休息",给小说取名为《过河入林》,试图表达一种男子汉坦然接受死亡,视死亡如树荫下休息的无畏精神。但是,在小说的整个叙事进程中,读者看到的却是一位廉颇老矣的硬汉吃着该死的救心药丸,品味着葡萄酒,酒后躺在床上,如情人般将干女儿年轻美丽的身体拥在怀中,梦呓般地述说着如今不再的昔日勇猛。小说结尾处,当坎特韦尔上校心脏病突然发作,在死亡来临前仍奋力背诵杰克逊的名言"让我们蹚水过河,到树荫下休息"。小说出版后,美国文学界对海明威十年磨一剑锤炼出的《过河入林》大失所望,评论家更是频频摇头。著名批评家莫顿·道温·扎贝尔(Morton Dauwen Zabel,1901—1964)在最具影响力的杂志之一《国家》(*Nation*)发表书评,犀利地指出《过河入林》表明海明威正在走下坡路。他在文章最后写道:"尽管无法抹杀海明威在至少两部长篇小说和一系列精彩的短篇小说中所取得的成就,但我们只能得出这样的结论:在未来几年里,他的文学才能将要遭遇一些严苛的重新评判……《过河入林》(标题严重破坏了斯通沃尔·杰克逊临终遗言的优美节奏)令人极度沮丧。但是,作者承诺我们很快就会读到另一本小说。我们得等等。走着瞧吧。"①

20世纪50年代初,美国文学评论界赞同扎贝尔观点的大有人在。海明威自从以《太阳照常升起》一书成名后,越来越专注于在边缘异域的文学叙事空间中打造西班牙斗牛士罗梅罗式的"准则英雄":一个体能强大、职业技艺了得、意志坚定、忠于职业角色责任的硬汉子,他们在远离美国工业化、都市化、商业文明污染的前现代空间中,在打猎、斗牛、钓鱼、拳击、战争等行动中,勇敢地直面一切重压,以自己强有力的生命能量和职业技艺书写一个又一个传奇故事,兑现个体生命的主体意义。而海明威本人也人如其书,在现实生活中,将自己打造成一个行走在美国的主流商业文明世界之外的边缘异域空间中,集猎猛兽、钓大鱼、斗牛迷、拳击冠军、战争英雄、情场酷男、独树一帜的现代叙事技巧等诸多现代技艺于一身的美国英雄。就1940年以后创作的总体情况来看,一方面他那种融男性气概与简洁凝练含蓄的叙事技艺为一体的自我建构和文学书写与复杂的美国现代社会之间的裂隙越来越突出,另一方面他又始终不放弃在远离现代社会的边缘或异域为他的自我建构和文学书写寻求理想的表达空间。《过河入林》表明,他独创的文学话语已经渐趋僵硬,不仅无能应对不断变化的美国现实,即使是在介入外国的文化空间时,读者看到的也是一个越来越执着于自己的男性气概,陶醉于纯粹的现代散文叙事技巧和钓鱼、打猎、斗牛技艺的海明威式英雄。无论是西班牙,还是意大利、非洲,都不过是他打造自我、打造海明威式文学话语的理想空间而已。毋庸讳言,海明威的文学话语是一种伟大的艺术创造,但是,这种伟大的艺术独创长于表现"准则英雄"的行动技艺和外部生活体验,拙于装载现代生活的复杂构成和人性的丰富多样性。因此,海明威越是以宗教般的虔诚来坚守他独创的文学话语,他的文学话语与变幻复杂的现实世界之间的裂隙也越来越大。文学批评界对《过河入林》的一致差评,使得海明威陷入"廉颇老矣、尚能饭否"的作家身份焦虑中。这种焦虑,与圣地亚哥在海上的孤独是一致的。

---

① Morton Dauwen Zabel, *Nation*. 9 September 1950, See Jeffrey Meyers, ed., *Hemingway: The Critical Heritage*, London: Routledge & Kegan Paul Ltd, 1982, p. 377.

二

或许,正是上述作家身份焦虑催生出《老人与海》中圣地亚哥每晚都要独自重温的梦境:

> 不多久他便入睡了,梦见他年轻时的非洲,梦见那长长的金海滩、银海滩,银海滩亮得晃眼。梦见那高高的岬角和褐色的群山。现在每个夜晚他都回到那一带海岸,梦里还听见一阵阵浪潮咆哮,看见一只只当地小船穿浪驶来。就那样睡着,他闻到甲板上沥青和麻絮的气味,闻到清晨陆上微风吹来的非洲气息……梦见群岛上那些白色山峰宛然拔海而起,又梦见加那利群岛的大小港口和锚地。
>
> 他再也不会梦见风暴,女人,大事,大鱼,搏斗,竞赛。再也没有梦见他的妻子。他现在只梦见他去过的那些地方和沙滩上那些狮子。在暮色中,它们像小猫一样地玩耍,他爱它们,就像他爱那个小伙子。他从来没有梦见过那个小伙子。(英文插图本 pp.28,29)

同样的梦境还出现在老人独自在海上与大马林鱼较量的第二个夜晚:

> 过后,他开始梦见那长长的黄沙滩。在薄暮中,他看到第一群狮子来到沙滩上,后面还有狮子接二连三地来。从岸上来的晚风轻轻地吹拂着停在那里的大船,他把下巴颏搁在船头的木板上,等着看还有没有更多的狮子要来。他觉得很开心。(英文插图本 pp.89,90)

在小说结尾处,最后一句话:

> 老人正梦见那些狮子。(英文插图本 p.138)

海明威给圣地亚哥的梦设计了两个地理空间,远处的家乡加那利群岛和他22岁时第一次抵达的西北非海岸,而梦里的风景总是定格停留在西北非海岸:长长的金海滩、银海滩,暖暖的暮色中像小猫一样玩耍的狮群,还有下巴颏搁在船头木板上满心快乐的青年圣地亚哥。细究圣地亚哥梦里的两处风景,其意义指涉还是有区别的。加那利群岛是他再也回不去的故乡。即使是在梦里,群岛上那些宛然拔海而起的白色山峰,那些大小港口和锚地,他也是与她隔海相望。美国人文主义地理学学者段义孚曾经指出："对故乡的依恋是人类的一种共同情感……人们之所以会出现潜意识性质的却深沉的依恋是因为熟悉和放心,是因为抚育和安全的保证,是因为对声音和味道的记忆,是因为对随时间积累起来的公共活动和家庭欢乐的记忆。这种恬淡类型的依恋是难以阐释清楚的。"①以此来看,圣地亚哥梦中的加那利群岛缘自他深刻在潜意识里的故乡依恋。海明威是否借此寓托他对故乡密歇根湖畔橡树园的依恋?

更值得深究的是圣地亚哥梦里西北非海岸的和谐美景,"现在每个夜晚他都回到那一带海岸"。海明威将圣地亚哥梦中的风景与他在古巴的现实生活画上了一道分界线。风暴、女人、大事、大鱼、搏斗、竞赛、他的妻子、马诺林,这一切都是圣地亚哥告别故乡加那利群岛后的现实生活内容,包括他的渔夫职业角色、家庭关系、师徒关系,这一切都不曾进入他的梦乡,他的梦境总是定格在风景、动物、人和谐共处的西北非海岸。也就是说,移民圣地亚哥在美国操控下的古巴现实社会中遭遇到的多重身份困扰、撕裂都被屏蔽在梦境之外,梦里的西北非海岸是属于他个人心灵的诗化栖居地。就此而言,海明威对圣地亚哥心灵的审美救赎书写,与德国学者威廉·沃斯坎普在《论文学乌托邦的诗学》一文中所持的观点高度契合。沃斯坎普认为,从空间和时间的维度来看,"所有文学乌托邦最核心和最主要的诗学性质,就是其否定性"②。这种关于文学乌托邦的历史现实否定性原则以及由此产生的反向性艺术话语建构诗学,是对法兰克福学派的审美现代性否定性美学原则及艺术的救赎功能主张的传承发扬。以此来审视海明威在《老人与海》中为圣地亚哥设计的西北非海岸和谐梦境,不难发现,西北非海岸不仅是圣地亚哥规避古巴现实困境,弥合多重身份撕裂的心灵栖居地,也是海明威本人以文学书写建构的审美乌托邦。欧洲乌托邦研究会前任主席露丝·莱维塔斯(Ruth Levitas)在《乌托邦概念》一书中指出:"乌托邦作为一个以想象建构出来的世界,在不同的文化中以不

---

① [美]段义孚:《空间与地方》,王志标译,北京:中国人民大学出版社,2017年,第130—131页。
② [德]威廉·沃斯坎普:《论文学乌托邦的诗学》,引自[德]约恩·吕森主编:《思考乌托邦》,张文涛、甄小东、王邵励译,济南:山东大学出版社,2010年,第227页。

同的方式把我们从现实困境中解脱出来。"①海明威在《老人与海》中将文学乌托邦的地理空间设置在圣地亚哥22岁时第一次抵达的诗和远方西北非海岸,同时又能远望故乡加那利群岛上拔海而起的白色山峰,借此寓托他内心深处对西班牙"白象似的群山"、②巴斯克农民、斗牛士等文学意象或文学形象所代表的前现代世界的眷恋,抵制美国现代化、都市化对个体自由的同一性操控和异化。

然而,以西北非的殖民历史与民族独立后国家和地区边界领土争端频发的现实为参照,③再来细品圣地亚哥睡梦中的西北非海岸和谐美景,是不是还要进一步思考:海明威在《老人与海》中建构的文学审美乌托邦,在屏蔽现代社会中个体身份多重性、复杂性和内部撕裂性的同时,这种背向复杂历史与现实的审美救赎是否有一种虚无悲凉的怀旧意味?作为身处现代化、全球化时代的现代人,在"享受怀旧乌托邦美梦,憧憬未来乌托邦愿景"④的同时,是不是还要对形态各异、逃避现实的前现代或后现代审美乌托邦幻象诱惑保持审慎的态度?

---

① Ruth Levitas, *The Concept of Utopia*. Bern: Peter Lang AG, International academic Publishers, 2010, p. 1.

② 海明威发表过一篇西班牙题材的短篇小说,题目是《白象似的群山》。见[美]海明威:《海明威文集·短篇小说全集(上)》,陈良廷等译,上海:上海译文出版社,1995年,第306—312页。

③ 杨勉,田斌:《影响西北非地区和平与安全的边界领土争端因素》,扬州:《扬州大学学报(人文社会科学版)》2016年第3期。

④ Ruth Levitas, *The Concept of Utopia*. Bern: Peter Lang AG, International academic Publishers, 2010, p. 1.

结　语

　　1957年秋天，海明威开始写作关于巴黎生活的回忆录。这一年是他生命中一段忧郁的日子。在那个多事之秋，已经享有世界著名作家盛誉却又体衰脑钝才竭的海明威，回想起了青年时代与第一个妻子哈德莉在巴黎度过的美好时光，那也是他作家生涯中的学艺时期。1960年秋天，海明威在美国凯彻姆的家中修改完成了回忆录书稿。1961年，海明威自杀身亡。作家去世后，他的妻子玛丽在一个箱子里发现了这部书的打字稿，遂与书商共同整理编辑，并接受了海明威信任的朋友霍契勒的建议，将书名定为《流动的圣节》(*A Moveable Feast*)，于1964年付印出版。

　　海明威在《流动的圣节》（上海译文出版社的中译本译作《不固定的圣节》）序言中称："本书作者基于充分的理由，在书中略去了许多地名、人名以及作者的观察和印象。"①且不论海明威对巴黎生活进行节略选择的具体原因是什么，有一点是可以肯定的，一切节略选择都源于他写作时的叙事立场。此外，还有玛丽在编辑过程中出于对丈夫的绵绵深情而做的某些润饰，在海明威自杀后的擦枪走火之说中已经反映出来。这一切，都决定着巴黎生活的哪些内容会走进海明威的回忆录中，哪些会被挡在作家的记忆大门外。在昨日难以重现的语境中，海明威借助记忆超越了时间和空间的现实存在，在理想的意义上召唤着那个永远的"他者"——巴黎。鉴于此，与其把《流动的圣节》当作海明威对巴黎生活事实的回忆，不如把它当作作家对1921年至1926年间巴黎

---

　　① Ernest Hemingway, "Preface", See *A Moveable Feast*, New York: Charles Scribner's Sons, 2010.

生活的文学叙事,是对一段人生经历的个性化、理想化阐释。而海明威本人也建议:"读者如果愿意,也可以将本书作为小说来读。而且,把它当成小说来读,也许能助益读者对书中叙述的事实理解得更到位。"①

1921年12月,海明威与新婚不久的妻子哈德莉前往巴黎。对于海明威来说,这无疑是他一生的文学朝圣旅程的开始。

在巴黎生活的日子里,海明威发现,当自己身处远离密歇根湖畔的异国他乡,却能更好地书写故乡的风景和世情。坐在巴黎的咖啡馆里,他开始写作一个关于密歇根北部的故事。他在《流动的圣节》中写道:

> 我写的是密歇根州北部的故事,而那天风雨交加,天气很冷,正巧是故事里的那种日子。我历经少年、青年和刚成年的时期,早已见惯这种秋天将尽的景象,而你在一个地方写这种景象能比在另一个地方写得好。那就是所谓把你自己移植到一个地方去,我想,这可能对人跟对别的不断生长的事物一样是必要的……
>
> 也许离开了巴黎我就能写巴黎,正如在巴黎我能写密歇根一样。②

当海明威进入迟暮之年,与青年时代的异域生活拉开时空距离,他更确切地理解了巴黎对他的作家生涯所产生的深远影响。同样,作为从青年时代就选择海明威为学术研究对象的一位外国文学教学、科研人员,进入花甲之年后,我也从更多视角出发、更多路径进入海明威与世界文学的关系探究,更深入地理解海明威与美国现代性研究对于我国在世界舞台上提升文化软实力的镜鉴意义。

首先,巴黎是海明威的文学朝圣之都,也是他成为世界文坛上著名美国作家的封圣之地。19世纪末、20世纪初,美国虽然成为世界第一大经济体,在世界文学版图上还是远离文化艺术中心的"外省"。海明威的文学前辈华盛顿·欧文、詹姆斯·库珀、麦尔维尔、亨利·詹姆斯等人都选择跨大西洋出版的方式,先由世界大都市英国伦敦的出版商和文学评论家来为他们"祝圣",然后才

---

① Ernest Hemingway,"Preface",See *A Moveable Feast*,New York:Charles Scribner's Sons,2010.
② [美]海明威:《不固定的圣节》,汤永宽译,上海:上海译文出版社,1999年,第5、第7页。

得以在世界文坛上被加冕。海明威与美国文学前辈不同,在英国伦敦和法国巴黎之间,他和1920年代的美国文学青年选择了巴黎,以回应爱默生的倡导,在文学风格建构方向上"掐断英国老祖母的文化引路绳",寻找另一种更美国,也更世界的文学形式。在巴黎,他从乔伊斯、庞德、斯泰因等现代主义作家那里学到了使用美国英语遣词造句的语言实验技巧。他从毕沙罗、塞尚等印象派画家那里学会了怎样调度自然光影、色彩浓淡,拼接叙事空间中的自然风景和叙事背景,铺陈叙事画面和场域氛围。他不用流露主观好恶的形容词、副词干扰读者的阅读感受,建构了一种形式上更现代、更简洁、更年轻的海明威式美国文学风格。

其次,海明威小说的叙事空间无论是法国、西班牙、意大利,还是东非前英属殖民地,抑或是古巴的墨西哥湾流,主人公在生存方式上与美国本土现代化保持疏离关系的同时,其精神结构却与美国白人主流社会是同源的。正是由于海明威及其小说主人公与美国主流社会关系的疏离性与精神结构同源性,他的作品为我们理解、反思、批判美国现代化历史进程中的现代性问题提供了多视角多维度的解读路径。

最后,在全球化与逆全球化相互依存又冲突的当下,海明威为我们反思、协调现代化发展进程中必然要面对的全球化与本土化关系提供了镜鉴。在世界文明版图上,在每一个民族国家的现代化发展进程中,现代性"并不指向清楚、明晰的观念,也不指向封闭性的概念"[①]。以海明威的《老人与海》为例,在小说问世的20世纪50年代,国际政治正处在资本主义与社会主义两大阵营冷战对峙状态。美国在国际舞台上扮演维持世界秩序的霸主,在国内则推崇精英主义教育,宣传英雄主义。1952年9月,连续十多年没有好作品问世的海明威虽廉颇老矣,却又打出了一记漂亮的重拳——《老人与海》。通过圣地亚哥百折不挠钓大鱼、斗鲨鱼的文学叙事,大写的海明威,大写的渔夫,大写的美国重叠在一起,建构了一个打不败的美帝国英雄主义神话。同一时期,我国正处在新中国团结一切可以团结的国际力量的特别历史时期,文学界视海明威为资本主义世界中参加过反法西斯战争、支持过中国抗日、有正直良心的作

---

① [法]安托瓦纳·贡巴尼翁:《现代性的五个悖论》,许钧译,北京:商务印书馆,2013年,第1页。

家,他在《老人与海》中用接近社会主义现实主义的创作方法表现古巴渔民疾苦,弘扬斗争精神,海观将其翻译"拿来",为新中国的精神文化建设添加了一块可以攻玉的他山之石。

2020年,斯克里布纳出版公司再推出《老人与海》新版本。海明威的孙子肖恩·海明威(Seán Hemingway)负责新版本的编辑整理,以附录形式收入了一系列相关的重要资料,让读者更多地了解到《老人与海》与海明威的鱼类博物学家身份的联系。肖恩为《老人与海》新版本写了一篇长达九页的导读,在结尾处满怀深情地写道:

> 海明威的散文以清晰的细节描述让墨西哥湾流流动起来。当你阅读这个故事时,你也会了解到那个不久前还存在的独特生态系统,进而用一位对大海怀有深深敬重之心的渔民的眼睛来看待它。[①]

肖恩试图引导读者将《老人与海》的阅读生态置于墨西哥湾流的海洋生态环境中。他不仅为《老人与海》新版写作了长篇导读,还在小说正文之后加了6个附录。6个附录材料都佐证了《老人与海》写作动机和文本深意的丰富性和复杂性。附录一是海明威在《时尚先生》1936年4月号上发表的特稿《在蓝色的大海上——一封墨西哥湾流来信》。附录二是海明威于1935年5月8日写给《迈阿密先驱报》钓鱼版编辑埃尔·罗曼(Erl Roman)的一封信,详述他和朋友亨利·斯特拉特(Henry Strater)驾驶"比拉尔号"钓到大马林鱼后遭到鲨鱼攻击的经历。信中提供了如下信息:鱼身长12英尺8.5英寸,尾巴长48英寸,展开后周长62英寸,钓鱼地点是比米尼,鱼钩钩在大鱼嘴角,大鱼跃出水面18次,经过1小时40分钟,最后多人合作把大鱼弄到船上。当着20位证人的面,给大鱼称重的结果是500磅,再加上被鲨鱼吃掉的部分,重量约在700至900磅之间。附录三是海明威列的一份关于古巴海域主要鲨鱼种类的清单。清单以列表加注解的方式呈现,首先是鲨鱼的在地名称,之后是英文名称,并备注每一类鲨鱼的种群分布情况、脾性、摄食喜好、最大体重、出没规律等。三份附录表明海明威是以博物学的方式观察、记录墨西哥湾流气候、洋

---

① Ernest Hemingway, *The Old Man and the Sea*, New York: Charles Scribner's Sons, 2020, p. xix.

流、鱼类以及人类的渔猎活动。上述博物学描述方式与墨西哥湾流博物学知识,后来都嵌入《老人与海》中,形成了小说中的博物学书写。

肖恩在《老人与海》新版本中还收入了另外三份附录,以佐证海明威不仅是个喜爱深海钓大鱼的博物学家,更是个有深切伦理关怀的伟大作家。其中,附录四是一篇海明威没有发表过的短篇小说,题为《追求幸福》。小说大约写作于 1936 年,讲述海明威钓到了一条大约 900 磅的大马林鱼,与大鱼相持 4 小时 22 分钟后,却因"比拉尔号"船长卡洛斯失误砍断钓绳而失去大鱼。海明威不仅没有责怪卡洛斯,还安慰他不要难过,说失误的事谁都会摊上。附录五是 44 个《老人与海》的修改片段,表明海明威是个勤奋打磨句子、热爱职业劳动的作家。附录六是海明威的诺贝尔文学奖受奖演讲。他写道:"把一个作家心中所感受到的一切都说尽是不可能的。一个人作品中的一些东西可能不会马上被人理解,在这点上,作家有时是幸运的;但是,这些没有被理解的东西终究会变得十分清晰,这要看它们是什么,以及作家点石成金的本领大小,他将因此青史留名或被人遗忘。"①

海明威以炉火纯青的散文叙事技艺赋予《老人与海》以说不尽的很多东西。进入 21 世纪,《老人与海》新版本提供的 6 份附录材料,为我们发掘小说中没有被说尽的"一些东西"——海明威与博物学的关系,提供了阐发依据。博物学(natural history)是一门关于人与自然关系的古老学科,涉及对自然万物观察、描述、分类的地方性认知和知识积累。在西方殖民者全球扩张的历史进程中,西方博物学家以"帝国之眼"考察美洲、非洲大陆,太平洋岛屿,以欧洲知识谱系收编这些区域的自然资源,后殖民主义和生态批评学者称之为帝国型博物学,或"绿色殖民主义"。② 我国的博物学学者刘华杰曾指出:"可以将历史上的博物学划分为帝国型和阿卡迪亚型。后者直接面对可感的日常生活,更加自然;而前者相对于生活具有间接性,沾染了资本、扩张、掠夺、占有、

---

① Ernest Hemingway, *The Old Man and the Sea*, New York: Charles Scribner's Sons, 2020, pp. 130-131.

② Guillaume Blanc, *The Invention of Green Colonialism*, Helen Morrison trans., Cambridge: Polity Press, 2022.

暴力等诸多气息,与权力意志走得很近。"①《老人与海》中的墨西哥湾流博物学叙事既承袭西方博物学知识叙事模式,又自觉地跨越西方主导的海洋博物学知识谱系边界,凸显博物学应有的在地性特质。

海明威于 1951 年在哈瓦那写作《老人与海》时,美国将"普拉特修正案"(Platt Amendment)写进古巴宪法附录的历史已经有半个世纪。② 在"普拉特修正案"全面收编古巴自然资源和政治、经济、文化主导权的历史语境中,《老人与海》开篇直接进入墨西哥湾流的海洋博物学调查现场,折射出海明威对美国现代化全面操控古巴政治、经济、文化的抵制立场。但是,圣地亚哥的钓大鱼故事却指涉两种有分界又有融合的博物学,即阿卡迪亚型博物学与帝国型博物学。圣地亚哥热爱墨西哥湾流,对海洋生物非常熟悉,有一种与其他海洋物种相处的深沉情感;但他又不是单纯的海洋之友,他与马林鱼兄弟之间还有一重暴力征服关系;他不想凌驾于自然之上,与大海、小鸟、星星对话,不想成为一切的主宰。圣地亚哥热爱海洋生物又不放弃杀死大马林鱼的故事,彰显出海明威生活实践中的阿卡迪亚型博物学与帝国型博物学、创作思想中的生态整体主义与绿色殖民主义矛盾冲突的现代性悖论。

在全球化与逆全球化相互依存又冲突的当下,发掘《老人与海》中那些没有被说尽的东西,深究海明威小说中那些没有被说尽的东西,有助于我们更好地理解全球现代化与在地性可持续发展、绿色殖民主义与生态整体主义等现代性难题。行文至此,"海明威与美国的现代性问题研究"似乎还有待继续深耕下去。

---

① 刘华杰:《博物学伴随人类行稳致远》,《自然辩证法通讯》第 44 卷第 8 期,2022 年 8 月,第 21 页。
② 徐世澄、贺钦编著:《古巴》,北京:社会科学文献出版社,2018 年,第 63—64 页。

主要参考文献

中文部分

[美]A. E. 霍契勒:《爸爸海明威》,蒋虹丁译,南京:译林出版社,1999年。

[法]阿尔贝特·史怀泽:《敬畏生命》,陈泽环译,上海:上海社会科学院出版社,1995年。

[英]阿兰·斯威伍德:《大众文化的神话》,冯建三译,北京:生活·读书·新知三联书店,2003年。

[美]爱德华C.斯图尔特、密尔顿J.贝内特:《美国文化模式:跨文化视野中的分析》,卫景宜译,天津:百花文艺出版社,2000年。

[美]爱德华·W.萨义德:《东方学》,王宇根译,北京:生活·读书·新知三联书店,1999年。

[美]艾伦·布林克利:《美国史》(I, II, III),陈志杰、杨天旻、王辉译,北京:北京大学出版社,2019年。

[美]埃默里·埃利奥特主编:《哥伦比亚美国文学史》,朱通伯等译,成都:四川辞书出版社,1994年。

[美]安东尼·伯吉斯:《海明威》,余光照译,上海:上海百家出版社,2001年。

[法]安妥瓦纳·贡巴尼翁:《现代性的五个悖论》,许钧译,北京:商务印书馆,2018年。

[俄]巴赫金:《巴赫金全集》(第三卷),白春仁、晓河译,石家庄:河北教育出版社,2009年。

［英］巴特·穆尔-吉尔伯特等编撰：《后殖民批评》，杨乃乔等译，北京：北京大学出版社，2001年。

［英］巴特·穆尔-吉尔伯特：《后殖民理论：语境 实践 政治》，陈仲丹译，南京：南京大学出版社，2001年。

［英］保罗·约翰逊：《知识分子》，杨正润等译，南京：江苏人民出版社，2000年。

［美］贝克：《迷惘者的一生：海明威传》（上、下），林基海译，长沙：湖南文艺出版社，1992年。

［德］本雅明：《经验与贫乏》，王炳钧、杨劲译，天津：百花文艺出版社，2002年。

曹莉主编：《永远的乌托邦：西方文学名著导读》，北京：清华大学出版社，2003年。

陈晓明：《后现代理论的现代性》，北京：中国社会科学出版社，2022年。

程锡麟、王晓路：《当代美国小说理论》，北京：外语教学与研究出版社，2001年。

［美］戴安娜·克兰：《文化生产：媒体与都市艺术》，赵国新译，南京：译林出版社，2002年。

［美］大卫·达姆若什：《如何阅读世界文学》，陈广琛、秦烨译，北京：北京大学出版社，2022年。

［美］戴安娜·拉维奇编：《美国读本》（上、下），林本椿、陈凯、林铮等译，北京：生活·读书·新知三联书店，1995年。

邓蜀生：《美国历史与美国人》，北京：人民出版社，1993年。

董衡巽编选：《海明威研究》（增订本），北京：中国社会科学出版社，1985年。

董衡巽主编：《美国文学简史》，北京：人民文学出版社，2003年。

董衡巽编选：《海明威谈创作》，北京：生活·读书·新知三联书店，1986年。

董衡巽：《美国现代小说风格》，北京：中国社会科学出版社，1997年。

董衡巽：《海明威画传》，郑州：河南文艺出版社，2007年。

［美］段义孚：《人文主义地理学》，宋秀葵、陈金凤、张盼盼译，上海：上海译文出版社，2020年。

［美］段义孚：《空间与地方》，王志标译，北京：中国人民大学出版社，2017年。

［英］多米尼克·斯特里纳蒂：《通俗文化理论导论》，阎嘉译，北京：商务印书馆，2003年。

［美］菲茨杰拉德：《了不起的盖茨比》，姚乃强译，北京：人民文学出版社，2004年。

［英］弗朗西斯·马尔赫恩编：《当代马克思主义文学批评》，刘象愚等译，北京：北京大学出版社，2002年。

［美］弗雷德里克·詹姆逊：《马克思主义与形式》，李自修译，南昌：百花洲文艺出版社，1997年。

［美］弗雷德里克·詹姆逊：《政治无意识：作为社会象征行为的叙事》，王逢振、陈永国译，北京：中国社会科学出版社，1999年。

［美］弗雷德里克·詹姆逊：《文化转向》，胡亚敏等译，北京：中国社会科学出版社，2000年。

［美］葛尔·罗宾等：《酷儿理论》，李银河译，北京：文化艺术出版社，2003年。

顾宁：《美国文化与现代化》，沈阳：辽海出版社，2000年。

郭宏安等：《二十世纪西方文论研究》，北京：中国社会科学出版社，1997年。

［美］哈罗德·布鲁姆：《影响的焦虑》，徐文博译，北京：生活·读书·新知三联书店，1989年。

［美］海明威：《太阳照常升起》，赵静男译，上海：上海译文出版社，2000年。

［美］海明威：《永别了，武器》，汤永宽译，杭州：浙江文艺出版社，1992年。

［美］海明威：《永别了，武器》，林疑今译，上海：上海译文出版社，2019年。

［美］海明威：《死在午后》，金绍禹译，上海：上海译文出版社，1999年。

［美］海明威：《非洲的青山》，张建平译，上海：上海译文出版社，1999年。

［美］海明威：《有钱人和没钱人》，鹿金译，上海：上海译文出版社，1999年。

［美］海明威：《第五纵队、西班牙大地》，冯亦代、董衡巽译，上海：上海译文出版社，1999年。

［美］海明威：《丧钟为谁而鸣》，程中瑞译，上海：上海译文出版社，2001年。

［美］海明威：《过河入林》，王蕾译，上海：上海译文出版社，1999年。

［美］海明威：《春潮·老人与海》，吴劳译，上海：上海译文出版社，2000年。

［美］海明威：《老人与海》，董衡巽等译，桂林：漓江出版社，1987年。

[美]海明威:《危险的夏天》,主万译,上海:上海译文出版社,1999年。

[美]海明威:《不固定的圣节》,汤永宽译,上海:上海译文出版社,1999年。

[美]海明威:《岛在湾流中》,蔡慧译,上海:上海译文出版社,1999年。

[美]海明威:《海明威短篇小说全集》(上),陈良廷等译,上海:上海译文出版社,1999年。

[美]海明威:《海明威短篇小说全集》(下),蔡慧、朱世达译,上海:上海译文出版社,1999年。

[美]海明威:《曙光示真》,金雯、杨柯译,上海:上海译文出版社,1999年。

[美]海明威:《海明威书信集》(1917—1961)(上、下),潘小松译,上海:上海译文出版社,2016年。

[美]海明威:《老人与海》,董衡巽译,天津:百花文艺出版社,2014年。

[荷]汉斯·舒茨:《伊文思传:危险地活着》,孙红云、黎松知译,北京:新星出版社,2018年。

何怀宏主编:《生态伦理:精神资源与哲学基础》,石家庄:河北大学出版社,2002年。

[美]赫尔曼·麦尔维尔:《白鲸》,马永波译,北京:中信出版社,2021年。

扈海鹂:《解读大众文化》,上海:上海人民出版社,2003年。

胡翼青、张军芳:《美国传播思想史》,上海:复旦大学出版社,2020年。

黄明哲等:《梦想与尘世:二十世纪美国文化》,北京:东方出版社,1999年。

蒋荣昌:《消费社会的文学文本》,成都:四川大学出版社,2004年。

姜哲军、刘峰等:《西方马克思主义艺术与美学理论批评》,北京:社会科学文献出版社,2002年。

[美]杰弗里·迈耶斯:《海明威传》,萧耀先等译,北京:中国卓越出版公司,1990年。

[英]卡尔·斯普拉克伦:《哈贝马斯与现代性终末处的休闲》,陈献、李哲罕译,杭州:浙江大学出版社,2022年。

[美]柯恩编:《美国划时代作品评论集》,朱立民等译,北京:生活·读书·新知三联书店,1988年。

[美]肯尼思·S.林恩:《海明威》,任晓晋等译,北京:中央编译出版社,

1997年。

［英］拉曼·塞尔登编:《文学批评理论:从柏拉图到现在》,刘象愚、陈永国等译,北京:北京大学出版社,2000年。

［美］莱斯利·M. M. 布鲁姆:《整个巴黎属于我》,袁子奇译,北京:中信出版社,2019年。

［美］勒泽·泽夫:《一八九零年代的美国:迷惘的一代人的岁月》,夏平、嘉彤、董翔晓译,上海:上海外语教育出版社,1988年。

雷毅:《深层生态学思想研究》,北京:清华大学出版社,2001年。

［美］理查德·佩尔斯:《激进的理想与美国之梦:大萧条岁月中的文化和社会思想》,卢允中、严撷芸、吕佩英译,上海:上海外语教育出版社,1996年。

［英］理查德·戈特:《古巴史》,徐家玲译,北京:中国大百科全书出版社,2013年。

刘华杰:《博物学文化与编史》,上海:上海交通大学出版社,2014年。

陆建德:《破旧思想体系的残编》,北京:北京大学出版社,2001年。

鲁洁、王逢贤主编:《德育新论》,南京:江苏教育出版社,2000年。

陆扬、王毅选编:《大众文化研究》,上海:上海三联书店,2001年。

［美］路易斯·哈茨:《美国的自由主义传统》,张敏谦译,北京:中国社会科学出版社,2003年。

［美］罗伯特· E. 斯皮勒:《美国文学的周期》,王长荣译,上海:上海外语教育出版社,1996年。

［美］罗德·霍顿、赫伯特·爱德华兹:《美国文学思想背景》,房炜、孟昭庆译,北京:人民文学出版社,1991年。

罗钢、刘象愚主编:《文化研究读本》,北京:中国社会科学出版社,2000年。

［美］马尔科姆·考利:《流放者的归来:二十年代的文学流浪生涯》,张承谟译,上海:上海外语教育出版社,1996年。

［美］马克·赫兹加德:《鹰的阴影:为什么美国既令人着迷又遭人痛恨》,李建华译,北京:东方出版社,2004年。

［德］马克斯·霍克海默、西奥多·阿道尔诺:《启蒙辩证法:哲学断片》,渠敬东、曹卫东译,上海:上海人民出版社,2003年。

[德]马克斯·韦伯:《新教伦理与资本主义精神》,于晓、陈维钢等译,北京:生活·读书·新知三联书店,1996年。

[美]玛丽·路易斯·普拉特:《帝国之眼:旅行书写与文化互化》,方杰、方宸译,南京:译林出版社,2018年。

马礼霞:《海明威作品研究:地理、伦理与存在》,武汉:武汉出版社,2019年。

[美]马泰·卡林内斯库:《现代性的五副面孔》,顾爱彬、李瑞华译,北京:商务印书馆,2003年。

马新国主编:《西方文论史》,北京:高等教育出版社,2002年。

[美]迈克尔·埃默里、埃德温·埃默里:《美国新闻史》,展江、殷文主译,北京:新华出版社,2001年。

[美]莫里斯·迪克斯坦:《伊甸园之门:六十年代美国文化》,方晓光译,上海:上海外语教育出版社,1986年。

[美]纳什·史密斯:《处女地:作为象征和神话的美国西部》,薛蕃康、费翰章译,上海:上海外语教育出版社,1996年。

[法]帕斯卡尔·卡萨诺瓦:《文学世界共和国》,罗国祥、陈新丽、赵妮译,北京:北京大学出版社,2015年。

[英]齐格蒙特·鲍曼:《流动的现代性》,欧阳景根译,上海:上海三联书店,2002年。

齐小新:《美国文化研究导论》,北京:北京大学出版社,2001年。

[美]R.赫斯利普:《美国人的道德教育》,王邦虎译,北京:人民教育出版社,2003年。

[法]让·波德里亚:《消费社会》,刘成富、全志钢译,南京:南京大学出版社,2001年。

[法]热拉尔·热奈特:《叙事话语新叙事话语》,王文融译,北京:中国社会科学出版社1990年。

[美]舍伍德·安德森:《暗笑》,aurora·G译,北京:北京燕山出版社,2010年。

盛宁:《人文困惑与反思:西方后现代主义思潮批判》,北京:生活·读书·新知三联书店,1997年。

史志康主编:《美国文学背景概观》,上海:上海外语教育出版社,1998年。

［美］斯塔夫里阿诺斯：《全球通史》（上、下），吴象婴、梁赤民、董书慧、王旭译，北京：北京大学出版社，2019年。

［德］瓦尔特·本雅明：《机械复制时代的艺术作品》，王才勇译，北京：中国城市出版社，2002年。

王恩铭：《20世纪美国妇女研究》，上海：上海外语教育出版社，2002年。

［美］W.C.布斯：《小说修辞学》，华明、胡苏晓、周宪译，北京：北京大学出版社，1989年。

王诺：《欧美生态文学》，北京：北京大学出版社，2003年。

［英］维克多·特纳：《仪式与过程：结构与反结构》，黄剑波、柳博赟译，北京：中国人民大学出版社，2006年。

［美］沃浓·路易·帕灵顿：《美国思想史》，陈永国、李增、郭乙瑶译，长春：吉林人民出版社，2002年。

［美］希拉里·海明威、卡伦娜·布伦南：《海明威在古巴》，王增澄、唐孝先译，银川：宁夏人民出版社，2008年。

徐葆耕：《西方文学：心灵的历史》，北京：清华大学出版社，1990年。

徐世澄：《美国和古巴关系史》，北京：中国社会科学出版社，2021年。

徐世澄、贺钦编著：《古巴》，北京：社会科学文献出版社，2018年。

［法］雅克·德里达：《书写与差异》，张宁译，北京：生活·读书·新知三联书店，2001年。

杨大春：《文本的世界》，北京：中国社会科学出版社，1998年。

杨恒达：《海明威：创造"硬汉"的"上帝"》，长春：长春出版社，1999年。

杨仁敬：《海明威研究文集》，南京：译林出版社，2014年。

杨仁敬：《海明威学术史研究》，南京：译林出版社，2014年。

杨仁敬：《海明威：美国文学批评八十年》，上海：上海外语教育出版社，2012年。

［法］伊夫·瓦岱：《文学与现代性》，田庆生译，北京：北京大学出版社，2001年。

［英］伊格尔顿：《马克思主义与文学批评》，文宝译，北京：人民文学出版社，1990年。

虞建华等：《美国文学的第二次繁荣——二三十年代的美国文化思潮和文学表达》，上海：上海外语教育出版社，2004年。

虞建华:《什么是"迷惘的一代"文学》,上海:上海外语教育出版社,2013年。

[美]于连·沃尔夫莱:《批评关键词:文学与文化理论》,陈永国译,北京:北京大学出版社,2015年。

[德]约恩·吕森主编:《思考乌托邦》,张文涛、甄小东、王邵励译,济南:山东大学出版社,2010年。

[美]约翰·费斯克:《理解大众文化》,王晓珏、宋伟杰译,北京:中央编译出版社,2001年。

[美]詹姆逊:《文化研究和政治意识》,王逢振主编,北京:中国人民大学出版社,2004年。

[美]詹姆逊:《新马克思主义》,王逢振主编,北京:中国人民大学出版社,2004年。

[美]詹姆逊:《现代性、后现代性和全球化》,王逢振主编,北京:中国人民大学出版社,2004年。

张德明:《西方文学与现代性叙事的展开》,上海:华东师范大学出版社,2018年。

张德明:《旅行文学十讲》,北京:北京大学出版社,2021年。

张京媛主编:《当代女性主义文学批评》,北京:北京大学出版社,1995年。

张一兵:《无调式的辩证想象:阿多诺〈否定的辩证法〉的文本学解读》,北京:生活·读书·新知三联书店,2001年。

张中载、王逢振等编:《二十世纪西方文论选读》,北京:外语教学与研究出版社,2002年。

周鸿编:《人类生态学》,北京:高等教育出版社,2001年。

周小仪:《唯美主义与消费文化》,北京:北京大学出版社,2002年。

[美]朱迪斯·巴特勒:《性别麻烦》,宋素风译,上海:上海三联书店,2009年。

英文部分

Anderson, Sherwood, *Dark Laughter*, New York: Liveright Publishing Corporation, 1960.

Baker, Carlos, ed., *Ernest Hemingway Selected Letters, 1917—1961*, New

York: Charles Scribner's Sons, 1981.

Baker, Carlos, *Hemingway: The Writer As Artist*, Princeton, N. J.: Princeton University Press, 1952.

Banner, Lois W., *Women in Modern America: A Brief History*, Orlando: Harcourt Brace Jovanovich, 1984.

Beach, Sylvia, *Shakespeare and Company*, New York: Harcourt, 1959.

Benson, Jackson J., ed., *New critical approaches to the short stories of Ernest Hemingway*, Durham: Duke University Press, 1990.

Berman, Ronald, *Fitzgerald-Wilson-Hemingway: Language and Experience*, Tuscaloosa: University of Alabama Press, 2003.

Blanc, Guillaume, *The Invention of Green Colonialism*, Helen Morrison trans., Cambridge: Polity Press, 2022.

Bloom, Harold, ed., *Ernest Hemingway's The Sun Also Rises*, New York: Chelsea House Publishers, 1987.

Bloom, Harold, *Twentieth-century American Literature*, New York: Chelsea House Publishers, 1988.

Brenner, Gerry, *The Old Man and The Sea: Story of a Common Man*, New York: Twayne Publishers, 1991.

Broer, Lawrence R., *Hemingway's Spanish Tragedy*, Tuscaloosa: University of Alabama Press, 1973.

Broer, Lawrence R., and Gloria Holland, eds., *Hemingway and Women: Female Critics and the Female Voice*, Tuscaloosa: University of Alabama Press, 2002.

Bruccoli, Matthew J., ed., *The Only Thing That Counts: The Ernest Hemingway-Maxwell Perkins Correspondence 1925—1947*, Columbia: University of South Carolina Press, 1996.

Bruccoli, Matthew J., ed., *The Sons of Maxwell Perkins: Letters of F. Scott Fitzgerald, Ernest Hemingway, Thomas Wolfe, and Their Editor*, Columbia: University of South Carolina Press, 2004.

Burwell, R. M., *Hemingway: The Postwar Years and the Posthumous Novels*, Cambridge: Cambridge University Press, 1996.

Cain, William E., *Literary Criticism and Cultural Theory*, New York & London: Routledge, 2002.

Cirino, Mark, *Ernest Hemingway: Thought in Action*, Madison: University of Wisconsin Press, 2012.

Comley, Nancy R. and Scholes Robert, *Hemingway's Genders: Rereading the Hemingway Text*, New Haven: Yale University Press, 1994.

Donaldson, Scott, *By Force of Will: The Life and Art of Ernest Hemingway*, New York: Viking, 1977.

Donaldson, Scott, ed., *Ernest Hemingway*, 上海：上海外语教育出版社, 2000.

Donaldson, Scott, *Fitzgerald and Hemingway: Works and Days*, New York: Columbia University Press, 2009.

Eagleton, Terry, *Criticism and Ideology*, London: Verso, 1978.

Faris, David, *The Hemingway Industry*, Bloomington: Author House, 2019.

Fleming, Robert, *The Face In the Mirror: Hemingway's Writers*, Tuscaloosa: The University of Alabama Press, 1994.

Fleming, Robert, ed., *Hemingway and The Natural World*, Moscow: University of Idaho Press, 1999.

Gajdusek, Robert, *Hemingway in His Own Country*, Notre Dame, Indiana: University of Notre Dame Press, 2002.

Gerald, Kennedy and Bryer Jackson, eds., *French Connections: Hemingway and Fitzgerald Abroad*, New York: St. Martin's Press, 1998.

Glotfelty, Cheryll and Harold Fromm, eds., *The Ecocriticism Reader: Landmarks in Literary Ecology*, Athens, Georgia: The University of Georgia Press, 1996.

Godfrey, Laura, *Hemingway in the Digital Age: Reflections on Teaching*,

  Reading, and Understanding, Kent: The Kent State University Press, 2019.

Grissom, Candace Ursula, *Fitzgerald and Hemingway on Film: A Critical Study of the Adaptations, 1924—2013*, New York: McFarland, 2014.

Hanneman A, *Ernest Hemingway: A Comprehensive Bibliography*, Princeton: Princeton University Press, 2015.

Hemingway, Ernest, *The Torrents of Spring*, New York: Charles Scribner's Sons, 2004.

Hemingway, Ernest, *Fiesta: The Sun Also Rises*, London: Arrow Books, 1994.

Hemingway, Ernest, *Men Without Women*, New York: Charles Scribner's Sons, 1927.

Hemingway, Ernest, *A Farewell to Arms*, New York: Charles Scribner's Sons, 2012.

Hemingway, Ernest, *In Our Time*, New York: Charles Scribner's Sons, 1930.

Hemingway, Ernest, *Death in the Afternoon*, New York: Charles Scribner's Sons, 1932.

Hemingway, Ernest, *Winner Take Nothing*, New York: Charles Scribner's Sons, 1933.

Hemingway, Ernest, *To Have and Have Not*, New York: Charles Scribner's Sons, 1970.

Hemingway, Ernest, *Green Hills of Africa*, New York: Charles Scribner's Sons, 2015.

Hemingway, Ernest, *The First Forty-Nine Stories*, London: Arrow Books, 1993.

Hemingway, Ernest, *For Whom the Bell Tolls*, London: Arrow Books, 1994.

Hemingway, Ernest, *Across the River and into the Trees*, New York: New

York: Simon & Schuster, 1996.

Hemingway, Ernest, *The Old Man and the Sea*, New York: Charles Scribner's Sons, 1952.

Hemingway, Ernest, *The Old Man and the Sea*, Illustrated Edition. New York: Charles Scribner's Sons, 1952.

Hemingway, Ernest, *A Moveable Feast*, New York: Charles Scribner's Sons, 2010.

Hemingway, Ernest, *Islands in the Stream*, New York: Charles Scribner's Sons, 1970.

Hemingway, Ernest, *The Dangerous Summer*, New York: Charles Scribner's Sons, 1986.

Hemingway, Ernest, *The Garden of Eden*, New York: Charles Scribner's Sons, 1986.

Hemingway, Ernest, *True at First Light*, New York: Charles Scribner's Sons, 1999.

Hemingway, Ernest, *The Snows of Kilimanjaro*, London: Arrow Books, 1994.

Hemingway, Ernest, *Hemingway on Hunting*, New York: Simon & Schuster, 2012.

Hemingway, Ernest, *Hemingway on Fishing*, New York: Simon & Schuster, 2012.

Hemingway, Leicester, *My Brother, Ernest Hemingway*, Pennsylvania: Crossroad Press, 2016.

Holcomb, Gary Edward, and Charles Scruggs, *Hemingway and the Black Renaissance*, Columbus: The Ohio State University Press, 2012.

Huhn, Rick, *The Sizzler: George Sisler, Baseball's Forgotten Great*. Columbia: University of Missouri Press, 2004.

Hugh, Purcell, *The Spanish Civil War*, London: Wayland Publishers Ltd, 1973.

Jameson, Fredric, *A Singular Modernity: Essays on Ontology of the Present*, London: Verso, 2002.

Koritz, Amy, *Culture Makers: Urban Performance and Literature in the 1920s*, Urbana and Chicago: University of Illinois Press, 2009.

Leff, Leonard J., *Hemingway and His Conspirators: Hollywood, Scribners, and the Making of American Celebrity Culture*, Lanham: Rowman & Littlefield, 1999.

Lawrence, Frank M., *Hemingway and The Movies*, Jackson: University of Mississippi, 1981.

Levitas, Ruth, *The Concept of Utopia*, Bern: Peter Lang AG, International academic Publishers, 2010.

Luce, Irigaray, *This Sex Which Is Not One*. Catherine Porter and Carolyn Burke, Trans., Ithaca: Cornell University Press, 1985.

Maier, Kevin, ed., *Teaching Hemingway and the Natural World*, Kent: The Kent State University Press, 2018.

Mandel, Miriam B., ed., *Hemingway and Africa*, London: Camden House, 2011.

Marc, Dolan, *Modern Lives: A Cultural Re-reading of "The Lost Generation"*, West Lafayette, Indiana: Purdue University Press, 1996.

Melville, Herman, *Moby-Dick*, New York: Chartwell Books, 2021.

Meyers, Jeffrey, ed., *Hemingway, The Critical Heritage*, Boston: Routledge & Kegan Paul, 1982.

Moddelmog, Debra A., *Reading Desire: In Pursuit of Ernest Hemingway*, Ithaca: Cornell University Press, 1999.

Nagel, James, ed., *Critical Essays on Ernest Hemingway's The Sun Also Rises*, New York: G. K. Hall, London: Prentice Hall International, 1995.

Nagel, James, ed., *Ernest Hemingway: The Oak Park Legacy*, Tuscaloosa: University of Alabama Press, 1996.

Natoli, Joseph and Hutcheon Linda, eds., *A Postmodern Reader*, Albany:

State University of New York Press, 1993.

Nies, Betsy L., *Eugenic Fantasies: Racial Ideology in the Literature and Popular Culture of the 1920's*, New York & London: Routledge, 2002.

Phillips, Larry W., ed., *Ernest Hemingway on writing*, New York: Simon & Schuster, 2002.

Reynolds, Michael S., *The Sun Also Rises: A Novel of the Twenties*, Boston: Twayne Publishers, 1988.

Reynolds, Michael S., *The Young Hemingway*, New York: Norton & Company Ltd., 1998.

Reynolds, Michael S., *Hemingway: The Paris Years*, New York: Norton & Company Ltd., 1999.

Reynolds, Michael S., *Hemingway: The 1930s*, New York: Norton & Company Ltd., 1997.

Reynolds, Michael S., *Hemingway: The Homecoming*, New York: Norton & Company Ltd., 1992.

Reynolds, Michael S., *Hemingway: The Final Years*, New York: Norton & Company Ltd., 1999.

Ross, Lillian, *Portrait of Hemingway*, New York: Simon & Schuster, 2015.

Sigal, Clancy, *Hemingway Lives!: Why Reading Ernest Hemingway Matters Today*, New York: OR Books, 2013.

Stanton, Edward F., *Hemingway and Span: A Pursuit*, Seattle: University of Washington Press, 1989.

Strong, Amy L., *Race and Identity in Hemingway's Fiction*, New York: Palgrave Macmillan, 2008.

Storey, John, *Cultural Theory and Popular Culture*, London: Prentice Hall, 1998.

Valenti, Patricia Dunlavy, *Understanding The Old Man and the Sea*, 北京: 中国人民大学出版社, 2007年。

Trogdon, Robrt W., *The Lousy Racket: Hemingway, Scribners, and the

Business of Literature, Kent: Kent University Press, 2007.

Tuccille, Jerome, *Hemingway and Gellhorn*, Baltimore: Winkler Media Publishing Group, 2011.

Turner, Victor, *The Ritual Process: Structure and Anti-Structure*, Ithaca: Cornell University Press, 1966.

Wagner-Martin, Linda, ed., *Ernest Hemingway: Five Decades of Criticism*, East Lansing: Michigan State University Press, 1974.

Wagner-Martin, Linda, ed., *Ernest Hemingway: Six Decades of Criticism*, East Lansing: Michigan State University Press, 1987.

Wagner-Martin, Linda, ed., *Hemingway: Seven Decades of Criticism*, East Lansing: Michigan State University Press, 1998.

Wagner-Martin, Linda, ed., *Ernest Hemingway's The Sun Also Rises*, New York: Oxford University Press, 2002.

Wagner-Martin, Linda, ed., *A Historical Guide to Ernest Hemingway*, New York: Oxford University Press, 2000.

Wagner-Martin, Linda, ed. *Hemingway: Eight Decades of Criticism*, East Lansing: Michigan State University Press, 2009.

Wentz, Richard E., *American Religious Traditions*, Minneapolis: Augsburg Fortress Press, 2003.

White, William, ed., *By-Line: Ernest Hemingway*, New York: Simon & Schuster, 1995.

Wyatt, David, *Hemingway, Style, and the Art of Emotion*, Cambridge: Cambridge University Press, 2015.

Young, Philip, *Ernest Hemingway*, Minneapolis: University of Minnesota Press, 1973.

附 录

附 录 一

海明威年表[①]

1899 年

7月21日生于伊利诺州与芝加哥相邻的橡树园镇(Oak Park),取名欧内斯特·密勒·海明威(Ernest Miller Hemingway)。父亲克拉伦斯·埃德蒙兹·海明威(Clarence Edmonds Hemingway, 1871—1928)是一位医生,热爱钓鱼、狩猎等户外运动,是阿加西斯协会橡树园分会主席(the Agassiz Association President of the Oak Park Agassiz Chapter)。阿加西斯是美国博物学家,创建哈佛大学比较动物学博物馆。海明威终生热爱钓鱼、打猎,与来自父亲的博物学教育有关。母亲格蕾丝·霍·海明威(Grace Hall Hemingway, 1872—1951),爱好音乐、绘画。老海明威和格蕾丝育有6个子女,欧内斯特·海明威排行第二,却是长子。

1902 年

海明威随父亲到贝尔湖钓鱼,度过3岁生日。

---

① 根据 Michael S. Reynolds 的五卷本海明威传记整理编写。See Michael S. Reynolds, *The Young Hemingway*, New York: Norton & Company Ltd., 1998. Michael S. Reynolds, *Hemingway: The Paris Years*, New York: Norton & Company Ltd., 1999. Michael S. Reynolds, *Hemingway: The 1930s*, New York: Norton & Company Ltd., 1997. Michael S. Reynolds, *Hemingway: The Homecoming*, New York: Norton & Company Ltd., 1992. Michael S. Reynolds, *Hemingway: The Final Years*, New York: Norton & Company Ltd., 1999.

1903 年

海明威加入父亲主持的阿加西斯博物学俱乐部自然学习小组。随父亲去湖上钓鱼,度过 4 岁生日。

1904 年

海明威过 5 岁生日,外祖父送给他一台显微镜。

1909 年

海明威 10 岁生日,父亲送给他第一支猎枪。

1913 年

进橡树园中学。在橡树园中学就读期间担任校报编辑,写作 39 篇校园新闻及数篇故事、诗歌,后收录在《欧内斯特·海明威的学徒阶段:橡树园 1916—1917》中。

1917 年

中学毕业,原拟从军,参加第一次世界大战,因眼疾作罢;应聘《堪萨斯城星报》,做见习记者。

1918 年

辞去《堪萨斯城星报》职务。5 月,海明威和泰德·布拉姆拜克加入美国红十字协会,任务是去意大利开救护车;到纽约体检;乘"芝加哥号"轮船离开美国前往法国。6 月 4 日,到达意大利,驻扎在意大利北部城市斯奇欧,属于救护四分队。6 月 22 日,海明威主动提出将巧克力和香烟运送给意大利前线部队(部队驻地为皮亚韦河边,威尼斯东北,靠近福萨塔)。

7 月 8 日,在前线观察哨被奥军迫击炮击中受伤,成为第一次世界大战中第一个挂彩的美国人。这一年的其余时间在米兰的红十字医院度过,还被授予意大利十字勋章和银质勇敢奖章。

在医院养伤期间,与护士艾格尼丝·冯·库劳斯基相爱。12月9日,海明威曾去访问艾格尼丝,这是两人最后一次见面。艾格尼丝后来成为海明威的小说《永别了,武器》中女护士凯瑟琳的生活原型。

1919 年

1月4日,海明威因伤退出红十字会救护工作。

1月21日,乘坐"威尔迪号"到达纽约。

5月,海明威到达密歇根北部。

12月,重回橡树园。

1920 年

上半年在多伦多,任《多伦多星报》和《多伦多星报周刊》自由撰稿人。

10月,搬到芝加哥,结识舍伍德·安德森,并遇到了哈德莉·理查逊(Hadley Richardson,1891—1979),两人一见钟情。

12月至次年10月,在月刊《合作共同体》当编辑,并为该杂志撰稿。

1921 年

9月3日,海明威与哈德莉在密歇根的霍顿湾结婚,两人住在芝加哥北克拉克大街1300号的一个公寓里。

12月8日,海明威得到《多伦多星报》驻欧洲特写记者的职位,夫妇两人乘"利奥波德纳号"轮船前往巴黎。

12月20日,到达巴黎,住在雅戈宾馆。

1922 年

该年起,在巴黎一边当记者一边学习写作,与侨居巴黎的美国女作家葛特鲁德·斯泰因、诗人埃兹拉·庞德结识。报道希土战争和洛桑和平会议消息。

1月9日,海明威和哈德莉在勒穆瓦纳主教街79号租了房,前往瑞士蒙特雷市查姆比小镇,开始为期两周的滑雪度假。

3月8日,访问葛特鲁德·斯泰因。

4月6日,海明威前往热那亚报道在那里举行的欧洲经济会议。

4月27日,返回巴黎,海明威和哈德莉返回蒙特雷市查姆比。

9月25日,海明威离开巴黎,去君士坦丁堡,为《多伦多星报》报道希腊土耳其战争。

10月21日,回到巴黎。

11月21日,前往瑞士洛桑报道和平会议。

1923年

1月,海明威和哈德莉在瑞士滑雪度假。

2月7日,去意大利拉帕洛访问埃兹拉·庞德。在那里,他们遇到麦琪·亨利·斯特雷特(他给海明威画了肖像画)和爱德华·奥布莱恩(年度短篇故事选的编辑)。

3月30日,海明威前往德国鲁尔山谷,报道法国和比利时"占领",哈德莉留在柯蒂纳。

4月12日,海明威返回柯蒂纳。

5月2日,离开柯蒂纳前往巴黎。

5月末,前往西班牙。

5月30日,海明威在阿兰基埃兹第一次看到斗牛。

6月中旬,返回巴黎。

7月6日,前往潘普洛纳,第一次参加奔牛节,并爱上西班牙斗牛。

8月,第一本书《三篇故事与十首诗》在法国罗伯特·麦克阿尔蒙接触出版公司(Robert McAlmon's Contact Publishing Company)出版。26日,乘"安德尼亚号"离开欧洲。

9月4日,抵达蒙特利尔。海明威成为《多伦多星报》专职记者。10月10日,哈德莉分娩,约翰·哈德莉·尼卡诺·海明威诞生。

12月末,海明威辞去《多伦多星报》的工作,以便返回巴黎写小说。

1924 年

巴黎版《在我们的时代》在三山出版社(Three Mountains Press)出版。为福特·马多克斯·福特的杂志《跨大西洋评论》(*The Transatlantic Review*)做编辑。到西班牙旅行,在潘普罗纳看斗牛。

1 月 10 日,海明威和哈德莉乘火车离开多伦多前往纽约。

1 月 19 日至 30 日,乘"安东尼亚号"到达瑟堡。

3 月 16 日,他们的儿子"班比"接受洗礼,教父是齐克·多曼-史密斯,葛特鲁德·斯泰因和爱丽丝·B.托克拉斯为教母。

4 月 6 日,海明威离开,独自一人历时六天穿过普罗旺斯。

5 月 1 日,返回巴黎。

6 月 25 日,海明威和哈德莉前往潘普洛纳。在那里,他们与道曼·史密斯、约翰·多斯·帕索斯、唐纳德·奥格登·斯图尔特和乔治·奥尼尔会合。

7 月 6 日,奔牛节开幕,比尔、萨里·伯德和罗伯特·麦克阿尔蒙到来。

7 月 13 日,哈德莉和朋友们到西班牙伯基塔到伊拉提河钓鱼。

7 月 27 日,海明威和哈德莉返回纽约。

12 月 20 日,他们前往奥地利的斯克伦斯度寒假。

1925 年

纽约版《在我们的时代》在美国博奈与利弗莱特出版社(Boni and Liveright Press)出版,包括十五个短篇(《大双心河》一分为二,作者把它看作两篇):

《印第安人营地》

《医生与医生太太》

《一件事情的了结》

《三天大风》

《拳击家》

《一篇非常短的故事》

《士兵之家》

《革命者》
《艾略特夫妇》
《雨中的猫》
《不合时令》
《越过雪原》
《我的老头子》
《大双心河》(一)
《大双心河》(二)

　　这本集子里,每篇小说之间都插了一篇速写短文,共十六篇。短文无题,叙述故事但与小说无关。为什么采取"插叙"的形式？海明威在致批评家埃德蒙·威尔逊的信中解释说:"每篇插入一段文字,是便于细读时有一个整体印象,""或者说,叫你先看看,然后进去,生活在其中——接着走出来,再回头看看。"

　　2月中旬,海明威和哈德莉用了一周时间在斯克伦斯南部山区麦德纳村庄滑雪。

　　3月14日,返回巴黎。经过双方共同的朋友哈罗德·罗比和凯蒂·坎耐尔,海明威结识了保琳和弗吉尼亚·吉尼·帕发弗。保琳当时是《时尚》杂志的记者。

　　4月下旬,海明威在巴黎丁戈酒吧结识司各特·菲兹杰拉德。

　　6月,海明威将菲茨杰拉德夫妇引荐给葛特鲁德·斯泰因。

　　6月,海明威和菲兹杰拉德到里昂。

　　6月12日,海明威以3500法郎买下琼·米罗的画作《农场》。

　　6月25日,海明威和哈德莉前往潘普洛纳,遇到比尔·史密斯、唐纳德·斯图尔特、哈罗德·罗比、达夫·特维斯敦女士和她的未婚夫派特·古特利；

　　7月6日,奔牛节开始,每一天都有公牛的狂奔和斗牛；

　　7月13日,海明威和哈德莉去马德里看更多的斗牛赛,参观国立普拉多美术馆；8月11日,哈德莉返回巴黎。

　　8月18日,海明威返回巴黎。

　　12月11日,海明威和哈德莉前往斯克伦斯。

12月25日,两个人共同的朋友保琳·帕发弗到达斯克伦斯。

12月30日,海明威的签约出版社博奈·利弗莱特出版社将他戏仿安德森的小说《春潮》拒之门外,并由此结束他们之间的合同。

1926年

出版戏仿舍伍德·安德森的小说《春潮》。被誉为"迷惘的一代"代表作的《太阳照常升起》出版。

1月中旬,保琳返回巴黎。

1月末,海明威在巴黎暂停,然后去纽约签订图书出版合同;2月3日,海明威乘"毛里塔尼亚号"离开瑟堡。

2月9日,到达纽约。

2月11日,海明威在斯克莱纳与帕金斯会面,确定《春潮》和《太阳照常升起》的合同。

2月17日,海明威与斯克里布纳出版公司(Charles Scribner's Sons)签订合同。

2月20日,乘"罗斯福号"前往法国,3月1日到达瑟堡。

3月2至3日,与保琳同在巴黎,3月4日返回斯科伦斯。

3月末,海明威和哈德莉返回巴黎。

4月初到5月末,哈德莉、保琳和詹尼·帕发弗同行,穿过卢瓦尔山谷。

5月14日,海明威一人到达西班牙。

5月28日,《春潮》由斯克里布纳出版公司出版。

7月1日,海明威、哈德莉、墨菲和保琳到达潘普洛纳,迎接奔牛节。

7月15日,海明威和哈德莉前往马德里,欣赏更多的斗牛赛。

10月22日,《太阳照常升起》由斯克里布纳出版公司出版。

11月8日,在哈德莉和温尼弗莱德·默勒前往夏特斯旅游期间,海明威照看班比。

11月17日,哈德莉从夏特斯返回巴黎。

12月8日,海明威提交与哈德莉离婚文件。与詹姆斯·乔伊斯、诺拉·乔伊斯、阿达和阿齐鲍尔德·麦克利什在西尔维亚·比奇家就餐。

12月30日,保琳从纽约乘"新阿姆斯特丹号"回来。

12月末,海明威前往瑞士格施塔德,与麦克利什共度一周假期。

1927年

与第一个妻子哈德莉离婚,同记者保琳·帕发弗结婚。

短篇小说集《没有女人的男人》出版,包括十四篇故事:

《没有被打败的人》

《在异乡》

《白象似的群山》

《杀人者》

《祖国告诉你什么?》

《五万元》

《一句简单的问话》

《十个印第安人》

《给她买了一只金丝雀》

《阿尔卑斯山牧歌》

《一场追逐赛》

《今天是星期五》

《平凡的故事》

《现在我躺下》

1月8日,海明威和保琳在瑟堡见面,1月12日两人到达格施塔德。

1月20日,海明威在巴黎与舍伍德·安德森见面。

2月末,海明威、保琳与詹尼从格施塔德的罗斯利宾馆转移到卫根的埃杰宾馆。

3月8日,海明威返回巴黎,带班比到瑞士旅游10天。海明威、保琳和班比同回巴黎。

3月11至13日,哈德莉和温尼·默勒回到夏特斯。

4月16日,哈德莉与班比乘船前往纽约。

5月10日,海明威得到巴黎大主教管辖区可以再婚的允准;海明威与保琳在巴黎结婚。

5月11日,离开巴黎到地中海度蜜月。

5月25日,哈德莉带班比到橡树园,这是海明威父母第一次见到孙子。

6月7日,海明威和保琳返回巴黎。

7月1日,到西班牙观赏奔牛节。

9月24日,海明威和保琳回巴黎,到了菲洛6号新公寓。

11月12日,回到巴黎,与班比和吉尼·帕发弗会合。

1928年

1月15日,海明威仍然在格施塔德,眼睛被班比抓伤,既不能工作,也不能滑雪。

2月12日,海明威回到巴黎。

3月17日,海明威与保琳乘"奥里塔号"经哈瓦那前往基韦斯特,入住西蒙顿街基韦斯特公寓。开始写作《永别了,武器》。

5月31日,海明威和保琳在亚利桑那州的皮格特。

6月17日,因保琳分娩,驱车前往堪萨斯城。

6月28日,保琳的第一个孩子帕特里克·海明威出生。

7月29日至30日,乘火车回皮格特。

7月25日,海明威回堪萨斯城,会见芝加哥的朋友比尔·霍恩,随后乘火车到怀俄明。

10月,海明威动身前往芝加哥,继续向东。

11月8日至17日,到纽约看斗牛,在斯克里布纳出版公司与编辑帕金斯见面,一起看耶鲁—普林斯顿足球赛。

11月18日,取道芝加哥前往皮格特。

12月6日,海明威去纽约会见哈德莉和班比,准备带班比回基韦斯特。

12月6日,海明威和长子班比从纽约回基韦斯特。途经新泽西特伦顿车站时,收到妹妹卡罗尔的电报,告知"父亲于今晨过世",随即将班比托付给列车员,返回橡树园奔丧。葬礼于12月8日周六下午举行。葬礼后,海明威在父亲生前用作办公室的房间里继续写作《永别了,武器》。12月15日晚饭后,海明威最后一次离别橡树园的家。离家前,请母亲格蕾丝为他保留父亲自杀用的手枪作纪念,那是他的祖父传给父亲的。后来,母亲将手枪邮寄到他在基韦斯特的家中。

1929 年

3月16日,海明威、保琳、班比和帕特里克乘渡船从基韦斯特到哈瓦那。

4月5日至21日,前往法国,入住巴黎菲洛公寓6号。

5月5日,海明威夫妇返回欧洲。

6月6日,海明威、格斯叔叔和金妮·菲佛入住巴黎的潘普洛纳波林酒店。

7月,海明威和保琳在瓦伦西亚和圣地亚哥·德孔波斯特拉。

9月27日,长篇小说《永别了,武器》在纽约出版。

10月24日,纽约股市暴跌。

12月20日,海明威夫妇、菲茨杰拉德夫妇,以及多斯·帕索斯与墨菲夫妇在瑞士会合。

12月31日,海明威夫妇返回巴黎。

1930 年

1月9日,海明威夫妇航行去美国,于2月2日到达基韦斯特。

3月15日,麦克斯·珀金斯访问基韦斯特。海明威开始《死在午后》的写作。

4月,约翰和凯蒂·多斯·帕索斯,阿奇和艾达·麦克利什访问基韦斯特。

7月13日,海明威夫妇和孩子们到达怀俄明州的L-Bar-T农场。

11月1日,在蒙大拿州比林斯市附近的车祸中,海明威的右手臂严重骨折。

12月21日,海明威从比林斯医院出院。他和保琳去皮戈特过圣诞节。

1931 年

1月3日,海明威夫妇返回基韦斯特。

3月29日,海明威夫妇在基韦斯特买房,保琳怀孕两个月。

5月,保琳和帕特里克去往巴黎;海明威前往西班牙。

6月26日,海明威和保琳在马德里。

7月6日,海明威,班比和西德尼·富兰克林在潘普洛纳。

7月至8月,海明威夫妇在巴伦西亚,圣地亚哥·德孔波斯特拉和马德里。

9月23日,海明威夫妇航行去纽约。

10月14日,海明威夫妇在堪萨斯城。

11月12日,经过剖腹产手术,格雷戈里·海明威出生。

12月19日,海明威夫妇和两个孩子回到基韦斯特。

1932 年

1月,海明威完成关于西班牙斗牛的专著《午后之死》。

3月,海明威写了《风暴过后》。

4月20日,海明威在哈瓦那停留两个月专门钓鱼。

7月12日,海明威写了《世上的光》。

9月23日,《午后之死》在纽约出版。

10月16日,保琳离开,去往皮戈特。

11月15日,海明威开始写作《两代父子》。

12月,海明威夫妇在皮戈特度过了感恩节到圣诞节的时光。海明威完成了《一个干净明亮的地方》。

1933 年

1月18日至20日,海明威在纽约,遇到了汤姆·沃尔夫和阿诺德·金里奇。

2月至4月,海明威在基韦斯特完成了四篇故事。

4月13日,海明威回到哈瓦那,连续两个月出海钓马林鱼。

5月24日,简·梅森出车祸,海明威的孩子们在车内。

7月3日,海明威的第一任妻子哈德莉在伦敦嫁给了保罗·莫雷尔。

8月,《时尚先生》发表海明威的特稿《摩罗海域的马林鱼——一封古巴来信》。

8月7日,海明威夫妇从哈瓦那航行去西班牙。

8月17日,到达桑坦德。海明威在西班牙待到10月20日。

10月27日,当《胜者无所得》在纽约出版的时候,海明威在巴黎。他完成了《一趟穿越》。海明威、保琳和查尔斯·汤普森从马赛航行继续他们的非洲狩猎之旅。

12月20日,海明威一行离开内罗毕,开始为期两个月的东非狩猎。短篇小说集《胜者无所得》出版。《胜者无所得》包括十四个短篇:

《风暴过后》

《一个干净明亮的地方》

《世上的光》

《上帝愿你们快活,先生们》

《海的变幻》

《你们决不会这样》

《最佳者的母亲》

《一个读者写信》

《向瑞士致敬》

《等了一天》

《死者的自然史》

《怀俄明的酒》

《赌徒、修女和收音机》

《两代父子》

1934 年

1月16日,因患上阿米巴痢疾,海明威飞往内罗毕治疗。

1月21日,再次加入狩猎。

2月28日,海明威夫妇离开非洲,回到巴黎。

3月27日,海明威夫妇航行去纽约,4月3日到达。

4月12日,海明威夫妇返回基韦斯特。

5月11日,海明威带他的"比拉尔号"来到基韦斯特,并开始写作《非洲的青山》。

7月18日,海明威带着"比拉尔号"去了哈瓦那,10月26日返回。11月16日,《非洲的青山》的草稿完成。

12月19日,海明威夫妇离开基韦斯特,去往皮戈特过圣诞节。

1935年

1月至3月,海明威在基韦斯特写作。

4月7日,海明威意外射伤自己的腿。

4月14日,海明威带着"比拉尔号"去往比米尼群岛钓金枪鱼。

5月,《非洲的青山》的第一期连载在斯克里布纳的杂志上发表。

8月15日,海明威回到基韦斯特。

9月2日,飓风登陆马特库姆岛,数百名退伍军人溺亡。

9月17日,《新大众》出版了海明威的《谁杀死了老兵?》。

9月24日,海明威在纽约准备与乔·路易斯·马克斯·贝尔重量级冠军之战;下个月仍留在东部。

10月25日,《非洲的青山》在纽约出版。海明威回到基韦斯特。

1936年

西班牙内战爆发,写文章,发表演说,为西班牙政府捐助资金。两篇重要的短篇小说《乞力马扎罗的雪》和《弗朗西斯·麦康伯短促的幸福生活》在杂志上发表。

2月,海明威与华莱士·史蒂文斯打拳。

4月,海明威完成《乞力马扎罗的雪》和《弗朗西斯·麦康伯短促的幸福生活》的初稿。

4月27日,海明威驾驶"比拉尔号"抵达哈瓦那。

5月27日,海明威回到基韦斯特。

6月4日,海明威启程去比米尼群岛。

7月16日,海明威离开比米尼群岛去往基韦斯特。西班牙内战开始。

7月27日,海明威夫妇离开基韦斯特去往怀俄明州的皮戈特和诺德奎斯特牧场。

10月27日,海明威夫妇带着海明威已经写好的352页《有钱人和没钱人》草稿,启程去基韦斯特。

12月,海明威在基韦斯特与玛莎·盖尔荷恩会面。

1937年

以北美报业联盟记者身份去西班牙采访;出席第二次美国作家大会,作题为《作家与战争》的演讲。出版长篇小说《有钱人和没钱人》。

1月10日,海明威离开基韦斯特前往纽约。

1月25日,海明威回到基韦斯特。

2月17日,海明威返回纽约。

2月27日,海明威作为北美新闻联盟战地记者前往法国。

3月10日,海明威在巴黎。

3月16日,海明威飞往西班牙巴伦西亚,然后乘车前往马德里,很快与玛莎·盖尔荷恩会合。

4月,在报道战争时,海明威与伊文思一起工作,拍摄纪录片《西班牙大地》。

4月26日,格尔尼卡被民族主义者的炸弹摧毁。

5月9日,海明威返回巴黎。

5月12日,海明威在西尔维娅·毕奇的书店朗读部分《有钱人和没钱人》手稿。第二天,启程去纽约。

5月26日,海明威夫妇前往比米尼群岛。

6月4日,海明威飞往纽约,为美国作家会议演讲。两天以后,回到比米尼群岛。

6月20日,海明威安排了一次简短的纽约往返之旅,完成《西班牙大地》。

《有钱人和没钱人》完稿。

7月6日,海明威离开比米尼群岛,前往纽约。

7月8日,海明威,盖尔霍恩和伊文思做客白宫,听取罗斯福对《西班牙大地》的看法。

7月21日,海明威回到比米尼群岛,阅读《有钱人和没钱人》的校样。

8月3日,海明威离开比米尼群岛前往基韦斯特。

8月10日,海明威在纽约。

8月11日,海明威与曾经批评他的左翼作家马克斯·伊士曼在帕金斯办公室发生扭打行为。

8月14日,海明威从纽约启航前往法国。

9月6日,海明威和盖尔霍恩离开巴黎前往马德里。

10月15日,《有钱人和没钱人》在纽约出版。海明威正在写作《第五纵队》。

12月28日,海明威和保琳在巴黎会合。

1938年

为纪录片《西班牙大地》撰写脚本。发表《〈第五纵队〉与第一部四十九个短篇小说集》。《第五纵队》系描写西班牙内战的剧本。"第一部四十九个短篇小说集"除上面提到的所有短篇之外,还增加《世界之都》《桥边的老人》《在密歇根北部》和《在斯密耳纳码头上》等篇。前面附有海明威为该书写的短序。

1月12日,海明威夫妇航行前往拿索、哈瓦那和基韦斯特。

1月29日,海明威夫妇在基韦斯特。

3月19日,海明威从纽约离开,前往法国。

3月31日,海明威和玛莎离开巴黎前往西班牙。

5月16日,海明威和玛莎返回巴黎。

5月30日,海明威到达纽约,随后去往基韦斯特。

6月22日,海明威飞往纽约参加路易斯-施梅林重量级拳击赛。

8月4日,海明威夫妇离开基韦斯特前往 L-Bar-T 农场。

8月31日,海明威飞往法国,在那里与玛莎见面。整个九月和十月他们一起居住在法国。

10月22日,《第五纵队和首辑四十九篇短篇小说》在纽约出版。

11月24日,当海明威从法国返回时,保琳在纽约。

12月5日,海明威夫妇返回基韦斯特。

1939年

佛朗哥政府胜利,西班牙内战结束。第二次世界大战爆发。

1月,海明威和玛莎于1月初返回纽约。他的戏剧《第五纵队》正在制作。

1月24日,海明威飞回基韦斯特。

2月8日,海明威的妈妈来访六天。

2月15日,海明威抵达哈瓦那,并开始写作《丧钟为谁而鸣》。

3月14日,海明威返回基韦斯特,已经写完《丧钟为谁而鸣》前两章。

4月5日,海明威驾驶"比拉尔号"返回哈瓦那,与玛莎见面。

5月,玛莎租下瞭望山庄,海明威搬去与她同住。

1940年

长篇小说《丧钟为谁而鸣》出版。与第二任妻子保琳离婚,同作家兼记者玛莎·盖尔荷恩结婚。

3月7日,《第五纵队》在纽约上演。

7月25日,海明威将《丧钟为谁而鸣》的打印稿提交给斯克里布纳出版公司。

9月,玛莎·盖尔荷恩,海明威和他的三个儿子住在太阳谷旅馆。

10月21日,《丧钟为谁而鸣》出版。

11月21日,海明威和玛莎在怀俄明州夏延结婚。

12月21日,斯科特·菲茨杰拉德去世。

1941年

与玛莎来中国采访抗日战争。

1月31日,海明威夫妇离开圣弗朗西斯科,前往中国战区。

2月至4月,足迹涉及夏威夷、香港、南雄、广东前线、重庆、仰光。

4月29日,海明威回到香港。

5月6日至17日,海明威飞行至马尼拉、关岛、威克岛、夏威夷、圣弗朗西斯科。

6月1日至15日,海明威和玛莎在纽约市,随后回到古巴。

9月中旬,海明威夫妇在太阳谷旅馆停留。

10月27日,玛莎的书《另一个人的心》出版。

12月3日,离开太阳谷旅馆,返回古巴。

12月7日,日本偷袭珍珠港。

1942年

改装私人渔船"比拉尔号",搜索古巴近海德军潜艇;为描写历史战争的文学作品选《战争中的人们》写序。

3月至4月,海明威修订《战斗者》,并撰写序言。

5月,德国潜艇开始突袭墨西哥湾。海明威建议使用"比拉尔号"武装巡逻。他还在古巴发起了一项反间谍行动。

7月16日,玛莎离开,为《柯里厄》杂志开始为期两个月的加勒比海工作。

7月28日,"比拉尔号"在古巴水域第一次短途巡逻。

8月,沿着西北海岸,进行了更多的短途巡逻。

11月,反间谍活动被古斯塔沃·杜兰接替。

12月20日,"比拉尔号"开始第一次武装巡航。

1943年

1月至3月,"比拉尔号"沿着古巴西北港口短途巡航。

5月20日至6月20日,"比拉尔号"首次在旧巴哈马海峡延长巡逻。

6月27日,玛莎完成小说 Liana。

8月至9月,"比拉尔号"在港口修整并等待下一个任务。

9月20日,玛莎为《柯里厄》杂志前往英国工作。

10月至12月,海明威独自在瞭望山庄。没有进一步的巡逻安排。

1944 年

以《柯里厄》杂志特派记者身份去欧洲采访。在伦敦遭遇车祸，头部负伤。为解放巴黎与游击队一起收集情报。因违反战时记者不得参与战斗的规定接受审查。

2月1日，海明威停止"比拉尔号"的巡逻。

3月13日，玛莎从英国返回古巴。

4月23日，海明威和玛莎飞往纽约，他成为《柯里厄》杂志的前线记者。

5月13日，玛莎乘坐货轮前往英国。

5月17日，海明威乘坐军用飞机到达英国，很快见到了玛丽·威尔士。

5月23日，海明威遭遇车祸，导致严重的头皮撕裂和脑震荡。

6月6日，诺曼底登陆日：海明威在奥马哈海滩。

6月15日至30日，海明威与英国皇家空军一起执行任务。

7月18日，和巴顿将军的军队在法国内乌。

7月28日，海明威加入第22步兵团。

8月18日至24日，海明威与战略情报局的大卫·布鲁斯在朗布依埃。

8月25日，巴黎解放。海明威在丽兹酒店。

9月7日，海明威离开巴黎，重新加入第22步兵团。

9月26日，海明威和玛丽·威尔什回到巴黎。

10月6日，海明威洗清了武装记者的指控，停留在巴黎。

11月9日，海明威回到第22步兵团，参加12月3日的许特根森林战役。

1945 年

第二次世界大战结束。回古巴。同玛莎·盖尔荷恩离婚。

3月6日，海明威离开巴黎返回古巴。

4月12日，富兰克林·德拉诺·罗斯福总统在办公室去世。

5月8日，玛丽到达并住在瞭望山庄。德国投降。

6月20日，海明威开车时发生车祸，玛丽住院。

10月至12月，海明威在战前，开始创作比米尼岛小说。

1946 年

与玛丽·威尔什(《时代》杂志伦敦分社工作人员)结婚。
2月至6月,海明威极度抑郁,但是稳定地创作比米尼小说。
3月13日,海明威和玛丽结婚。玛丽怀孕。
7月21日,海明威已经完成了1000页比米尼小说。
7月28日,葛特鲁德·斯泰因在巴黎去世。
8月19日,去爱达荷州凯彻姆的途中,玛丽的输卵管破裂。紧急手术之后,玛丽几乎丧命。
9月12日,海明威和玛丽到达凯彻姆。
11月18日,海明威夫妇离开凯彻姆去往新奥尔良。
12月1日,海明威夫妇在纽约市。

1947 年

因战时报道的功绩获铜奖。
6月13日,海明威因二战期间的贡献,被授予铜星勋章。
6月17日,麦克斯·珀金斯去世。
11月至12月,海明威在凯彻姆继续写作比米尼小说。
12月24日,海明威遇到莉莉安·罗斯。

1948 年

2月1日至20日,海明威和玛丽离开凯彻姆并返回古巴。
3月7日,马尔科姆·考利到达哈瓦那,为《生活》杂志撰写关于海明威的文章。
3月,彼得·维尔特和约翰·休斯顿到达哈瓦那。
6月,亚伦·霍奇纳到达哈瓦那。
9月7日,海明威夫妇从哈瓦那航行去往意大利。
9月25日,海明威夫妇离开热那亚,驱车前往意大利北部。

10月22日,海明威夫妇抵达威尼斯格瑞提皇宫酒店。
11月1日,海明威夫妇去往托尔切洛的洛坎达西普里亚尼酒店。
11月,海明威为《假日》杂志写作《伟大的蓝色河流》。
12月中旬,回到威尼斯后,海明威遇见阿德里安娜·伊万契奇。

1949年

旅居意大利时枪伤眼部。
1月21日,玛丽滑雪时摔断右脚踝。
3月上旬,海明威夫妇回到威尼斯,会见辛克莱·刘易斯。
3月中旬,他们返回科尔蒂纳。海明威开始写作一篇短篇小说,这部小说将发展为《过河入林》。
3月28日,海明威的眼睛感染丹毒。他在一家帕多瓦医院住了十天。
4月30日,海明威夫妇从热那亚航行返回古巴。
5月27日,抵达瞭望山庄。
7月至10月,海明威稳定地写作《过河入林》。
9月,海明威与《大都会》杂志签约,连载《过河入林》。
11月16日,海明威和玛丽飞往纽约,途经法兰西岛飞往欧洲。
11月至12月,海明威夫妇,维尔特夫妇和霍奇纳在巴黎相聚。
12月24日,海明威和随从人员离开巴黎,驱车前往普罗旺斯。

1950年

发表长篇小说《过河入林》。
1月,海明威夫妇回到威尼斯的格瑞提皇宫酒店。
2月,海明威在威尼斯和科尔蒂纳之间往返,玛丽在那滑雪时摔断右脚踝。《过河入林》的首期连载出现在《大都会》杂志上。
3月7日,海明威夫妇驱车离开威尼斯前往巴黎。
3月21日,海明威夫妇离开丽兹酒店,在回家的途中遇到法兰西岛。
3月27日至4月6日,海明威夫妇在纽约。
4月8日,海明威夫妇达到古巴。

5月13日,莉莉安·罗斯的海明威"档案"刊登在《纽约客》。
6月3日,海明威完成《过河入林》图书排版的修订。
7月,海明威在登上"比拉尔号"时,再次遭受脑震荡。
9月7日,《过河入林》在纽约出版。
10月28日,阿德里安娜和她的母亲朵拉·伊万契奇到达瞭望山庄。
11月至12月,海明威完成了他的比米尼小说,命名为《岛在湾流中》。

1951年

1月,海明威开始写作《老人与海》。
2月7日,玛丽、阿德里安娜和她的母亲离开古巴,去纽约旅行。
2月17日,海明威完成《老人与海》的初稿。
4月至10月,海明威在修改和删减那部比米尼小说。
7月28日,格蕾丝·海明威去世。海明威没有参加葬礼。
10月2日,保琳·帕发弗·海明威在洛杉矶去世。

1952年

中篇小说《老人与海》在《生活》杂志发表,同年出单行本。
2月11日,老查尔斯·斯克里布纳在纽约去世。
5月4日,海明威开始写《最后一方净土》。
9月1日,《生活》杂志整期版面刊登《老人与海》。
9月8日,斯克里布纳出版了这部小说的精装版。

1953年

《老人与海》获得普利策奖。去西班牙、非洲旅游。
5月4日,海明威因《老人与海》获得普利策奖。
6月24日,海明威和玛丽乘坐"弗兰德"号从纽约出发前往欧洲。
6月30日,他们在勒阿弗尔上岸,并驱车前往巴黎。
7月3日,驾车离开巴黎前往西班牙。

7月6日至14日,在潘普洛纳度过节。
8月6日,海明威夫妇登上马赛的唐诺塔城堡,然后前往蒙巴萨。
9月至12月,海明威夫妇在肯尼亚狩猎。

1954年

在非洲飞机失事,头部又受重伤。获得诺贝尔文学奖。出现在《纽约客》。
1月21日,狩猎结束。
1月23至24日,海明威和玛丽在默奇森瀑布的两起飞机失事中幸存。
2月,在内罗毕康复时,海明威写了《圣诞节礼物》。
2月22日,海明威和玛丽一起在蒙巴萨钓鱼。
3月11日,海明威夫妇在蒙巴萨登上"非洲号",前往威尼斯。
3月23日,海明威夫妇到达威尼斯。
3月,海明威接受美国艺术与文学学院荣誉奖章。
5月6日,霍奇纳和海明威驱车离开威尼斯前往西班牙。
5月15日至17日,海明威参加了马德里的圣伊西德罗节。
6月6日,海明威夫妇在热那亚登上"弗朗切斯科·莫罗西尼"号,去往哈瓦那。
7月21日,海明威被授予古巴的最高公民奖,卡洛斯·曼努埃尔·德·塞斯佩德斯勋章。
10月28日,海明威获得诺贝尔文学奖。他正在写作一部非洲小说——《曙光示真》(1999)。

1955年

1月至6月,海明威继续写作那部非洲小说。
7月至9月,海明威协助改编电影剧本和拍摄《老人与海》。
10月至11月,海明威继续写作非洲小说。
11月20日,海明威患肾炎和肝炎,一直卧床到一月份。

1956 年

2月10日,海明威放弃非洲小说,继续《老人与海》的拍摄工作。

4月至5月,海明威和玛丽在秘鲁,为电影钓大马林鱼。

5月23日,海明威夫妇回到瞭望农场。海明威写了几篇关于二战的短篇小说。

9月1日,海明威夫妇登上"法兰西岛"号,前往欧洲。

9月17日,离开巴黎,驱车前往西班牙。

9月至10月,参加西班牙的斗牛。

11月17日,离开西班牙,回到巴黎。

1957 年

1月23日,海明威和玛丽登上"法兰西岛"号回到纽约。他们带回来两个存储在丽兹酒店的行李箱,里面装满了海明威20世纪20年代的稿件。

2月至6月,海明威在瞭望农场写作,作品就是后来的《伊甸园》(1986)。

7月,海明威开始写作他的回忆录,即去世后出版的《流动的圣节》。

9月22日至28日,海明威,玛丽和丹尼斯·扎菲洛在纽约市。

10月至12月,海明威继续写作非洲小说和回忆录。

12月,卡斯特罗开始推翻古巴巴蒂斯塔政府的革命。

1958 年

1月至7月,海明威稳定地写作他的巴黎回忆录和《伊甸园》。

5月7日,埃兹拉·庞德从圣伊丽莎白医院出院。

8月,海明威在凯彻姆租下一套房子过冬。

10月6日至15日,海明威驱车从基韦斯特去往凯彻姆,玛丽在那和他会合。

11月至12月,海明威在早晨写作,在下午打猎。

12月31日,巴蒂斯塔逃离古巴。卡斯特罗革命胜利。

1959 年

去西班牙看斗牛。

1月至2月,海明威继续在凯彻姆创作《伊甸园》,已经写到45章。

2月18日,泰勒·威廉姆斯去世。

3月16至29日,海明威和玛丽离开凯彻姆,去哈瓦那旅行。

4月,海明威买下托平在凯彻姆的房子。

4月22日,海明威夫妇登上"宪法"号前往西班牙的阿尔赫西拉斯。

5月,海明威在 La Consula(马拉加附近比尔·戴维斯的房产)写《短篇小说的艺术》。

6月至9月,海明威一直关注奥尔多内斯-多明金斗牛。

7月7日至14日,在潘普洛纳的节日,瓦莱丽·丹比·史密斯加入海明威的聚会。

7月21日,海明威的六十岁生日派对在 La Consula 举办。

9月20日,玛丽从马德里飞往巴黎然后回到哈瓦那,威胁要离开海明威。

10月27日,海明威乘坐"自由"号前往纽约。

11月1日,到达纽约,将巴黎回忆录留给斯克里布纳出版公司。

11月4日,海明威、安东尼奥和卡门·奥多涅斯到达哈瓦那机场。

11月19日,海明威和奥多涅斯夫妇到达凯彻姆。

11月27日,玛丽在打猎事故中胳膊肘碎裂。

12月,在凯彻姆,海明威变得更加偏执和沉默寡言。

1960 年

迁居爱达荷州。《生活》杂志连载以斗牛为题材的小说《危险的夏天》。病重住院。

1月至5月,海明威稳定地写作《危险的夏天》。

1月17日,海明威和玛丽乘火车去往迈阿密,然后飞往哈瓦那。

2月8日,瓦莱丽抵达,成为海明威的秘书。

7月25日,海明威、玛丽和瓦莱丽乘渡船离开哈瓦那,去往基韦斯特。

8月4日,海明威飞往马德里。玛丽和瓦莱丽留在纽约。

8月20日,玛丽让瓦莱丽去西班牙和海明威会合。

10月8日,海明威回到纽约。很快,他和玛丽去往凯彻姆。

10月至11月,海明威的不稳定情绪、偏执和沮丧变得更糟糕。

11月30日,乔治·萨维尔斯医生和海明威一起飞往梅奥诊所,他在那里接受电击治疗。

1961 年

出院。7月2日在家中自杀。

1月22日,海明威从梅奥诊所出院并返回凯彻姆。

2月至3月,海明威日渐消瘦,无法写作,变得越发阴郁。

4月15日,美国在古巴猪湾惨败。

4月21日,海明威射杀自己未遂,服镇静剂后住进凯彻姆医院。

4月24日,第二次自杀未遂。

4月25日,海明威飞回梅奥诊所。

5月23日,玛丽在梅奥诊所探望海明威,发现他并没有好转。医生意见与之相左。

6月26日至30日,海明威从梅奥诊所出院,开车前往凯彻姆。

7月2日,欧内斯特·海明威用他最喜欢的猎枪自杀。

1962 年

《马克·吐温》杂志刊登了海明威1954年接受诺贝尔文学奖时写的答谢词讲稿。

1964 年

海明威妻子玛丽整理出版他关于二十年代巴黎生活的回忆录《流动的圣节》(又译《不固定的圣节》)。

1967 年

经威廉姆·怀特整理的《海明威四十年报刊文选》出版。

1969 年

海明威生前正式认定的传记作者卡洛斯·贝克教授出版《海明威的生平故事》。

1970 年

海明威妻子与出版者整理出版大约与《老人与海》同时写的长篇小说《湾流中的岛屿》。

1971 年

《尼克·亚当斯故事集》出版,收入以尼克为主人公的短篇小说二十四篇,其中未发表过的八篇:

《三声枪响》

《印第安人搬走了》

《最后一片净土》(没有写完)

《过密西西比河》

《登陆前夕》

《夏天的人们》

《结婚之日》

《写作》

1981 年

经卡洛斯·倍克选编、整理的《海明威书信集》出版,收集 1917 年至 1961 年间海明威书信近六百封。

1986 年

长篇小说《伊甸园》(1946 年写)出版。

1999 年

经帕特里克·海明威编辑整理的《曙光示真》出版。

附 录 二

中英文对照表

人名中英文对照表

D. H. 劳伦斯 David Herbert Lawrence
J. F. 曼雷 J. F. Man Ray
T. S. 艾略特 T. S. Eliot
阿多诺 Theodor Wiesengrund Adorno
阿尔伯特·史怀泽 Albert Schweitzer
阿尔都塞 Louis Althusser
阿格纽斯 Agnes von Kurowsky
阿施利(爵爷) Lord Ashley
阿图罗·巴雷亚 Arturo Barea
埃德加·里斯·巴勒斯 Edgar Rice Burroughs
埃德蒙·威尔逊 Edmund Wilson
埃尔特 Erté(Romain de Tirtoff)
埃斯特拉达·帕尔马 Estrada Palma
艾兰·阿尔德里奇 Aline Aldridge
艾森豪威尔 Dwight David Eisenhower
安德烈·勒弗菲尔 André Lefevere
安东尼·伯吉斯 Anthony Burgess

安塞尔莫 Anselmo
岸·普特南 Ann Putnam
奥利·安德烈森 Ole Andreson
巴比特 Babbitt
巴勃罗 Pablo
巴尼·德莱弗斯 Barney Dreyfuss
班吉 Benjamin (Benjy) Compson
保琳 Pauline Pfeiffer
保罗·约翰逊 Paul Johnson
本雅明 Walter Benjamin
比尔 Bill Gorton
比拉尔 Pilar
波德莱尔 Charles Pierre Baudelaire
波德里亚 Jean Baudrillard
波妮丝 Bernice
伯纳德·贝瑞孙 Bernard Berenson
伯纳德·迪瓦图 Bernard De Voto
勃莱特·阿施利 Brett Ashley
布鲁斯·达德利 Bruce Dudley
查尔斯·汤普森 Charles Thompson
查理·卓别林 Charlie Chaplin
昌西·休·斯蒂甘德 Chauncey Hugh Stigand
大卫·O. 塞尔兹尼克 David O. Selznick
大卫·达姆若什 David Damrosch
大卫·佩珀 David Pepper
戴安娜 Diana Scripps
戴维 David
黛芭 Debba
黛布拉 Debra A. Moddelmog

丹尼尔·贝尔 Daniel Bell
德洛歇 Leo Durocher
狄克·西斯勒 Dick Sisler
狄马吉欧 Joe DiMaggio
笛福 Daniel Defoe
杜鲁门 Harry S. Truman
段义孚 Yi-Fu Tuan
多斯·帕索斯 John Dos Passos
菲茨杰拉德 Francis Scott Key Fitzgerald
菲尔诺 Ferno(John Fernhout)
菲利普·帕西瓦尔 Philip Percival
菲利普·扬 Philip Young
菲利普上校 Colonel Phillips
菲尼托 Finito De Palencia
费斯克 John Fiske
弗吉尼亚·沃尔夫 Adeline Virginia Woolf
弗兰克·M.劳伦斯 Frank M. Laurence
弗朗西斯·麦康伯 Francis Macomber
弗雷德·格雷 Fred Grey
弗雷德里克·亨利 Frederic Henry
弗雷德里克·卡特宁·塞罗斯 Frederick Courteney Selous
弗雷德里克·詹姆逊 Fredric Jameson
福克纳 William Faulkner
福特·马多克斯·福特 Ford Madox Ford
盖尔·D.辛克莱 Gail D. Sinclair
哥德曼 Lucien Goldmann
格劳丽娅·霍兰德 Gloria Holland
格雷戈里奥·富恩特斯 Gregorio Fuentes
格里高尔 Gregor Samsa

葛丽泰·嘉宝 Greta Garbo
哈德莉 Hadley Richardson
哈丁 Warren Gamaliel Harding
哈利 Harry
哈莉·贝瑞 Halle Berry
海德格尔 Martin Heidegger
何塞利托 Joselito
荷马 Ὅμηρος/Homer
贺拉斯·利夫莱特 Horace Liveright
赫·欧·贝茨 Herbert Ernest Bates
赫伯特·乔治·威尔斯 Herbert George Wells
亨利·卡波特·洛奇 Henry Cabot Lodge
亨利·詹姆斯 Henry James
胡佛 Herbert Hoover
华莱士·梅耶 Wallace Meyer
霍克海默 Max Horkheimer
霍契勒 Aaron Edward Hotchner
吉姆 Jim Gilmore
吉奇大神 Gitchi Manitou
加里·库珀 Gary Cooper
杰弗里·迈耶斯 Jeffrey Meyers
杰克·巴恩斯 Jack Barnes
卡尔 Karl Kabor
卡尔维诺 Italo Calvino
卡夫卡 Franz Kafka
卡林内斯库 Matei Calinescu
卡洛斯·贝克 Carlos Baker
卡洛斯·古铁雷斯 Carlos Gutierrez
凯蒂 Candace（Caddy）Compson

凯瑟林 Catherine Barkley
坎特韦尔上校 Colonel Richard Cantwell
康迪斯基 Kandinsky
康拉德·艾肯 Conrad Aiken
康拉德 Joseph Conrad
康马杰 Henry Steele Commager
柯立芝 John Calvin Coolidge
科恩 Robert Cohn
科科·夏奈尔 Coco Chanel(Gabrielle Bonheur Chanel)
克尔凯郭尔 Soren Aabye Kierkegaard
克莱勃斯 Harold Krebs
莱昂内尔·特里林 Lionel Triling
莱斯利·M. M. 布鲁姆 Lesley M. M. Blume
兰·乌斯比 Ian Ousby
劳拉·格鲁贝尔·戈弗雷 Laura Gruber Godfrey
劳伦斯·R. 布鲁尔格 Lawrence R. Broer
劳伦斯·马丁 Lawrence H. Martin
雷娜塔 Renata
雷切尔·卡森 Rachel Carson
理查德·P. 亚当斯 Richard P. Adams
理查德·哈丁·戴维斯 Richard Harding Davis
利兰·海沃德 Leland Haywad
莉莲·罗斯 Lillian Ross
莉芝 Liz Coates
刘易斯 Wyndham Lewis
卢克 Adolfo Luque
鲁滨孙 Robinson Crusoe
露丝·莱维塔斯 Ruth Levitas
罗伯特·弗罗斯 Robert Frost

罗伯特·乔丹 Robert Jordan
罗伯特·尧斯 Hans Robert Jauss
罗梅罗 Pedro Romero
马尔科姆·考利 Malcolm Cowley
马克·斯毕尔卡 Mark Spilka
马克·吐温 Mark Twain(Samuel Langhorne Clemens)
马克斯·韦伯 Max Weber
马克斯·伊斯特曼 Max Eastman
马克斯韦尔·帕金斯 Maxwell Perkins
马龙·白兰度 Marlon Brando
马诺林 Manolin
马歇雷 Pierre Macherey
玛格丽特·安德森 Margaret C. Anderson
玛丽·海明威 Mary Welsh Hemingway
玛丽亚 Maria
玛莎·盖尔荷恩 Martha Gellhorn
迈克·贡萨雷斯 Mike Gonzalez(Miguel González)
迈克 Mike Campbell
迈克尔·贝尔 Michael Bell
迈克尔·雷诺兹 Michael S. Reynolds
麦迪逊·格兰特 Madison Grant
麦尔维尔 Herman Melville
麦卡锡 Joseph McCarthy
麦克阿瑟 Douglas MacArthur
麦克斯·帕金斯 Maxwell Perkins
曼迪 Mandy
曼纽尔·加西亚 Manuel Garcia
蒙托亚 Montoya
孟德尔 Gregor Johann Mendel

梦露 Marilyn Monroe
米格尔·科瓦鲁比亚斯 Miguel Covarrubias
莫比·迪克 Moby Dick
莫顿·道温·扎贝尔 Morton Dauwen Zabel
姆科拉 M'Cola
娜拉 Nora Helmer
尼采 Friedrich Wilhelm Nietzsche
尼克 Nick Adams
诺顿 Bryan G. Norton
欧内斯特·海明威 Ernest Hemingway
帕特里克·海明威 Patrick Hemingway
帕特里夏·邓拉维·瓦伦蒂 Patricia Dunlavy Valenti
派克 Gregory Peck
庞德 Ezra Pound
皮特·海斯 Peter L. Hays
普鲁迪·博尔顿 Prudence Boulton
普鲁斯特 Marcel Proust
普罗登斯·米切尔 Prudence(Prudie)Mitchell
乔·加纳 Joe Garner
乔伊斯 James Joyce
乔治·哈罗德·西斯勒 George Harold Sisler
乔治五世 George V
日比嘉高 HIBI Yoshitaka
塞缪尔·约翰逊 Samuel Johnson
塞西莉亚 Cecilia Konchar Farr
舍伍德·安德森 Sherwood Anderson
圣地亚哥 Santiago
叔本华 Arthur Schopenhauer
司各特·唐纳逊 Scott Donaldson

斯克里普斯 Scripps O'Neil
斯庞奇·马丁 Sponge Martin
斯泰因 Gertrude Stein
斯通沃尔·杰克逊 Stonewall Jackson(Thomas Jonathan Jackson)
苏珊·海华 Susan Hayward
唐纳德·琼金斯 Donald Junkins
堂吉列尔莫 Don Guillermo
特萝迪 Trudy
童贞圣母 Virgin Mary
托克维尔 Alexis-Charles-Henri Clérel de Tocqueville
托马斯·杰克逊 Thomas Jonathan Jackson
托马斯·沃尔夫 Thomas Clayton Wolfe
威尔·凯恩 Will Kane
威尔逊（总统）Thomas Woodrow Wilson
威廉·怀特 William White
威廉·斯普拉特林 William Spratling
温迪·马丁 Wendy Martin
西奥多·罗斯福 Theodore Rosevelt
西尔维亚·比奇 Sylvia Beach
西格蒙德·弗洛伊德 Sigmund Freud
小查尔斯·斯克里布纳 Charles Scribner，Jr.
肖恩·海明威 Seán Hemingway
星期五 Friday
休·尼尔森 Hugh Nelson
亚哈船长 Captain Ahab
尧姆·布兰克 Guillaume Blanc
伊迪丝·沃顿 Edith Newbold Jones
伊凡·卡斯金 Ivan Kaskin
伊凡·卡许基恩 Ivan Kashkin

伊夫·瓦岱 Yves Vadé
伊格尔顿 Terry Eagleton
伊利格瑞·露茜 Luce Irigaray
伊斯雷尔·赞格威尔 Israel Zangwill
伊文思 Joris Ivens
易卜生 Henrik Ibsen
英格丽·褒曼 Ingrid Bergman
尤尔根·哈贝马斯 Jürgen Habermas
于连·沃尔夫莱 Julian Wolfley
瑜伽 Yogi Johnson
约翰·J·麦格罗 John J. McGraw
约翰·奎恩 John Quinn
约翰·昆西·亚当斯 John Quincy Adams
约翰·梅斯菲尔德 John Masefield
约翰·斯托克顿 John Stockton
约翰·堂恩 John Donne
詹姆斯·L.卡斯特里 James L. Kastely
詹姆斯·艾·米切纳 James Michener
詹姆斯·纳戈尔 James Nagel
朱迪斯·巴特勒 Judith Butler
朱玛 Juma

书刊名中英文对照表

《白鲸》 *Moby Dick*
《白种佬》 "The White Guy"
《北达科他季刊》 *North Dakota Quarterly*
《变形记》 *The Metamorphosis*
《勃莱特·阿施利：〈太阳照常升起〉中的新女性》 "Brett Ashley: The New Woman in *The Sun Also Rises*"

《不被打败的人》The Undefeated
《春潮》The Torrents of Spring
《岛在湾流中》Island in the Stream
《道斯土地专有权法》Dawes Allotment Act
《第十八条宪法修正案》The 18th Amendment to the Constitution
《第五纵队和四十九篇短篇小说集》The Fifth Column and the Forty-Nine Stories
《电影先驱》Motion Picture Herald
《多伦多星报》Toronto Star
《多伦多星报周刊》Toronto Star Weekly
《翻译、改写以及对文学名声的制控》Translation, Rewriting and the Manipulation of Literary Fame
《非一的性别》This Sex Which Is Not One
《非洲的青山》Green Hills of Africa
《非洲游猎行踪记》African Game Trails
《弗朗西斯·麦康伯短促的幸福生活》The Short Happy Life of Francis Macomber
《国家》Nation
《过河入林》Across the River and into the Trees
《哈姆莱特》Hamlet
《海明威：1930年代》Hemingway: The 1930s
《海明威：巴黎岁月》Hemingway: The Paris Years
《海明威：归乡》Hemingway: The Homecoming
《海明威：最后的岁月》Hemingway: The Final Years
《海明威：作为艺术家的作家》Hemingway: The Writer As Artist
《海明威》Hemingway
《海明威的〈太阳照常升起〉》Critical Essays on Ernest Hemingway's The Sun Also Rises
《海明威的补偿道德》"Hemingway's Morality of Compensation"

《海明威批评遗产》Hemingway: The Critical Heritage
《海明威评论》The Hemingway Review
《海明威通讯》Hemingway Newsletter
《海明威新闻集》By-Line: Ernest Hemingway
《海明威与女性：女性批评者与女性声音》Hemingway and Women: Female Critics and the Female Voice
《海明威与我们》"Hemingway and Ourselves"
《海明威在我们的时代里》"Hemingway in out Times"
《海外浪游记》A Tramp Abroad
《黑色的笑声》Dark Laughter
《怀俄明葡萄酒》Wine of Wyoming
《荒原》The Waste Land
《寂静的春天》The Silent Spring
《假日》Holiday
《敬畏生命》Reverence for life
《堪萨斯城明星报》The Kansas City Star
《看客》Look
《柯立尔》Collier's
《跨大西洋评论》The Transatlantic Review
《老人与海》The Old Man and the Sea
《〈老人与海〉解读》Understanding The Old Man and the Sea
《了不起的盖茨比》The Great Gatsby
《两代父子》Fathers And Sons
《流动的圣节》A Moveable Feast
《流放者的归来——二十年代的文学流浪生涯》Exiles Return: A Literary Odyssey of the Nineteen-Twentieth
《鲁滨孙漂流记》Robinson Crusoe
《论文学乌托邦的诗学》"The Narrative Staging of Image and Counter-Image: On the Poetics of Literary Utopias"

《马克思主义与文学批评》Marxism and Literary Criticism
《没有女人的男人》Men Without Women
《美国精神》The Spirit of American
《名利场》Vanity Fair
《男人》Man
《尼克·亚当斯的故事》The Nick Adams Stories
《纽约客》The New Yorker
《纽约时报》New York Times
《"哦,放这鸟儿一马吧":海明威的〈春潮〉中的自然与诋毁》"'Oh, give the Bird a Chance': Nature and Vilification in Hemingway's The Torrents of Spring"
《欧内斯特·海明威》Ernest Hemingway
《批评关键词:文学与文化理论》Critical Keywords in Literary and Cultural Theory
《普拉特修正案》Platt Amendment
《乞力马扎罗的雪》The Snow of Kilimanjaro
《青年海明威》The Young Hemingway,1986
《人猿泰山》Tarzan the Ape Man
《熔炉》The Melting Pot
《三篇故事和十首诗》Three Stories and Ten Poems
《丧钟为谁而鸣》For Whom the Bell Tolls
《傻子出国记》The Innocents Abroad
《舍伍德·安德森及其他著名的克里奥尔人》Sherwood Anderson and Other Famous Creoles
《生活》Life
《圣经·路加福音》The Bible · The Gospel of Luke
《圣路易斯邮讯报》St. Louis Post-Dispatch
《胜者无所得》Winner Take Nothing
《十个印第安人》Ten Little Indians

《时尚先生》Esquire
《士兵之家》Soldier's Home
《曙光示真》True at First Light
《斯克里布纳氏杂志》Scribner's Magazine
《死在午后》Death in the Afternoon
《太阳照常升起》The Sun Also Rises
《〈太阳照常升起〉与〈荒原〉》"Sunrise out of the Waste Land"
《太阳照样升起：一部 20 年代的小说》The Sun Also Rises: A Novel of the Twenties
《玩偶之家》A Doll's House
《危险的夏天》The Dangerous Summer
《威尔士亲王和其他著名美国人》Prince of Wales & Other Famous Americans
《我躺下》Now I Lay Me
《乌托邦概念》The Concept of Utopia
《午报》Afternoon News
《西班牙大地》The Spanish Earth
《先驱论坛报》New York Herald Tribune Books
《现代生活的画家》The Painter of Modern Life
《现代小说佳作 99 种提要》99 Novels: The Best in English Since 1939
《现代性，现代主义，现代化——现代主题的变奏曲》"Modernity, Modernism, Modernization: Variations on Modern Themes"
《相互依存宣言：一种新的全球伦理学》The Declaration of Interdependence: A New Global Ethics
《消费社会》Consumer Society
《小城畸人》/《俄亥俄州温士堡镇》Winesburg, Ohio
《小评论》杂志 The Little Review
《新共和》New Republic
《新教伦理与资本主义精神》The Protestant Ethic and the Spirit of Capitalism
《新马萨斯》New Mather Metals

《新闻周刊》Newsweek
《星期六文学评论》The Saturday Review of Literature
《性别麻烦》Gender Trouble: Feminism and the Subversion of Identity
《喧哗与骚动》The Sound and the Fury
《一个非洲故事》"An African Story"
《一个猎人的非洲游猎记》A Hunter's Wanderings in Africa
《医生与医生太太》The Doctor and the Doctor's Wife
《意志力:海明威传》By Force of Will: The Life and Art of Ernest Hemingway
《印第安人搬走了》The Indians Moved Away
《印第安人营地》Indian Camp
《英属东非的狩猎游戏》The Game of British East Africa
《英语评论》English Review
《永别了,武器》A Farewell to Arms
《尤利西斯》Ulysses
《有钱人和没钱人》To Have and Have Not
《阅读欲望:追寻海明威》Reading Desire: In Pursuit of Ernest Hemingway
《在非洲猎象》Hunting the Elephant in Africa
《在蓝色的大海上》On the Blue Water
《在密执安北部》Up in Michigan
《在我们的时代》In Our Time
《战时奖章贱卖》War Medals on Sale
《整个巴黎属于我》Everybody Behaves Badly: The True Story Behind Hemingway's Masterpiece 'The Sun Also Rises'
《正午之牛》Bull in the Afternoon
《芝加哥论坛报》Chicago Tribune
《最后一片净土》The Last Good Country
《敌人》杂志 The Enemy

术语中英文对照表

"超个人的精神结构" trans-individual mental structures

白人性 whiteness
冰山原则 Iceberg Principle
博物学 natural history
布卢姆斯伯里团体 Bloomsbury group
词源学 etymology
大众文化 popular culture
二元对立 binary opposition
负伤理论 trauma theory
个人主义 individualism
工具理性 instrumental rationality
工业文明 industrial civilization
共同体 community
后殖民主义 postcolonialism
黑暗大陆 dark continent
宏大叙事 grand narrative
技术理性抵制 technological rationality resistance
结构主义 structuralism
禁酒令 the Prohibition Act(also known as the "Volstead Act")
禁酒运动 Prohibition Movement
经济大萧条 Great Depression
精英文学 elite literature
爵士时代 Jazz age
爵士新闻 Jazz Journalism
客体 object
跨文化接触地带 contact zone
劳动伦理 labor ethics
逻各斯中心主义 logocentrism
理性偏好 rational preference
利己主义 egoism

伦理关怀 ethical concern
伦理学 ethics
麦卡锡运动 McCarthy Movement
美国白人新教徒 WASP：White Anglo-Saxon Protestant
美国现代环保运动 American modern environmental movement
美国性 Americanness
迷惘的一代 lost generation
男性气概 machismo
男性罗格斯中心论 phallogocentric
男性阳具霸权 phallic hegemony
凝视 the gaze
女权主义 feminism
平行研究 Parallel Study
前现代 pre-modern
强人类中心主义 strong anthropocentrism
清教伦理 puritan ethics
人道主义 humanitarianism
人类命运共同体 a community with a shared future for mankind
人类中心主义 anthropocentrism
弱人类中心主义 weak anthropocentrism
商品拜物教 commodity fetishism
身份焦虑 status anxiety
身份认同 identity
审美批评 aesthetic criticism
生命伦理 bioethics
生态伦理 ecological ethics
生态批评 ecocriticism
生态整体主义 ecological holism
生态中心主义 ecocentrism

狩猎文学 hunting literature
熟果论 ripe fruit theory
他者 other
他者性 otherness
天职 vocation
同一性 identity
同质化 homogenization
土著文化 aboriginal culture/indigenous culture
文化霸权 cultural hegemony
文化符码 cultural code
文化工业 cultural industry
乌托邦 Utopia
西班牙内战 Spanish Civil War
西方中心主义 Western Centrism
嬉皮士 hippie
先锋文学 avant-garde literature
现代性 modernity
现代主义 modernism
相对主义 relativism
消费文化 consumer culture
新保守主义 Neoconservatism
性别标记 sexual overtones
性别表演论 gender performativity
雅皮士 yuppie
意识形态 ideology
艺术的社会性 social nature of art
艺术的自律性 artistic autonomy
艺术生产理论 art production theory
异化 alienation

英雄主义 heroism
硬汉神话 tough guy myth
阈限 liminality
原始主义 primitivism
重压下的优雅风度 grace under pressure
准则英雄 code hero
自我中心论 egocentrism
左翼 left wing
做作的男子气概 self-conscious virility
族裔性 ethnicity

后　记

　　在很多中国读者心目中,海明威是贴着"硬汉形象"标签的美国经典作家。最初选择研究海明威,也与我以女性经验为他的阳刚魅力添彩附魅脱不开干系。但在深耕细作的研究过程中,以跨文化、跨学科的比较研究方法细读海明威的文本,以全球史的视野和思想史的脉络深入考察他与美国现代化进程的深层关联,就会发现,"硬汉形象"难以抵达作家嵌入海面下的八分之七深意。本书是国家社科基金项目"海明威与美国的现代性问题研究"的结项成果,鉴定等级为优秀。从课题立项到成书虽只有八年时间,我对海明威的研究兴趣却始于上个世纪90年代初,并一直持续到今天。伴随着中美跨文化对话交流互鉴场域的不断开放,相信对海明威与美国现代性问题的研究仍然有可能,也有必要,朝更多的意义空间延展。

　　本书的部分章节曾以论文形式发表于《外国文学评论》《外国文学研究》《山东师范大学学报》(人文社会科学版)等学术期刊,其中三篇被人大复印报刊资料全文转载,一篇被社会科学网全文转载,两篇被《文学研究文摘》主体转载。第一章、第四章、第五章的部分内容曾以《海明威与现代性的悖论》为题在齐鲁书社出版,收入本书时,我对这些章节作了不同程度的修改和增删。

　　本书在撰写过程中得到了恩师刘象愚教授的悉心点拨和具体指导,也受益于刘意青教授、王逢振教授、周发祥教授、盛宁教授、金莉教授、陆建德教授、周启超教授、李正荣教授、吴泽霖教授、罗钢教授、陈永国教授、刘洪涛教授、马海良教授、张冰教授等专家学者的关怀与指导,在此一并致以衷心的感谢。

　　将海明威研究与全球史、现代思想史紧密结合,我还受益于美国斯坦福大学罗素·伯曼(Russell A. Berman)教授的指导。2009年上半年,我在比较文学系访学的研究课题是"海明威与现代性的悖论",时任系主任的伯曼教授是我的联系导师。伯曼教授不认同美国自由主义精英知识分子宣扬的抽象民主,对美国在国际政治中推行的普遍主义(universalism)持批评态度。他的观点启发我以新的视角考察海明威的异国空间文学书写与美国性和他者性的关系。此外,我曾经于2009年、2013年两度拜访坐落于芝加哥西邻的橡树园镇海明威故居和海明威博物馆。在海明威博物馆的书店里,我找到了前海明威研究会主席迈克尔·雷诺兹(Michael S. Reynolds)撰写的五卷本海明威传记,这也是学界公认的最全面、最详实的传记版本。还有另一位前海明威研究会主席密歇根州立大学英语系教授琳达·瓦格纳—马丁(Linda Wagner-Martin)主编的《海明威评论五十年》《海明威评论六十年》《海明威评论七十年》《海明威评论八十年》,使我得以及时把握美国学界的海明威研究前沿动态。此外,斯坦福大学图书馆中丰富的图书资料,以及波士顿肯尼迪图书馆收藏的海明威书信和手稿,海明威研究会自1981年起每年发行两本的《海明威评论》(The Hemingway Review),这一切都为我后续的研究提供了资料支持。

　　本书付梓之际,传来海明威次子帕特里克·海明威(Patrick Hemingway,1928.6.28—2025.9.2)离世的消息。帕特里克是海明威的三个儿子中最大程度传承父亲文化基因的一个。他和父亲一样,喜欢钓鱼打猎,也从事文学写作,并一直和父亲保持通信联系,直至海明威去世。帕特里克于1999年编辑出版了父亲记录1953至1954年非洲狩猎经历的非虚构作品《曙光示真》。2022年,又编辑出版了《亲爱的爸爸——帕特里克与海明威书信集》(Dear Papa: The Letters of Patrick and Ernest Hemingway)。在此对帕特里克的离世深表哀悼。

　　感谢国家社科基金对本研究课题的资助。感谢山东师范大学社科处的领导和老师所提供的帮助。感谢山东师范大学中国语言文学山东省高水平学科·优势特色学科建设经费资助出版。感谢本书编辑朱丽娜女士,她认真细致的编辑工作,使得本书的很多舛误得以及时避免。虽已殚精竭虑,但由于本人水平有限,拙著肯定还有这样或那样的舛误疏漏,诚望前辈、专家、学长、同仁和读者不吝批评指正。

于冬云

2025 年孟秋

于泉城历阳湖畔